国家开放大学学分银行体系国家信息化计算机教育认证项目（CE

ECETC 电子商务从业人员培训考试认证项目指定教材

ECETC 指定教材

移动电商营销方向

谢桂袖 汤东◎主编

刘水英 刘旸 张子龙◎副主编

CEAC 信息化培训认证管理办公室◎组编

人民邮电出版社

北 京

图书在版编目（ＣＩＰ）数据

移动电商：营销方向 / 谢桂袖，汤东主编. -- 北
京：人民邮电出版社，2016.5（2021.6重印）
ISBN 978-7-115-41484-7

Ⅰ．①移⋯ Ⅱ．①谢⋯ ②汤⋯ Ⅲ．①电子商务—市
场营销 Ⅳ．①F713.36

中国版本图书馆CIP数据核字(2015)第318861号

内 容 提 要

　　本书共分为移动电子商务营销概述，移动电子商务营销岗位的基本要求，以及移动电子商务营销策略、营销技巧、营销产品和价格策略、营销工具和方法、营销效果监测与数据分析、案例分析这八章。其中，第一章介绍移动互联网、移动电子商务的相关概念；第二章通过分析目前中国市场移动电子商务的人才需求情况，总结相关岗位的必备技能，并讲解如何利用网络搜索目标职位；第三章主要分析移动电子商务营销策略中的企划案、4P策略以及推广渠道；第四章重点介绍了品牌概念及销售技巧；第五章详细分析了商业模式以及产品策略、价格策略；第六章主要对移动网络营销的工具与方法进行系统介绍；第七章重点介绍了七种数据分析工具；第八章对时下成功的移动营销案例进行了分析。

　　本书不仅内容新颖，紧跟行业发展，而且结合时下热门的移动互联网案例，采用图示化的表述形式，让读者充分理解移动电商营销的前期准备、中间策划、后期执行。本书既适合各层次的移动电商领域从业人员，或是打算投身移动电商领域的转型人才，同时也可以作为各类培训学校以及大中专院校的教学用书。

　　◆ 主　　编　谢桂袖　汤　东
　　　　副主编　刘水英　刘　旸　张子龙
　　　　责任编辑　刘　琦
　　　　执行编辑　朱海昀
　　　　责任印制　张佳莹　焦志炜
　　◆ 人民邮电出版社出版发行　北京市丰台区成寿寺路11号
　　　　邮编　100164　　电子邮件　315@ptpress.com.cn
　　　　网址　http://www.ptpress.com.cn
　　　　固安县铭成印刷有限公司印刷
　　◆ 开本：787×1092　1/16
　　　　印张：14　　　　　　　　2016年5月第1版
　　　　字数：274千字　　　　　2021年6月河北第7次印刷

定价：36.00 元

读者服务热线：**(010)81055256**　印装质量热线：**(010)81055316**
反盗版热线：**(010)81055315**

本书编委会

主　　编：谢桂袖　汤　东

副　主　编：刘水英　刘　旸　张子龙

编委会委员（按姓氏笔画排序）：

史金虎　白向伟　田明亮

刘亚妮　刘桂芝　李爱超

肖盼英　陈　罡　岑　霞

施玲玲　袁笙淋　梁国坚

前　言

现今，互联网已经成为我们生活中不可或缺的一部分。随着信息技术的发展，PC 互联网逐渐向移动互联网转变，并渗透到生活的各个领域，从简单的信息获取、网络社交再到手机购物、线上支付，移动互联网无处不在。移动互联网相对于 PC 互联网，填补了人们的碎片化时间，让人们获取信息的方式越来越随身化，加之其广泛应用于日渐普及的移动智能电子设备，使得移动电子商务成为未来发展的必然趋势。移动电子商务除了为企业带来商机，为用户带来便利，更带动了就业需求，提供了更多的从业岗位。

国家开放大学联手中国电子商务协会，依托国家开放大学"学分银行"制度，结合移动电子商务实际应用岗位需求，开展移动电子商务人才培训工作，并开发了移动电子商务系列教程。本书为系列教程之一。

编写思路

本书的目标是让读者在了解移动电子商务发展及营销趋势的基础上，能够胜任微营销、新媒体等岗位，并在实际工作中，结合企业实际情况，有效地开展移动商务的分析、调研、策划、营销等具体工作。书中以移动互联网营销的本质以及岗位需求分析为起点，分别从移动电商的营销策略、营销技巧、营销产品和价格策略、常用工具和方法、效果监测与数据分析这几个方面进行讲解，并在第八章着重进行案例分析，为在移动电子商务领域寻求商机与想要从事移动电商领域相关工作的读者提供清晰的市场分析及职业定位。

本书特色

内容新颖，紧跟行业发展：本书的教学内容紧跟移动互联网的热点，充分顺应移动电商发展的现状和趋势，加入电商数字化营销、社会化媒体营销等最新内容。

案例丰富、理实结合：每章均有案例导入，并且穿插案例分析，将时下热门的营销案例与知识点相结合，目的在于引导读者思考和讨论，帮助读者更深入地理解移动电子商务营销中相关知识的应用，从而掌握相应岗位技能。

重点图示化、图解化：书中将学习重点和难点，以及实际工作中的操作流程等利用图解、图示化的形式呈现，帮助读者系统梳理知识点之间的关联和内在逻辑。

资源丰富：本书配有习题参考答案、PPT 课件等相应资源。

编写团队

本书由 CEAC 信息化培训认证管理办公室组织编写，由广东理工学院的谢桂袖、重庆电信职业学院的汤东担任主编，江西卫生职业学院的刘水英、北京正阳天马信息技术有限公司的刘旸、广东工商职业学院的张子龙担任副主编。本书在编写过程中参考了大量书籍、论文、网站内容，在此对相关作者表示感谢。

由于编者水平有限，书中难免有疏漏之处，敬请广大读者指正。

编 者

2015 年 12 月

本书说明

本书是国家信息化计算机教育认证项目（CEAC）体系下移动电子商务课程指定教材，也是国家开放大学移动电子商务证书教育课程（学习网址为 http://xiangxue8.com）的参考教材。该课程由国家开放大学培训学院与中国电子商务协会 CEAC 信息化培训认证管理办公室联合开发。完成该课程的学习并通过考核的学习者，即可申请获得中国电子商务协会 CEAC 信息化培训认证管理办公室颁发的移动电子商务师认证证书，并可以积攒国家开放大学学分银行认可的课程学分，获得职业技能和学历双提升。

国家信息化计算机教育认证项目（CEAC）是由工信部和国家信息化推进工作办公室于 2002 年批准设立，信息产业部信息化推进司指导、中国电子商务协会管理，由 CEAC 信息化培训认证管理办公室统一实施的职业技能认证项目。CEAC 始终坚持并实践"以精品课程建设为基础、以促进教学发展为目标、以科学考评为手段、以综合岗位能力认证为导向"的综合服务体系。

国家开放大学学分银行致力于促进全民终身学习，建设具备学分认证、转换、存取等功能的学分银行系统，为每个学习者建立个人终身学习档案。学习者可以按照学分累积规则，零存整取。国家开放大学学分银行鼓励社会成员通过各种形式的学习累积学分，实现学历教育与非学历教育之间的沟通和衔接，搭建终身教育"立交桥"，促进终身教育体系的形成。需要咨询相关信息的可联系 qdh@ceac.org.cn，或关注微信公众号 CEAC2002。

目 录

第一章

移动电子商务营销概述

📖 学习目标及重点、难点

学习目标：

了解并掌握移动电子商务、移动互联网营销、微营销的概念与特点，熟悉电子商务的各种模式及网络营销的体系，了解移动互联网时代的微营销趋势和表现。

学习重点：

了解电子商务的各种模式及网络营销体系，熟悉移动互联网时代微营销的趋势与特点。

学习难点：

明确电子商务和网络营销在工作中的联系与区别，并掌握电子商务各种模式的概念与特点。

🔍 【案例导入】

大家对"买菜"一定非常熟悉，可是你尝试过利用互联网买菜吗？在移动互联网盛行的今天，深圳的小农女团队就把菜市场搬到了互联网上，利用移动互联网卖菜。小农女团队是怎么利用移动互联网卖菜的呢？首先，他们通过微信这一移动社交媒体完成与用户之间的订单交易。微信用户可以在前一晚用微信预定菜品，小农女团队收到订单后，从第二天早上 5 点开始采购菜品，在下午 3 点之前完成配菜。然后，小农女通过自建物流在当天下午 4 点～6 点完成配送，用户下班后即可收到小农女团队配送的新鲜菜品，回家后就可以直接用食材做饭。

思考题：

1. 小农女团队为什么选择微信作为主要的运营平台？
2. 小农女卖菜案例的成功说明了什么？对你有什么启示？

第一节　互联网与移动互联网

如今，互联网已经成为我们生活中不可或缺的一部分。通过互联网，我们可以获得全球的新闻资讯，可以与世界各地的朋友沟通，还可以随时随地进行购物。这些现象无不说明互联网改变了我们的行为习惯，甚至是生活方式。随着科技的迅速发展与技术的更替，更加便利的移动互联网逐渐进入我们的生活。本节将针对互联网与移动互联网这两大领域，较为详细地讲解其发展情况及相关概念。

一、互联网是一把"金钥匙"

据 2015 年第 36 次《中国互联网络发展状况统计报告》显示，目前中国网民人数接近中国总人口的 1/2。截至 2015 年 6 月，中国网民规模已经接近 6.68 亿，较 2014 年网民人数 6.32 亿，共计新增了 3 600 万人。互联网普及率为 48.8%，较 2014 年 6 月的 46.9% 提升了 1.9 个百分点。这些数据表明，互联网已经广泛渗入人们的日常生活中，越来越多的人们会通过网络获取所需信息或产品。在消费者获得产品或服务的同时，互联网也为其他用户提供了创业和营销的平台。有关中国近几年的网民统计结果如图 1-1 所示。

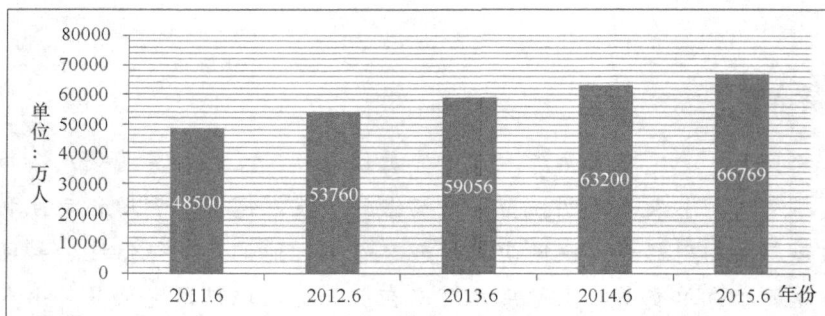

图 1-1　2011—2015 年中国网民规模统计

据统计，截至 2015 年 6 月，中国手机网民规模达 5.94 亿，占总体网民的 88.9%。这一数据说明，手机已经成为我国第一大上网终端，传统互联网正在向移动互联网转变。

互联网可以跨越空间距离，实现实时跨区域连接，而移动互联网实现的是随身化、移动化的实时跨区域连接，这就为发展社交媒体的企业提供了更多空间。在互联网和移动设备的支撑下，很多互联网企业，甚至是一些传统企业，都开始研发能在手机上使用的 APP，移动互联网时代带动了 APP 的爆发式增长。

二、错过互联网等于错过一个时代

随着互联网的发展，由互联网所提供的无地域、无时间限制的服务，为企业创造了很好的营销平台。企业可通过一些社交媒体、专业网站推广自己的产品或服务。这种营销推广方式比传统的广告模式更快速、更精准，而且传播的范围更为广泛。

互联网不但为企业提供了更多的营销平台，还为个人或团体创造了很多创业的机会。例如，阿里巴巴的淘宝网就为很多团队和个人提供了很好的创业平台，真正地使每个人都可以实现当老板的梦。同时，伴随着移动互联网的兴起，这种个人创业的机会不断增加，像时下最火的微商，他们就是依靠互联网和移动互联网实现自己的创业梦。

我们可以留意一下自己身边的情况，有多少人通过互联网、电商、微商进行创业？有多少同学、同事是电子商务从业人员？或者说有多少人从事互联网行业？

根据中国电子商务研究中心 2015 年上半年的监测数据显示，截至 2015 年 6 月，中国电子商务服务企业直接从业人员接近 260 万人，由电子商务间接带动的就业人数已超过 1 835 万人，如图 1-2 所示。

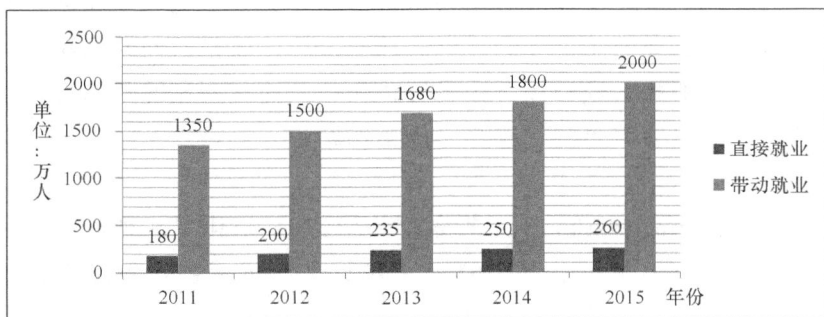

图 1-2　2011—2015 年电子商务服务企业直接从业人员规模

电子商务是高度市场化的产业，由电子商务从业人员规模的迅速扩大可见，电子商务的发展潜力巨大。所以，错过互联网，就等于错过一个时代，反之，如果抢占互联网市场，就是抓住了机遇，把握了未来。

三、互联网营销新概念

在传统电商和新出现的移动电商、微电商平台中，衍生出了很多新型岗位，如网络营销师、网络推广专员、网络客服、大数据分析师、搜索引擎优化师等。这是互联网发展的必然趋势，同时带来了企业需要面临的新挑战。很多网络、电商、新媒体领域的职业人都是从网络营销岗位开始一步步地进入中高层，逐渐发展自己的职业、事业，实现着自己的价值。不管是对于企业还是个人，是为了创造收益还是实现价值，互联网都是一个快速有效的通道。下面介绍关于互联网、电子商务推广手段与微营销的相关概念，以便使读者更好地理解电子商务的营销推广模式。

1. 互联网的相关概念

利用互联网作为一种突破地域限制的营销平台，有着属于自己的营销方式。对于应用互联网进行营销的用户来说，有些营销方式是必须要了解的，如网络营销、SEO（搜索引擎优化）、SEM（搜索引擎营销）等。只有掌握了这些营销方式的含义才能准确地进行运用，从而为企业创造价值。

（1）网络营销

网络营销是指某些组织或个人借助网络、通信和数字媒体技术，对产品、服务做出一系列经营活动，从而达到满足某些组织或个人需求的全过程。换句话说，网络营销就是借助于互联网特性来实现一定营销目标的一种营销手段。

（2）SEO

SEO（Search Engine Optimization，搜索引擎优化）是指通过从自然搜索结果中获得网站流量的技术及过程。其方法是在了解搜索引擎自然排名机制的基础上，对网站进行内部及外部的调整优化，改进网站在搜索引擎中关键词的自然排名，获得更多流量，从而达成网站营销及品牌建设的目标。简而言之，就是对网站结构、网站的主题内容、丰富而有价值的相关性外部链接进行优化，从而使网站对于用户及搜索引擎更加友好，以获得在搜索引擎上的优势排名，为网站引入流量。

（3）SEM

SEM（Search Engine Marketing，搜索引擎营销），是让用户搜索相关关键词，并点击搜索引擎上的相关广告链接进入网站或网页进一步了解其所需要的信息，然后通过拨打网站上的客服电话与在线客服沟通或者是直接提交页面上的表单等，以此来实现公司的营销目的。

（4）整合推广

整合推广，顾名思义就是把一些零散的东西通过某种方式衔接在一起，相互交换，从而实现信息系统的资源共享和协同工作。其精髓在于将零散的要素组合在一起，最终形成最具价值和最有效率的整体，并发挥其最大价值。在营销过程中，我们通常会整合一些事件或媒体，来对产品进行特定的营销推广，其具体内容将在后面详细介绍。

2. 电子商务推广手段的相关概念

电子商务可以理解为在互联网上以电子交易方式进行交易活动或相关服务的活动，网络营销就是基于电子商务产生的一种营销方式。以淘宝为例，要掌握如何在淘宝这个电子商务平台中进行推广，必须知道以下几种推广手段。

（1）爆款

爆款是指在商品销售中供不应求、销量很高的商品，即通常所说的高人气商品，也可以指搜索量排名居前列的商品。

（2）直通车

直通车是为淘宝卖家量身定制的、按点击量付费的效果营销工具，以此实现宝贝的精准营销推广。淘宝直通车在给宝贝带来曝光量的同时，其精准的搜索匹配也给宝贝带来了精准的潜在买家。用一个点击让买家进入你的店铺，产生一次甚至多次的店铺内跳转流量，这种以点带面的关联效应可以降低整体推广的成本和提高整店的关联营销效果。同时，淘宝直通车还给用户提供了淘宝首页热卖单品活动和各个频道的热卖单品活动，以及不定期的淘宝各类资源整合的直通车用户专享活动。

（3）"双十一"活动

"双十一"对大家来说应该不会陌生，它又被称为"购物节"，是近几年由电商发起的一项购物活动日活动。现在，"双十一"对于商家而言已经成为一个重要的节日。尽管"双十一"活动从电商中兴起，但是很多线下零售企业也参与其中，可见其推广效果很明显。

（4）U 站

U 站是指淘宝中给卖家带来流量的第三方活动站，它以小站集合而成，成为淘宝、天猫卖家根据兴趣图谱和标签进行站内营销的重要通路。U 站打破了以往单纯给消费者提供货架的模式，许多可以逛、可以分享购物乐趣的街区组合也成为一种选择。

3．微营销的相关概念

微营销是近几年兴起的一种移动互联网营销方式，是传统营销与现代网络营销的结合体，也是我们着重需要了解的内容。详细的内容将会在后面进行讲解，下面主要介绍一下微营销中几个常见的概念。

（1）微商

微商是基于微信生态的社会化分销模式，是企业或个人基于社会化媒体开店的新型电商。微商主要包括完善的交易平台、营销插件、分销体系及个人分享推广这四个部分。微商基于微信的分销模式，使很多人认为微商等于微信，事实上并非如此，后面的章节将会详细介绍微商属性及营销方式。

（2）社会化媒体

社会化媒体也称为社交媒体，指允许人们撰写、分享、评价、讨论、相互沟通的网站和技术。社交媒体是人们彼此之间用来分享意见、见解、经验和观点的工具和平台，现阶段主要包括社交网站、微信、微博、论坛等常用的社交媒体。由社交媒体延伸出的社会化媒体营销已经成为互联网的一种主要营销手段之一。

（3）自媒体与自明星

自媒体又被称为公民媒体或个人媒体，打造自媒体的方法简而言之就是让自己更多地被认识，扩大自己的品牌知名度，利用明星效应，通过一个人就可以影响一部分人。

【案例1-1】红牛"五环变四环"微博营销

2014年2月8日，俄罗斯索契冬奥会开幕式出现了戏剧性的一幕，奥运五环中有一环没有打开，"五环"变成了"四环"。以"能量"诉求而深入人心的红牛抓住了这个机会，在微博中为自己尽情营销了一把。红牛借势在微博中推出"#五环变四环# 打开的是能量，未打开的是潜能"的互动话题，并联络众多微博大V参与话题。此次互动活动的用户参与数量当天就过千，总覆盖用户919万人次，正面评论95%以上，而且众多大V的参与为其进行了二次传播，微博集合贴覆盖粉丝约595万。

四、移动互联网的发展趋势

移动互联网是IT技术的发展变革催生出的新的互联网形式。从互联网的萌芽到发展再到变革，都经历了漫长的周期，图1-3所示的是技术变革下互联网的演变过程。技术发展周期一般会持续10年的时间，IT技术目前已进入了一个重要发展周期，即"移动互联网"的发展周期。

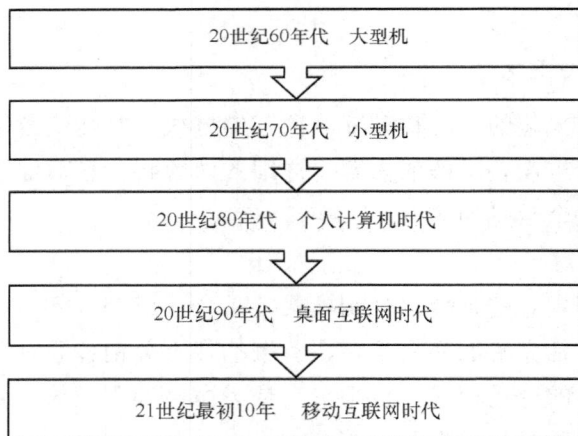

```
┌─────────────────────────────┐
│   20世纪60年代　大型机          │
└─────────────────────────────┘
              ↓
┌─────────────────────────────┐
│   20世纪70年代　小型机          │
└─────────────────────────────┘
              ↓
┌─────────────────────────────┐
│   20世纪80年代　个人计算机时代   │
└─────────────────────────────┘
              ↓
┌─────────────────────────────┐
│   20世纪90年代　桌面互联网时代   │
└─────────────────────────────┘
              ↓
┌─────────────────────────────┐
│   21世纪最初10年　移动互联网时代 │
└─────────────────────────────┘
```

图1-3　IT技术变革下互联网的演变

互联网在经历了从大型机到桌面互联网的几个发展阶段后，进入到移动互联网时代。当今的互联网时代，将技术、业务、行业、终端与网络相互融合，真正实现了电信网、广电网与互联网的"三网"合一。上网终端本来是通过互联网发送和接收信息的设备，在移动互联网的影响下，也已经由最初的个人计算机逐渐向智能手机、平板电脑、智能可穿戴设备、联网汽车、智能家居，以及其他物联网设备转化。

移动互联网时代的到来，使上网终端不断智能化，也使通信技术不断发展，从模拟通信的 1G 时代逐步进入适应移动数据、移动计算、移动多媒体运作的第四代移动通信时期，即 4G 时代，如图 1-4 所示。

图 1-4 通信技术的发展

未来的移动互联网会怎样发展呢？国内外不少专家也在预测。美国 BI 博客发布的 2014 版《移动互联网的未来》，详细解读了移动互联网的现状及未来发展。报告中显示，移动设备的销量在 2014 年已经达到 PC 的两倍，2～3 年内平板电脑的销量将超过 PC。人们现在处于手机、计算机、平板、电视的四屏世界，可能不久就会进入包含谷歌眼镜在内的五屏甚至六屏时代。

另外，Android 操作系统已赢得移动平台之战，全球约 80%的智能手机都搭载 Android 系统，60%的平板电脑使用 Android 系统。Android 吸引的开发者比例超过 iOS，而且其系统碎片化的问题大有改善。

不仅如此，通信应用、电商应用、移动支付都呈现迅猛的发展态势。WhatsApp、微信、Line、Viber 等移动通信应用呈现出陡峭的活跃用户增长曲线。据研究统计，发达国家的智能手机市场已经饱和，增长缓慢。图 1-5 所示是美国 BI 博客对 2014 年智能手机销量市场使用情况的调查。

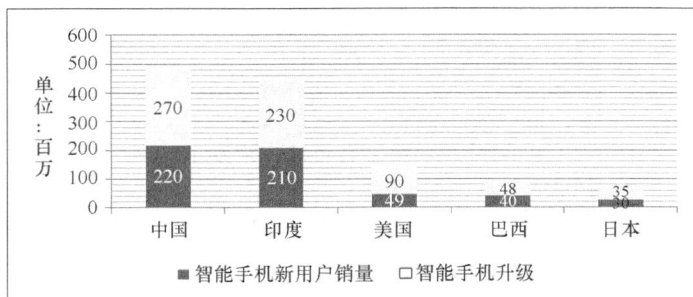

图 1-5 2014 年智能手机销量统计图

由图 1-5 可以看出，虽然像美国这样的发达国家的智能手机市场呈现饱和状态，但是 2014 年，中国及印度的智能手机的使用率及增长率都超过了其他国家，而且增长势头迅猛，尤其是中国的智能手机市场仍然存在很大机遇，同样，由移动互联网衍生出的商业机遇的潜力也是巨大的。

根据美国 BI 博客发布的 2013 年全球可连接互联网设备的出货情况的统计数据

分析，现在互联网设备中 PC 的份额越来越小，如图 1-6 所示。2006—2013 年，PC 的增长比较缓慢，而智能手机与平板电脑的出货量逐年增长，到 2013 年都已经超过了 12 亿。

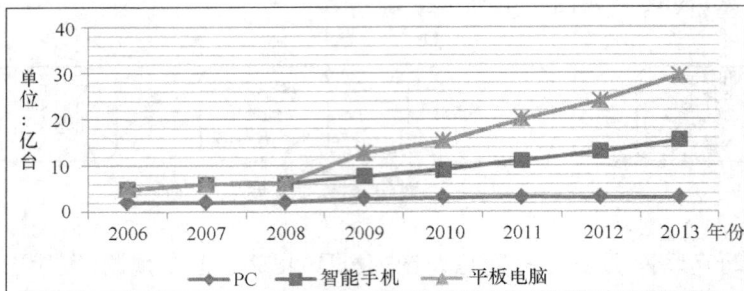

图 1-6　全球可连接互联网设备出货情况统计图

除此之外，2013 年的全球智能手机出货量接近 10 亿台，不同厂商的全球智能手机出货量大都呈现上升趋势。截至 2013 年，全球智能手机出货量最多的是三星，接近 7 000 万台，接着是苹果，而华为的出货量排在全球第三。据美国 BI 博客预测，除了智能手机，其他移动上网终端设备的市场规模将在未来几年大幅度增长，图 1-7 是 BI 对未来几年的可穿戴设备的市场规模的预测。

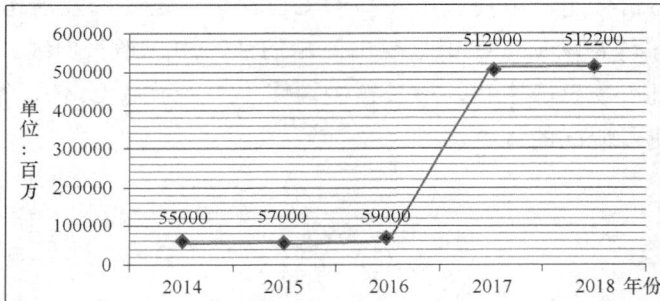

图 1-7　可穿戴设备市场规模及预测

可穿戴设备是指可以直接穿在身上或者被整合到用户的衣服或配件上的一种便携式设备。它主要是通过软件支持，以数据与云端交互来实现强大的功能。例如，谷歌眼镜、小米的检测睡眠质量的手环等都是可穿戴设备。除可穿戴设备之外，目前已经有可连接网络的汽车出现，随着移动互联网的不断发展，未来会出现更多的联网汽车，这对车内服务与硬件、远程信息服务商及电信服务商来说是一个巨大的挑战，同时也是一个机遇。

移动互联网不仅在电商、通信等方面给人们带来新的机遇，在日常生活中同样影响着人们的交际与行为习惯。例如，在工作、学习、娱乐与社交场合中，我们是不是离不开移动互联网呢？或者说在上下班的路上等碎片化的时间里，我们都在做些什么呢？据第 36 次《中国互联网发展状况统计报告》显示，截至 2015 年上半年，中国网民的人均周上网时长达 25.6 小时，如图 1-8 所示。Wi-Fi 覆盖率的提升、3G 的成熟与 4G 的启用为网民提供了更优质的上网环境，移动互联网应用丰富性的提升多方向地满足了用户的上网需求，这些因素推动了我国网民平均周上网时间的持续增长。

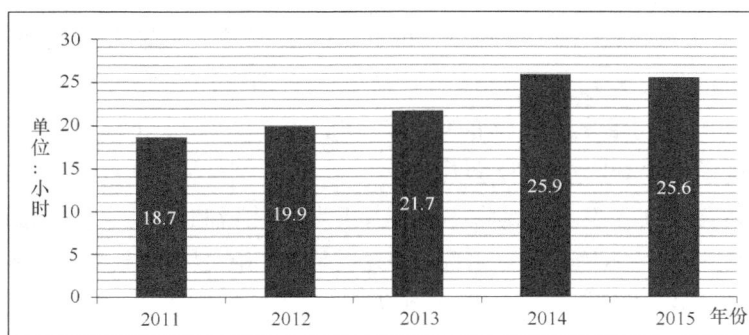

图 1-8　网民人均周上网时长

据统计分析，在人们的上网时间中，平均每人每天花在智能手机上的时间至少为 1 个小时。图 1-9 所示是 BI 对消费者做出的媒介消费时间份额调查，可以看出，电视与计算机在线的时间份额都呈下降或平稳趋势，而消费者在移动媒体所花费的时间则是唯一上涨的。据分析，其中用于聊天社交的时间占 28%，社交通信类应用的用户数量增长最快。以微信为例，全球的微信用户目前已经超过 4.38 亿，这也再次证明，移动互联网带来了娱乐、通信、媒体和商务运作的新方式。

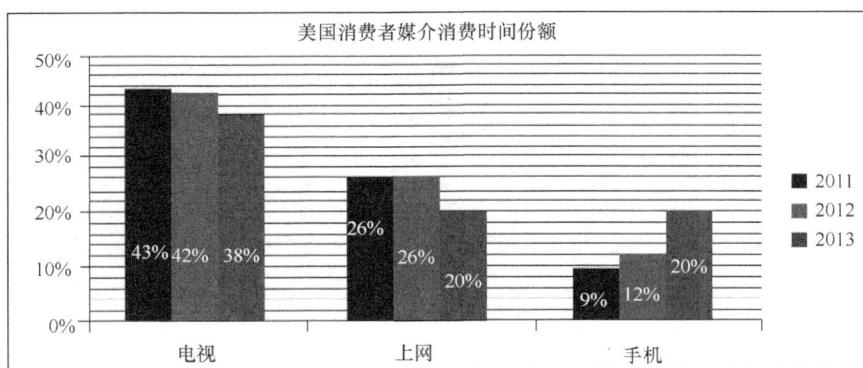

图 1-9　美国消费者媒介消费时间份额统计图

五、移动互联网的概念基础

移动互联网开启了社交媒体与物联网的组合形式。正如前面所说，随着移动互联网的不断发展，我们的移动化设备将会越来越多，与之相对应的，由移动化设备催生的社会化媒体渠道也会越来越多，形成了"多对多"的社会化媒体，也就是所谓的互联网 2.0 时代。

互联网的发展更替，使"一对多"的 1.0 媒体时代成为过去。在"一对多"的 1.0 媒体时代，企业利用传统的媒介形式，如报纸、杂志，对产品进行宣传推广，顾客没有自由选择的权利，只能被动接受。而互联网的出现，实现了"多对多"的宣传推广方式。"多对多"的媒体时代相较于"一对多"的媒体时代，最大的优势在于突破了像报纸、杂志等传统的"一对多"媒体的被动性。人们可以自主选择自己想要接收的信息，并可以同时接收大量来自网络的信息，同时每个人都可以参与讨论，通过自媒体成为自明星，这就是 2.0 时代的社会化媒体。

社会化媒体会产生一种"微领袖"，相当于自媒体或自明星。他们通过在自己的社交媒体中发布粉丝感兴趣的话题，引起人们的围观讨论，从而建立自己的形象或品牌。这就说明，在社会化媒体时代，每个人都可以是记者、传播者、评论家，而这些意见领袖或者话题领袖就直接影响着社会化媒体，他们同样也是社会化媒体的中枢。社会化媒体的多样性促使营销的方式发生改变，传播的方法、广告宣传的手段也都在发生着改变。图 1-10 所示就是 2014 年"多对多"的社会化媒体的格局。

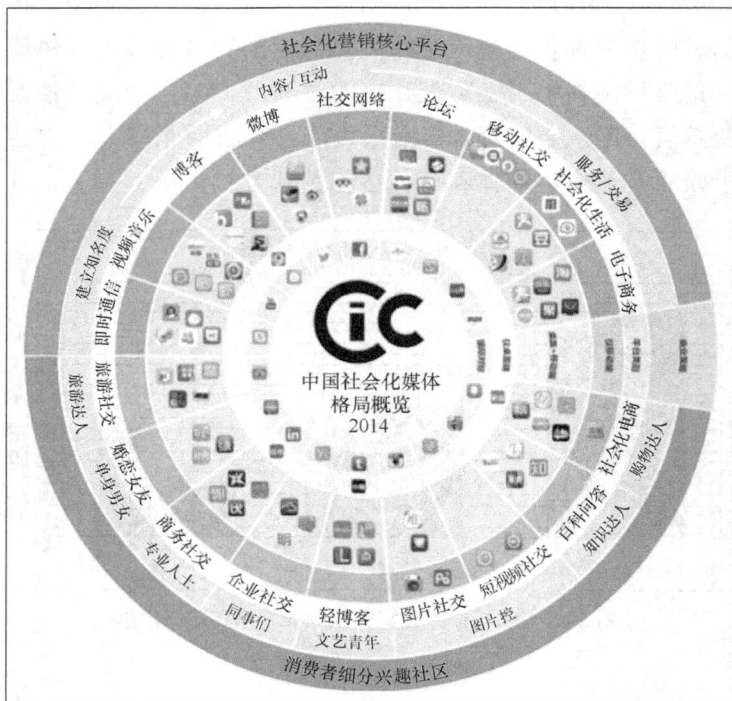

图 1-10 2014 年社会化媒体格局

从图中不难看出，社会化营销核心平台与消费者细分兴趣社区是社会化媒体的两个主要类型。其中社会化营销核心平台主要是指通过建立知名度、进行内容互动，最终促使服务或交易的平台，这其中就包括QQ、视频音乐、博客、微博、移动社交微信、社交网络、论坛及电子商务淘宝等社会化营销平台。在这些平台都可以利用移动互联网进行营销推广，而且面向的人群范围更广，更有利于宣传。

第二节　认识电子商务

电子商务是互联网技术发展下的产物，它是指在全球各地广泛的商业贸易活动中，在互联网开放的网络环境下，基于浏览器应用方式，买卖双方在不谋面的情况下进行的各种商贸活动。电子商务主要包括商户之间的网上交易和在线电子支付以及各种商务活动、交易活动、金融活动或相关的综合服务活动，是一种新型的商业运营模式。

一、电子商务的发展历程

电子商务是一种全新的商务模式，它产生于 20 世纪 90 年代互联网兴起的时候，在信息技术的进步与社会化商业发展的共同作用下产生。随着科技的发展，电子商务由最初的软件共享逐渐变得越来越便利，直到演变为现在的移动电子商务。其实，这中间并没有太长的时间间隔。电子商务的发展过程如图 1-11 所示。从最开始的数字化生活、共享软件，逐渐发展到网络做生意，再到网络购物，如今电子商务已经从概念变为了生活。

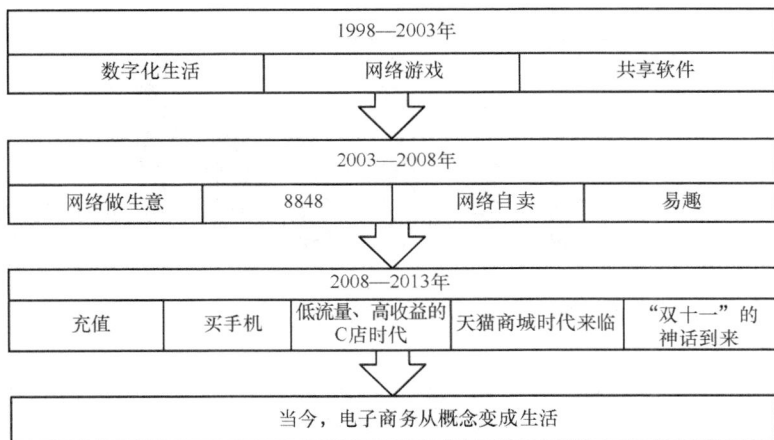

1998—2003年		
数字化生活	网络游戏	共享软件

2003—2008年			
网络做生意	8848	网络自卖	易趣

2008—2013年				
充值	买手机	低流量、高收益的C店时代	天猫商城时代来临	"双十一"的神话到来

当今，电子商务从概念变成生活

图 1-11　电子商务发展过程

网络上称电子商务为"指尖上的革命"，因为电子商务的发展与推广改变了我们的生活，使在家庭购物成为现实，事实上只要在有网络的情况下，我们在何时何地都可以浏览、选购自己所需的商品。电子商务同样改变了我们的支付方式，为生活提供了便利。对于企业来说，电子商务同样带来了新的商业机遇，电子商务的出现让企业实现了线上线下共同销售的模式，不仅方便了消费者购物，而且从多角度帮助企业进行了营销推广。

二、电子商务的传统模式

电子商务模式指在网络环境中基于一定技术基础的商务运作方式和盈利模式。电子商务企业一般在确定细分市场和目标顾客之后，通过企业内部特定的组织结构和在价值网中的定位，运用网络信息技术，与价值网上的各合作成员整合相关流程，最终满足顾客的需要并给企业带来盈利。电子商务最大的便利就是 24 小时都可以进行销售，并且可以随时随地进行交易，让企业的生意遍布天下。电子商务的传统模式一般包括 B2B、B2C、C2C 等模式。

1. B2B 模式

B2B 模式是企业与企业之间的电子商务活动。在这种模式中，电子商务交易的供需双方都是企业，它们利用各种网络技术平台完成交易过程。据中国电子商务研究中心的监测数据，2015 年上半年中国 B2B 电子商务服务商的营收规模为 110 亿元图 1-12 所示是近几年中国 B2B 电子商务的营收规模，其中 2015 年和 2016 年的数据是当时的预测结果。

图 1-12　2010—2016 年中国电子商务营收规模及预测

观察图中数据可以发现，从整体上看，我国 B2B 电子商务市场总营收规模有一定增长，总体保持较为稳定的增长水平。

2. B2C 模式

B2C 模式是指企业与个人之间通过互联网技术，把企业产品与服务直接销售给消费者的电子商务形式。它具有速度快、信息量大、费用低等诸多优势。B2C 一般包括网上商城、物流配送及支付 3 个部分。目前，我国的网上商城的类型较全面，图 1-13 所示是中国电子商务研究中心关于截至 2015 年上半年中国 B2C 网络零售市场（不包括品牌电商）的监测数据，天猫排名第一，占市场份额的 57.7%，京东排名第二，占市场份额的 25.1%。

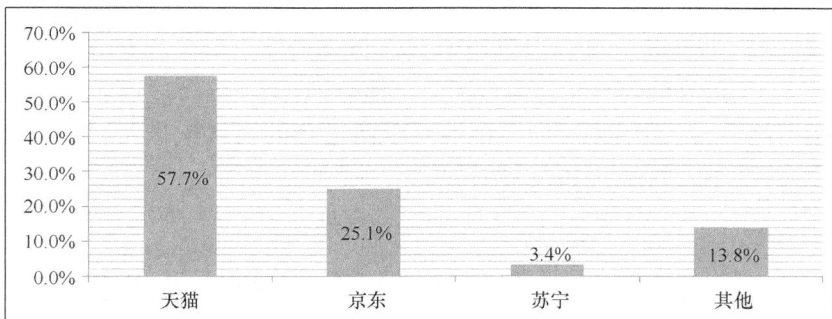

图 1-13　2015 年上半年中国 B2C 网络购物交易市场份额

3．C2C 模式

相对于前两种电子商务模式，C2C 的交易过程就显得相对简单。C2C 即消费者对消费者的电子商务，在这种模式中，消费者通过互联网与其他消费者进行相互的个人交易。这是一种新型的网上交易，借用这种方式，个人满足自己的个性化需求的机会大大增加了。

不管是哪一种电子商务模型，基础环境的安全保障必须到位。作为基础环境，首先要有良好的担保支付，让买家与卖家双方都放心。这就需要确定一个平台并为其提供所需的交易场所，如淘宝、天猫就是典型的电子商务交易平台。找到合适的平台之后，需要确定好供应商，这一环节是整个电子商务环节中最重要的一环，如果供应出现问题，整个交易过程都会瓦解。除了供应之外，库存、支付过程、物流、客服销售、客户关系管理（CRM）、口碑分享都是电子商务的环节因素。对于每一个环节都必须确保其顺利进行，只有这样，电子商务才能持续发展。

三、电子商务的新模式

随着移动互联网的产生与发展，传统的电子商务模式逐渐向移动电子商务模式转变。移动电子商务是指通过手机、平板电脑等手持移动端从事的商务活动，它的特点是无论何时、何地都可以进行交易。有人预言，移动电子商务将决定 21 世纪新企业的风貌，也将改变生活与旧商业的交易模式。很多人都会有一个疑问："所有的企业都可以做电子商务吗？"那么，到底什么样的企业适合做移动电子商务？图 1-14 展示了常见的应用移动电子商务的企业类型。

| 城市生活服务类电商 |
| 传统线下交易企业 |
| 软件行业、金融行业的电商 |

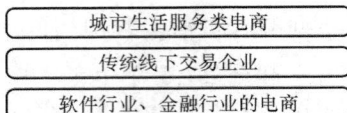

图 1-14　移动电子商务类型

图 1-14 中的城市生活服务类与传统线下交易企业最常用的电商模式就是 O2O 模式。O2O 模式作为一种时下流行的电商模式，可以将线下的商务机会与互联网结合，让互联网成为线下交易的前台，实现从线上到线下的闭环营销。在金融行业，这种模式被称为 P2P 模式，即利用互联网、移动互联网进行的网络信贷及相关理财行为与金融服务，一般是指个人对个人的借贷模式。

1．O2O 模式

生活中关于 O2O 模式的应用其实广泛存在，图 1-15 所示就是几种常见的 O2O 模式。其中，我们所熟知的团购是典型的 O2O 模式，消费者通过互联网或移动客户端进行团购，然后在线下进行体验和消费，这种模式常被用于城市生活服务类消费。而网络营销模式是指在线上进行网络营销，引导用户在线下进行成交，传统线下交易企业多采用网络营销模式。最后的产品体验模式则是先在线下进行体验，然后在线上进行对比购买。在移动互联网迅速发展的今天，O2O 模式的使用方式也在不断升级，比如二维码的出现允许消费者通过扫描相关企业的二维码了解产品特点，进而进行体验与消费。随着移动互联网的不断升级和发展，采用 O2O 模式将更加便捷。

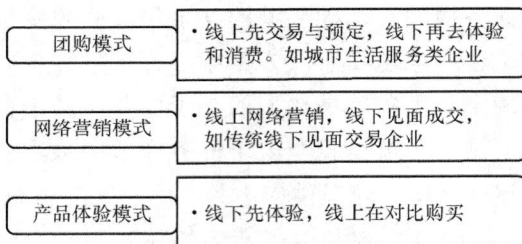

团购模式	·线上先交易与预定，线下再去体验和消费。如城市生活服务类企业
网络营销模式	·线上网络营销，线下见面成交，如传统线下见面交易企业
产品体验模式	·线下先体验，线上在对比购买

图 1-15　常见的 O2O 模式

2．C2B 模式

作为电子商务领军人物的马云曾预测，未来的电子商务模式将会是 C2B 模式，即未来的电子商务将由消费者决定市场，然后再转接到企业。他认为每个人都可以在电子商务的平台上打造自己的小品牌，而这种"小而美"的品牌从产品设计到用户体验都可以做到极致，拥有相当高的质感。虽然这种 C2B 模式颠覆了传统形式的电子商务模式，但随着移动互联网的迅猛发展，它成为主流的发展模式是极有可能的。那么 C2B 模式相较于其他传统的电子商务模式有什么样的优势呢？图 1-16 展示了 C2B 模式的五大优势。

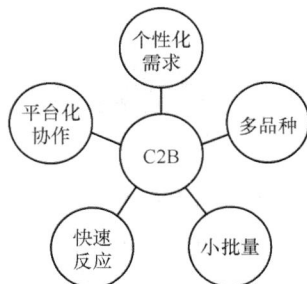

图 1-16　C2B 模式的五大优势

在 C2B 模式中，先有消费者提出需求，后有生产企业按需求组织生产。通常情况为消费者根据自身需求定制产品和价格，或主动参与设计（这一过程彰显了消费者的个性化需求），从而引导企业根据需求进行定制化生产，同时在这一生产过程中，就实现了产品多品种、小批量的生产，避免了产品过剩等现象。

"小米"模式就是典型的 C2B 模式，有人又将其称为"众筹"或者"众包"。众筹是指大家为了一个目标而筹款，让消费者变成股东，P2P 网贷就是典型的众筹；众包则是指让消费者变成决策层。小米从产品设计到营销的整个过程中都让用户进行参与，以用户需求为导向，根据用户需求及建议进行产品的设计与修改，从而培养了属于自己的消费群体，缓解了产品的销售压力。

通过以上对电子商务新模式的分析。不难发现，未来的移动电子商务将更准确地定位消费者；而且对于消费者来说，将更加便利。图1-17描述了未来电子商务的六大特点。

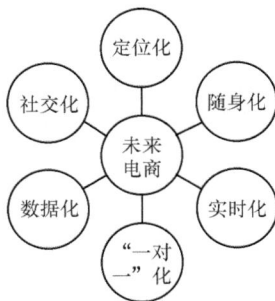

图 1-17　未来电子商务的特点

从图 1-17 中可以看出，未来的移动电商可以对特定区域进行针对性的营销推广，也可以针对不同时间、消费者的不同爱好需求进行实时化、一对一的营销推广。移动互联网时代社交媒体的快速发展，使商家可以通过系统的数据化分析，对用户进行大面积、多方位的捕捉。移动互联网的随身化，同样使得消费者可以随时对附近的商家进行搜索。消费者可以充分利用碎片化时间，随时随地进行商家搜索。未来的电子商务实现了商家与消费者之间更加精准的营销与购买。

第三节　网络营销与微营销

通过前面的分析，我们知道网络营销是利用网络技术进行的营销，而微营销是利用网络新媒体进行的营销。无论是对企业还是个人，营销的概念都根深蒂固，它是经营过程产生价值的重要环节。营销包括两部分，即"营"与"销"。"营"是指营造一个市场，以便帮助销售产品；"销"则指对产品进行销售。但是，绝大多数人对营销的理解只停留在"销"上，而忽略了它最本质的意义，即"营"，两个环节有着本质的区别。首先，我们从这两个环节中的关键职责进行分析，"营"可以看作是市场部门的工作，而"销"可理解为销售部门的工作。在这两个部门中，各自的工作重心是不一样的，可以用图1-18表示它们之间的区别。

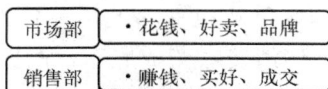

| 市场部 | ·花钱、好卖、品牌 |
| 销售部 | ·赚钱、买好、成交 |

图 1-18　市场部与销售部对比

市场部的职责就是通过策划一系列的活动将品牌打造出来，让更多的消费者知道这个品牌、了解产品，从而让产品顺利进行销售。而销售部的最终目的是成交、获取利润。通过前期市场的铺垫活动，将产品成功推销出去是销售经理的主要职责。

一、网络营销的定义及特点

网络营销是指利用网络作为工具、媒介或渠道，在网上塑造品牌形象、完成销售目的，并赢得目标用户受众的过程。因此，可以将品牌、销售、用户定义为网络营销的3个战略目标。我们主要通过对网络营销中的3个科学命题进行研究，从而了解网络营销的特点。

1. 网站运营的科学

网站运营的主要内容是如何在互联网上搭建一个网站进行营销，网站运营是现在互联网营销必不可少的内容。例如炒作与推广一个事件，让你的产品通过事件被更多的人知道。所以，网络营销人员必须懂网站运营，懂得如何利用搜索引擎获得免费的流量。

2. 线上市场营销的课题

很多企业在线下做的推广是相对成功的，但是，在互联网时代，线上推广也是营销推广的有效途径。线上推广相对来说成本较低，主要用技术及人海战术进行有效推广，在网络上打造一个自己的网络帝国，建立自己的价格与品牌体系，从而更好地营销推广自己的产品。线上营销是我们的重要研究内容，这将会在第三章进行详细介绍。

3．互联网传播与推广的课题

互联网的传播指让企业品牌通过事件、新闻、软文进行传播，从而让更多的人知道这个品牌。而在移动互联网时代，传播的最主要目的是做出属于自己的自媒体，并影响更多的人。

从上面的网络营销课题研究中可以发现，网络营销中，不管是网站营销还是网络线上营销都需要系统的、可行的网络策略，这样才能有效地进行网络营销，从而实现销售最大化。

二、系统化的网络营销

网络营销必须从课题研究落实到具体的营销战略，图 1-19 所示是网络营销的整体战略规划，包括"三赢"与"三军"战略。"三赢"即赢得品牌、销售与用户，而"三军"则指利用网络社交媒体等手段达到目标的过程。

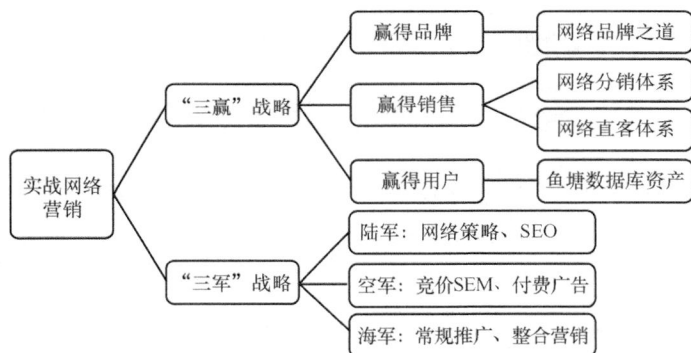

图 1-19　实战网络营销

由图可知，网络品牌的打造对于赢得品牌形象是非常有效的手段，其通常有两方面的目的：一是通过互联网手段建立品牌，二是互联网对线下已有品牌的影响。而销售方面主要包括网络分销体系与网络直客体系。网络分销是指充分利用互联网的渠道特性，在网上建立产品分销体系；网络直客体系是指利用互联网直接寻找客户进行销售。所有的营销都作用于用户，因此拥有强大的用户数据库是决定营销成功的关键因素。

随着互联网的发展，单一的互联网营销方式已经不能满足市场的需求。因此，越来越多的组合式营销方式就诞生了，一般包括整合营销、广告投放、基本推广、网站推广。其中广告投放会通过投入成本在其他流量相对较多的网站进行广告投放，让更多的人知道该品牌；基本推广指我们经常浏览的论坛、社区等无需投入大量成本的推广方式；网站推广中除了传统网站，还有现在的 APP 等。每种营销方式又分别有其具体的营销手段与平台，下面将具体介绍。

1. 整合营销

整合营销是一种对各种营销工具和手段进行系统化结合，根据环境进行即时性的动态修正，以使交换双方在交互中实现价值增值的营销理念与方法。整合就是把各个独立的营销综合成一个整体，以产生协同效应。这些独立的营销工作包括广告、直接营销、销售促进、人员推销、事件和客户服务等。企业应战略性地审视整合营销体系、行业、产品与客户，从而制定出符合企业实际情况的整合营销策略。具体的整合营销方法如图 1-20 所示。整合营销中常见的营销方式包括口碑、活动、事件、网络公关、社会化媒体及移动互联网营销，每个营销方式都有特定的营销平台。

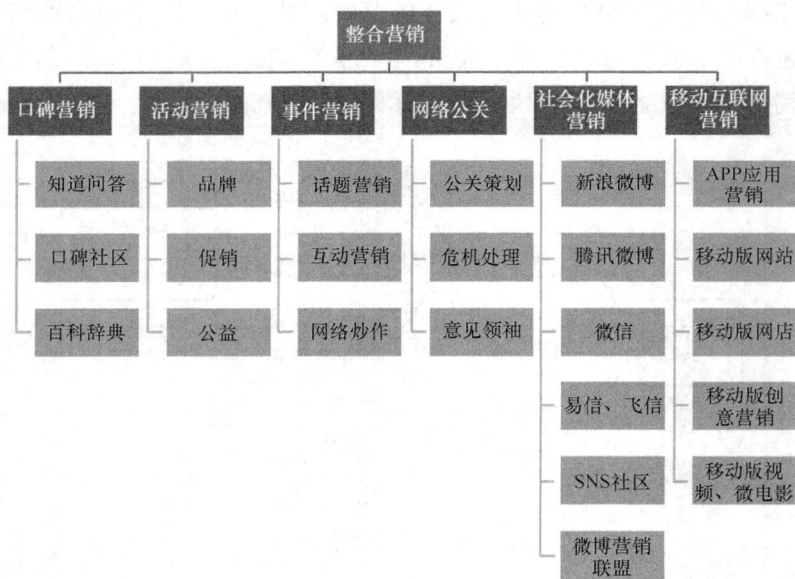

图 1-20　整合营销的方法

2. 广告投放

广告投放策略是企业经营和市场营销的重要组成部分，网络广告的投放一般包括百度竞价、精准网盟、搜索引擎、电商平台等投放方式，其中，软文的发布也是广告投放中的重要环节。广告投放的具体方式如图 1-21 所示，从图中我们就会发现，广告投放的渠道几乎覆盖了整个连接网络的平台，因此，广告的投放对营销的结果也有重要的影响。

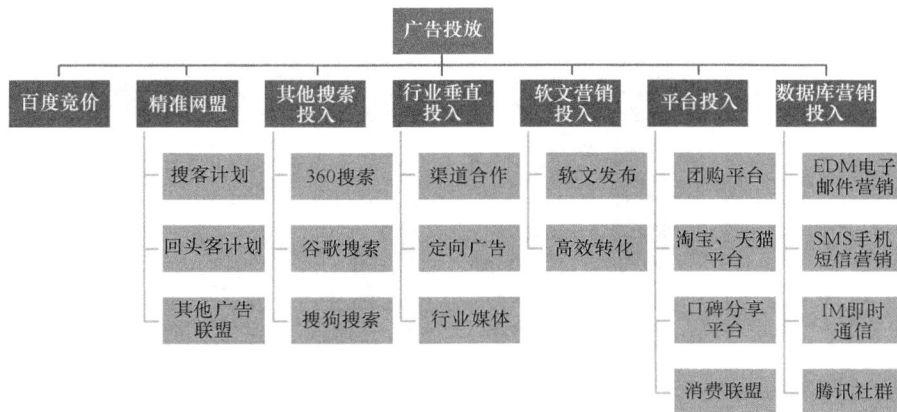

图 1-21　广告投放的方式

3．基本推广

网络的基本营销推广方式有很多类型，如百度百科、百度知道、新闻平台、分类信息、商贸平台、视频平台、文档文库电子书、专业社区、公众社区及博客平台等。基本推广中的每一个平台都拥有大量的用户，所以熟练应用网络的基本推广可以吸引大量的网络用户，从而扩大自己的鱼塘数据库。

4．网站推广

网站推广简单地说就是以产品为核心内容建立网站，再把网站通过各种免费或付费的渠道展示给网民的一种推广方式，常见的推广方式有百度推广、谷歌推广等。网站推广的目的在于打造网站资产与站群策略。拥有强大的网站资产将加大产品的成交机率，而且会扩大企业的鱼塘数据库。网站推广也是网络营销中必不可少的营销推广方式之一。

三、移动互联网时代的微营销

PC 端网络营销正在向移动端网络营销转变，应用移动互联网也已经成为必然趋势。一些新型的社交媒体的兴起不仅给用户带来了便利的社交体验，对企业的营销同样产生了创新性的影响，如由微信营销引发的"微风潮"。

微信的通信可以说开启了移动社交时代。综观我们周围，不难发现，微信的使用已经非常普遍。这就说明了微时代的营销对于移动互联网营销的重要作用。腾讯企鹅智酷发布的《2014 年微信平台首份数据研究报告》显示，微信影响着人们的社交及生活消费方式。根据测算，微信直接带动的生活消费规模已经达到 110 亿元，其中娱乐消费是生活消费的最大支出，高达 58.91 亿元。微信拉动的生活消费测算如图 1-22 所示，不难发现，除娱乐之外，微信同样影响着人们购物、出行与餐饮的消费。

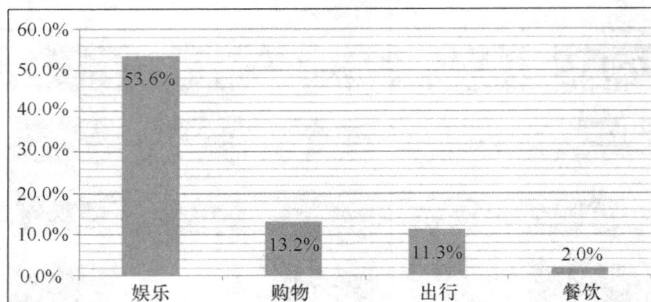

图 1-22　微信拉动的生活消费测算

随着微信版本的逐渐更新，被添加的功能也越来越多，包括从最开始的图片功能、附近的人、摇一摇、朋友圈到现在的短视频等一系列附加功能。而这些功能则都可以作为微信营销的渠道。其中，微营销主要体现在朋友圈的使用与二维码的推送上。二维码是移动互联网时代的一种重要营销方式，通过让用户扫描二维码，可以主动向用户推送信息，更有助于宣传推广企业品牌。二维码最早产生于日本，是区别于条形码的一种链接线上与线下的连接器。扫描二维码可以将线下的资源变为线上的用户，相较于传统的网址要方便快捷得多。

利用二维码进行营销最典型的例子就是"照片打印"。具体的操作流程为：用户通过扫描二维码关注企业的微信公众号，上传要打印的照片，之后用户就可以拿到打印的照片。这一过程也是企业将用户变成潜在用户的过程。

除二维码之外，朋友圈同样是腾讯在移动社交媒体的一大突破。朋友圈不同于其他社交平台，是因其具有私密性，如点赞与评论功能只有对共同添加的好友才可见。虽然朋友圈具有私密性，但是现在也经常会看到很多朋友圈里推送的广告，这就给人形成一种错误的观念，即朋友圈广告就等于微商。朋友圈广告催生了微商的产生，但是朋友圈并不是微商。微商是利用新媒体进行的一种营销推广，可以利用公众平台等其他媒体形式进行，而不是仅仅是指在朋友圈推送广告。

如果想要成功地进行移动网络营销，就必须学会利用各种社交媒体，如 QQ、微信等。微时代移动互联网的营销主要体现在商业，也就是"微"在商业化，而微信商业化布局如图 1-23 所示。这种布局说明现在的市场是以消费者为主导的，因此，抢夺资源成了企业之间最大的战争。

前面我们提到过微信公众平台是移动互联网营销的主要方式之一，如果将公众平台运营为一个成功自媒体营销平台,那么它的营销效果几乎会超过传统的互联网营销。图 1-24 所示为 2014 年 6 月对全国 31 个省（自治区、直辖市）的微信用户进行的数据抽样调查。数据显示：近 80% 的微信用户关注了公众号，企业和媒体的公众号是用户主要关注的对象，所占比例达到 79.3%。

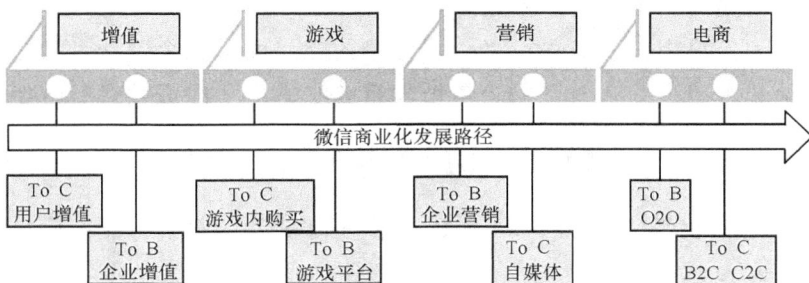

图 1-23 微信商业化发展路径

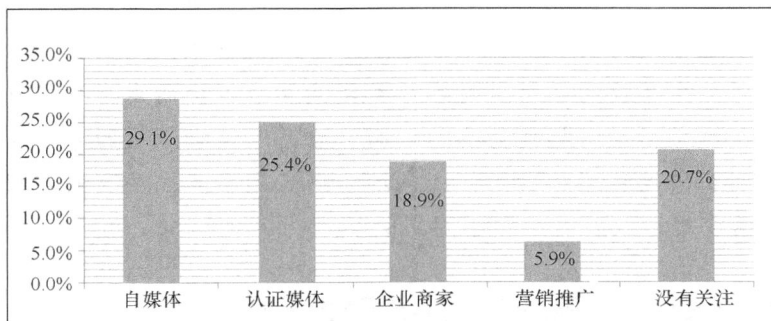

图 1-24 截至 2014 年 6 月微信公众号的用户关注比例

报告指出，用户关注微信公众号的主要目的是获取资讯、方便生活和学习知识。其中获取资讯为微信公众号的最主要用途，其比例达到 41.1%，微信公众号的主要用途统计如图 1-25 所示。

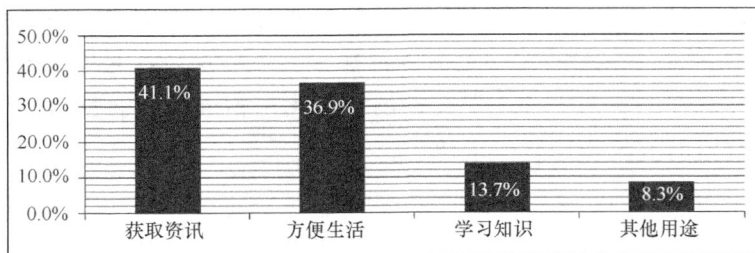

图 1-25 微信公众号主要用途统计

对于微信公众平台，同一用户可以选择多个类型进行关注。数据显示，如果要运营一个公众平台，单一的产品营销信息在这个碎片化、随身化的时代是行不通的，最好将娱乐与营销融合起来进行推广，这样才能长久吸引用户关注。

当然，推广公众平台的最好方式是让你的二维码无处不在。利用二维码及公众号吸引用户，建立自己的"鱼塘"，然后对其进行精准的营销，就是所谓的"鱼塘营销"。鱼塘营销理论指建立自己的客户数据库，将关注用户转换成真正的客户。现在很多企业都开始重视如何将用户变成自己"鱼塘"里的鱼，面对一个消费者为主导的市场，只有尽可能地套牢用户，让自己的"鱼塘"足够丰富，才能成功进行营销。

<h3 style="text-align:center">【案例 1-2】"脸萌"微信营销</h3>

"脸萌"是一款拼脸 APP，在推出之际一夜爆红，跃居下载量排行榜榜首，当时的朋友圈一度被脸萌头像"刷屏"。这款软件有多种发型、脸型、五官、衣服、背景、文字气泡等素材，用户可以自由组合，制作出专属于自己的卡通形象。"脸萌"之所以能在短时间内刷屏朋友圈，主要在于两者在功能特点上的完美契合。首先，微信是目前使用人数最多的社交工具之一，而且其用户年龄段广泛。朋友圈的特点就在于轻式的表达方式，图片恰好满足了这一特点。其次，朋友圈和"脸萌"都满足了现在互联网用户喜欢的呆萌、简单、参与感及个性化的需求。朋友圈的理念其实非常简单，即利用图片引起视觉共鸣，而"脸萌"这种卡通图片形象契合了这一特点，而且它的制作过程又相当简单。最后，朋友圈"多对多"的传播方式加快了"脸萌"的传播速度。

四、移动电子商务营销的定义与工作内容

电子商务作为互联网时代的重要营销渠道，不仅吸引了大批的创业者，更为他们带来了巨大的收益。不难想象，在移动互联网时代，移动电子商务同样是一个含有巨大潜力的营销平台。

1. 移动电子商务营销的未来趋势

前面提到过，移动互联网的特点是移动化与随身化，而未来的移动电商及其营销的特点如图 1-26 所示。未来的移动电商以消费者为市场主导，电商会根据消费者的情况对其进行有针对性的营销，实现了营销的实时化与精准化。而营销过程中，电商将更注重对用户数据的收集及用户量的培养。

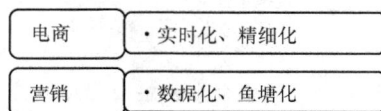

| 电商 | · 实时化、精细化 |
| 营销 | · 数据化、鱼塘化 |

图 1-26 未来移动电商营销特点

2. 移动电子商务所需人才

随着移动电子商务行业的升温，行业所需的人才规模将越来越大，截至 2015 年，

间接从事电子商务的人员接近 2 080 万人,而直接从事电子商务的人员预测可达到 300 多万人。同时,行业对电商人才的要求也会越来越高,趋于专业化、精细化、复合化。人才已经成为影响移动电子商务发展和竞争力的关键因素。

（1）移动互联网人才

手机媒体、平板媒体等任何移动媒体上的任何推广工具、营销策略和电商动作都需要专业人才对其进行加工管理。因此,未来的移动互联网对很多行业人才既是一个挑战也是一个机遇。

（2）电子商务人才

电子商务人才主要服务于移动电商平台、微博、微信、APP、微商域、微网站等平台,从事策划、推广、品牌、成交等各种营销动作。这就要求电子商务人才是全面型人才,其专业涉及面要广泛,因为其中包括策划、推广、品牌等一系列工作。

（3）微营销人才

微营销人才从事微博营销、微信营销、微信公众平台、自媒体平台,以及所有“鱼塘”性质的移动媒体传播、推广及营销动作。同上面的两类人才一样,微营销人才同样需要具有宽广的营销知识面。

ꕤ 本章总结

互联网与移动互联网带来了新的商机,抢占互联网,就等于抢占了未来。本章的内容主要是系统地对互联网及移动互联网的发展进行介绍,目的在于使读者更清晰地理解移动电子商务的特点与发展状况,以便对自身的电子商务职业生涯进行规划。对本章主要内容的梳理和总结如图 1-27 所示。

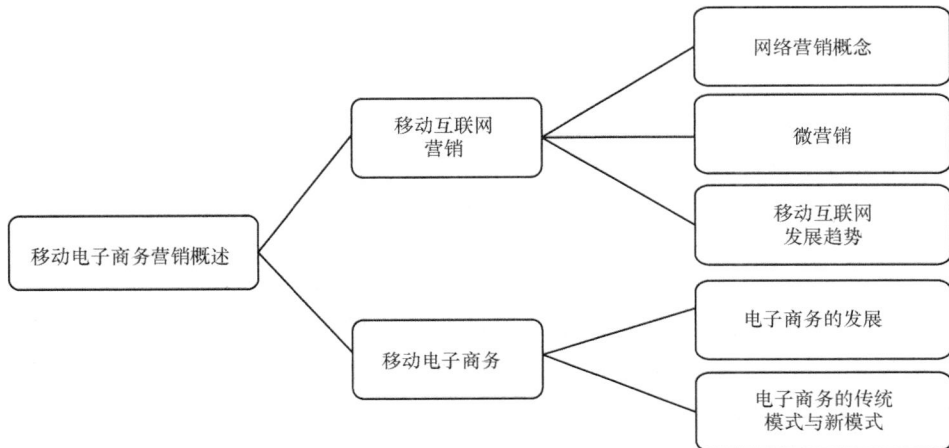

图 1-27　本章内容结构图

📶 实操训练

一、单选题

（1）移动互联网相较于传统的互联网，其宣传推广的优势主要体现在（　　）。

    A．"一对一"宣传　　　　　　　B．"一对多"宣传

    C．"多对一"宣传　　　　　　　D．"多对多"宣传

（2）下列属于 B2B 电子商务模式的是（　　）。

    A．线上到线下　　　　　　　　B．工厂+企业

    C．个体零售市场　　　　　　　D．工厂+大卖场

（3）营销分为"营"与"销""营"作为市场部门的主要工作，主要目的是（　　）。

    A．让产品"好卖"　　　　　　　B．获取利润

    C．增加成交量　　　　　　　　D．让产品"卖好"

二、多选题

（1）PC 端网络营销向移动端网络营销转移，体现在（　　）。

    A．微信营销引发的"微风潮"　　　B．二维码链接了线上线下

    C．公众平台成为重要媒体　　　　D．"朋友圈"营销产生了微商

（2）下列属于移动上网终端的是（　　）。

    A．智能手机　　　　　　　　　B．PC

    C．可穿戴设备　　　　　　　　D．谷歌眼镜

（3）微营销已经成为现今最重要的营销手段之一，下列属于微营销的是（　　）。

    A．扫描二维码　　　　　　　　B．朋友圈推广

    C．微博营销　　　　　　　　　D．QQ 营销

三、判断题

（1）传统的电子商务模式包括 B2B 模式、B2C 模式、C2C 模式以及 C2B 模式。

    （　　）

（2）实战网络营销包括"三赢""三军"及网站策略。　　　　　　　（　　）

（3）移动电子商务营销以消费者为市场主导，更注重营销的实时化与精准化。（　　）

四、综合分析题

在本章开篇提到的小农女卖菜案例中，小农女利用微信卖菜，而且鼓励顾客通过分享朋友圈获得特价蔬菜的方式为自己的品牌宣传推广。那么，在小农女卖菜的营销过程中，主要利用了移动互联网的哪种营销方式？其特点是什么？小农女的线上下单，线下配送菜品的过程主要体现了移动电子商务的哪种模式？

第二章

移动电子商务营销岗位的基本要求

📖 学习目标及重点、难点

学习目标：

了解并掌握移动电子商务营销人员的职业发展前景及必备的岗位能力；熟悉移动电子商务营销的岗位概况，并了解移动电子商务营销岗位的细分职责。

学习重点：

了解新媒体营销各岗位的工作职责与工作内容。

学习难点：

学会用数据分析的思想来总结行业招聘动态，做好未来就业岗位的调研。

🔍【案例导入】

2015 年 6 月 3 日凌晨，中国网球运动员——李娜通过微博宣布了自己产女的消息，随后各大商家迅速发出文案祝福。例如，伊利发出的文案："一路走来，从'最美不过执子之手'，变成'大手牵小手'。你好，Alisa！"类似伊利的祝福文案还有很多，除了祝福的目的外，各大商家也正是借助这一事件为自己的产品和品牌进行了一次营销推广。

思考题：

商家为什么会在第一时间发出祝福文案？这体现了互联网营销人员的哪些职业能力？

第一节　人才需求与岗位概述

自 2007 年起，中国电子商务的发展越来越迅速，以传统的 B2C 模式、C2C 模式以及新型的 O2O 模式为代表的网络零售，以年均增长率 70% 的速度快速扩张。2009—2014 年 3 月中国电子商务企业数量的增长情况如图 2-1 所示。移动互联网的不断发展，促使了电子商务的快速更新，从而带动了相关行业的兴起与发展，也使得电子商务领域的相关人才供不应求。

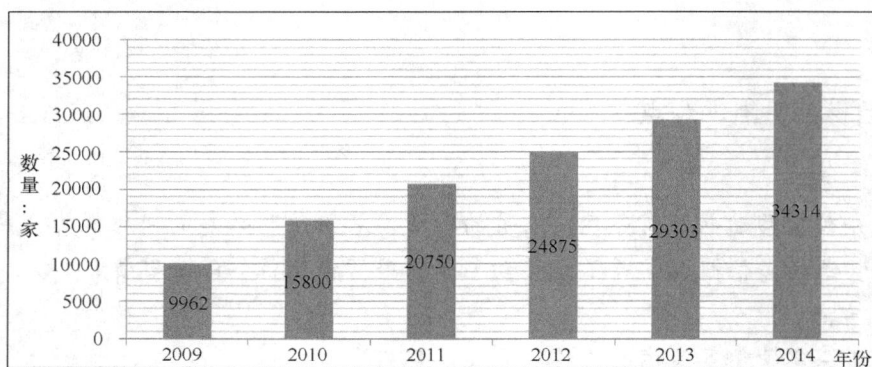

图 2-1　2009—2014 年中国电子商务企业数量增长图

电子商务企业的快速增长，使得电子商务企业对人才的需求量越来越大。2012 年的淘宝网数据显示，仅从 2012 年 4 月 2 日到 18 日这半个多月的时间里，全部电子商务职位的需求数就有 80000 多条。庞大的数据说明，电子商务已经成为企业发展的主流趋势，而与企业相比，电子商务相关人才的比例远远满足不了日渐壮大的企业需求。对于广大求职者来说，掌握电子商务的相关技能，进而从事与电子商务相关的工作，无疑是一个巨大的机遇。那么，在移动互联网时代，什么样的人才是最紧缺的？什么样的技能是电子商务人才必须具备的呢？下面我们将具体讨论这些问题。

一、移动互联网催生巨大人才缺口

移动互联网让互联网进入一个新的阶段，使互联网更加广泛化、变得无处不在，不论是个人还是企业，甚至器件都能与互联网联结。不仅如此，在移动互联网的推动下，衍生出的突破传统的电商模式，使虚拟的网络世界与现实的物理世界找到了一个契合的连接点。例如，O2O 的闭环模式连通了线上与线下，成为移动互联网时代中重要的创新环节。移动互联网的发展同样促使了互联网与传统行业的融合，互联网+银行产生了支付宝，互联网+商场产生了淘宝，这也是所谓的"互联网+"[1]战略。想要实现更多的互联网与传统行业的融合发展，移动互联网的应用是必不可少的。

中国正式接入全球互联网是从 20 世纪 90 年代开始的，到目前为止，有 3 个非常重要的影响互联网发展的时间点，如图 2-2 所示。

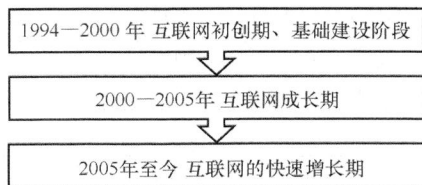

```
┌─────────────────────────────────────┐
│ 1994—2000 年 互联网初创期、基础建设阶段 │
└─────────────────────────────────────┘
              ↓
┌─────────────────────────────────────┐
│   2000—2005年 互联网成长期            │
└─────────────────────────────────────┘
              ↓
┌─────────────────────────────────────┐
│   2005年至今 互联网的快速增长期        │
└─────────────────────────────────────┘
```

图 2-2 互联网发展时间表

在互联网初创时期，互联网的发展较为缓慢，直到 2000 年，门户网站的出现才使得我国的互联网正式开始发展。2005 年，中国网民第一次突破一个亿，这样的突破性增长对互联网的发展具有关键性的影响力。从 2005 年开始，互联网进入高速的增长期。自 2009 年起，中国移动互联网的出现改变了互联网的发展趋势，催生了大量的互联网企业的产生，使中国的互联网发展进入到一个新时代，即移动互联网时代。

移动互联网是指用户利用手机、笔记本等移动终端连接协议接入互联网。随着移动智能设备的加速普及，移动应用对网民的渗透不断加大，正全方位地改变网民的生活习惯，对人们的信息、社交、娱乐和购物等各方面产生重要的影响。2013—2014 年，各类手机应用软件的用户规模和使用率保持一定增长、发展稳定。其中，电子商务类应用和娱乐类应用表现突出，手机应用逐渐从碎片化的沟通、信息类应用向时长较长的娱乐、商务类应用发展，并通过手机打车、手机地图和手机支付等应用加大对社会生活服务的渗透。2013—2014 年中国手机网民使用各类手机网络应用的统计情况如图 2-3 所示。

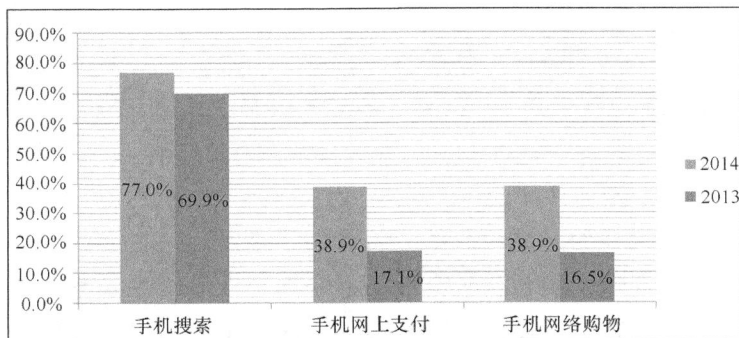

图 2-3 2013—2014 年中国手机网民使用各类手机网络应用的使用率

---

1 编者注："互联网+"指"互联网+各个传统行业"，但这并不是简单将两者相加，而是利用信息通信技术以及互联网平台，将互联网与传统行业进行深度融合，创造新的发展生态。

从图 2-3 中可以看出，手机支付与手机购物分别从 2013 年的 17.1%和 16.5%，在仅一年的时间内都增长到 38.9%。手机支付与购物的飞速增长，说明移动电子商务的发展越来越迅速，已经涉及我们生活的各个方面。

《2013 年中国电子商务人才状况调查报告》显示，截至 2013 年，电商设立年限超过 4 年的企业占 63.35%，如图 2-4 所示。从图中不难发现，设立 2～3 年的电商比例已经占 31.66%，这就说明，成立 2 年以上的电商企业的发展已经趋于成熟，同时也反映出整个电商行业的发展潜力是巨大的。

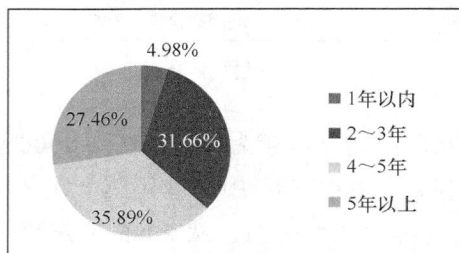

图 2-4　电商设立年限

相关报告显示，目前在电商企业中，服装鞋类是电商销售的主要商品。随着移动电商的逐步完善，购物人群及需求的不断增多，电商企业经营的产品也越来越全面。电商企业主营产品所属行业的数据统计如图 2-5 所示，可以看出，电商经营的产品已经不再局限于单一的服装类，而是拓展到数码、食品等多个行业领域。

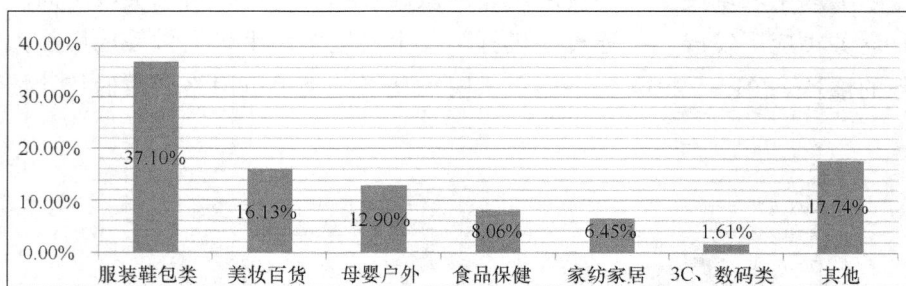

图 2-5　电商企业主营产品所属行业统计

通过前面对电商企业的发展状况的分析我们不难发现，在 2013 年与 2014 年这两年中，移动互联网的高速发展使传统企业、互联网企业纷纷加入移动互联网行业，这在促使移动互联网市场蓬勃发展的同时也会使市场竞争环境更加激烈。为了延续移动互联网的创新发展，平衡移动互联网的市场竞争力，必须加大互联网人才的输入，让移动互联网人才成为打破这一市场竞争的主要手段之一。根据中国互联网络信息中心的报告，2014 年我国的移动互联网行业应用开发人员需求量是 200 多万，但实际从业人员不到 70 万。《2013 年中国电子商务人才状况调查报告》统计显示，现在的电商企业正处于拓展阶段，运营、技术、营销推广方面的人才是目前企业最迫切需要的工具性人才，如图 2-6 所示。

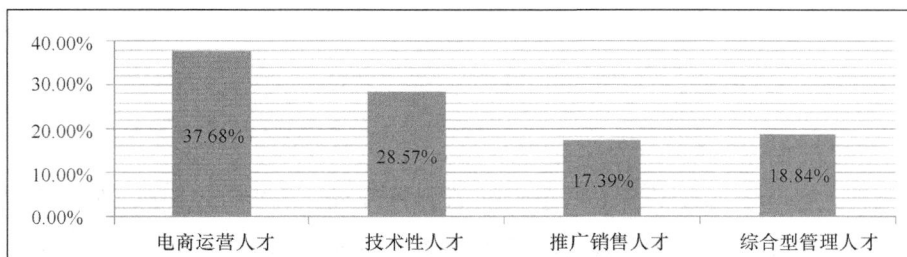

图 2-6　电商企业急需的人才类型

然而，在快速发展的移动互联网时代，网络营销的方式不断改进，单一的人才已经不能满足电商的销售规模需求，综合型人才成为电商企业在互联网时代的主要竞争力。这些人才必须是"十项全能"，从简单 APP、平板屏幕的表现及触摸屏网站的制作，到利用视觉对移动电商页面及平台进行策划，再到移动搜索引擎的优化、社会化分享网站及 APP 的宣传，这些环节都要求电商人才能够熟练掌握。通俗地说，一个电商人才不仅要懂得如何进行微博、微信公众平台内容的策划与传播，更要通过活动策划来为电商赢得粉丝、成为自媒体领袖，从而影响用户，这才是电商企业对人才的要求。

二、电商岗位能力的构成要素

据某招聘网站统计，2015 年 3 月全国网上发布的职位中，互联网、电子商务行业的职位数最多，比排在第二位的金融行业的人才需求量高出 10 万余人次。这就说明电商的急速发展造成了人才的巨大缺口。那么，成为一个优秀的综合型电商人才，必须具备哪些网络营销能力以及电子商务规划能力呢？下面将详细阐述。

1．网络营销技能

网络营销就是以互联网为核心平台，以用户为中心，以市场需求和认知为导向，利用各种网络应用手段去实现企业营销目的的一系列整合营销行为。网络营销区别于传统营销方式的最大特点就是网络营销的灵活性。这种灵活性体现在网络营销不仅具备了传统营销的优势，而且实现了传统营销不具备的互动性，同时网络营销又是一种低成本、高效率的全新商业形式。作为一名网络营销人员，必须具备如图 2-7 所示的7 项技能。

图 2-7　网络营销的 7 项技能

（1）项目策划

项目策划是一种具有建设性、逻辑性的思维过程。在此过程中，总的目的就是把所有可能影响决策的决定总结起来，对未来起到指导和控制作用，最终借以达到方案目标。项目策划一般具有可行性、创新性、无定势、价值型、集中性、智能放大及信息性的特点。也就是说，项目策划首先要考虑的是策划的可行性，如果一个营销策划太过注重理论而忽略了实际的操作性，则没有任何意义。其次，项目要按照价值型原则来进行策划，这是营销推广中功利性的具体要求与体现。

碎片化的网络时代，营销的推广方式已经不再仅仅是简单的产品诉求，而是逐渐向用户转化，以用户的需求为核心诉求点。而移动互联网时代的用户接收的信息面相当广泛，如果营销策划缺乏创意，就很容易在海量的信息中被用户过滤掉。

在项目策划中，信息是整个过程的起点，也是贯穿于整个环节中的重要因素。因此，在信息收集的过程中，必须确保原始信息收集的全面性、可靠性与准确性。最后，还要保持信息的系统性连续性。

（2）网络调研与竞争产品分析

网络调研是指利用互联网技术进行调研的一种方法。因为网络没有地域限制，且更新及时，所以，利用网络调研来进行信息收集具有广泛性和及时性。除此之外，在网络上进行市场调研相对传统的调研方式来说，既便捷又经济。最重要的是，调研结果有很强的准确性，网络让调查者与被调查者避免了面对面的接触，较好地避免了来自调查者的主观因素的干扰，被调查者可以处于自然、真实的状态。网络站点的访问者一般对企业有一定的兴趣，相对传统的调研方式，加强了调研的准确性。

竞品分析主要是对导入期竞争对手的市场经营情况与策略进行深入的调研分析，通常包含特性罗列与分析评价两部分内容。特性罗列以产品功能为主要分析对象，也被称为分析评价对象。分析评价是指根据可用性等效果进行综合评价分析。

（3）网站建设及营销功能实现

网站建设简单地说就是指网络设计师应用各种网络设计技术，为企事业单位、公司和个人在全球互联网上建立自己的站点。网站建设的目的是提高企业的知名度、创立网络品牌，从而拓展营销渠道、扩大市场、增强企业的综合竞争能力。网站建设通常包括设定目标与整理内容两个部分的流程。

设定目标需要明确其建设网站的目的是什么。例如，如果目的是吸引更多的潜在客户，然后引导客户购买产品或服务，那么就应该在网站中对产品与服务等进行详细的描述。在网站目标被设立后，就要对网站的内容进行整理，也就是对其任务进行执行。只有将网站建设规划好才能实现营销功能的全面推广。

（4）网站优化

网站优化（亦为搜索引擎优化，SEO），就是使网站的设计符合搜索引擎检索要求，满足搜索引擎排名的指标，从而使网站在搜索引擎检索时排名靠前，增强搜索引擎营销的效果。网站优化不仅可以方便网站运营人员进行营销推广，而且可以使用户更加便利地浏览网站，快速找到相关信息，从而获得流量。

（5）网络广告

网络广告是指企业利用专业的广告横幅、文本链接、多媒体等方法在互联网刊登或发布广告，通过网络传递到互联网用户的一种高科技广告运作方式。网络广告是网络营销的主要方法之一，本质是向互联网用户传递营销信息的一种手段，是对用户注意力资源的合理利用。网络广告相对于其他传统广告形式，在传播范围上更为广泛，信息容量也相对较大，而且网络广告打破了传统广告的被动性，做到以用户体验为核心，凸显了用户自由选择的主动性。

（6）网络推广和整合营销

网络推广，顾名思义就是利用网络进行营销推广，一般包括搜索引擎、电子邮件、网络广告、病毒式营销推广等方式。但是，随着移动互联网的不断发展，营销的方式也越来越多样，如今网络推广可以利用将口碑、活动、事件等营销范式整合起来进行综合推广，即整合营销。

（7）项目管理

项目管理是指在项目活动中运用专门的知识、技能、工具和方法，使项目能够在有限的资源限定条件下实现或超过设定的需求或期望的过程。在网络营销中，项目管理是指通过网站的优化及网络的整合营销推广，对产品和服务达到广泛的推广并且获得流量的过程。

（8）微营销

作为一种特殊的网络营销方式，微营销是指在移动互联网时代中利用手机客户端进行的一系列营销活动，如微博营销、微信营销等活动。由于APP已成为移动互联网时代营销的主要载体，所以微营销的过程中涉及APP的开发、创意的策划、广告的嵌入，而且要求从业人员有与粉丝互动的沟通能力。除此之外，还要求相关从业人员深入了解并熟悉使用社交、分享、团购、电商的各种应用及平台。所以，要想从事这一领域的工作，平时应对周围的APP进行详细了解，时刻关注其动态，尤其是对新出现的APP，一定要在第一时间使用并熟悉其中的功能。

综上所述，对于一个网络营销人员或者将来要从事网络营销工作的人来说，掌握传统单一的营销技能已经不能满足移动互联网时代的需求。移动互联网时代的网络营销人员只有在懂得基本营销技巧的基础上，具备全面的网络建设与规划技能，并将这些技巧整合起来，才能在网络营销工作中脱颖而出。

2．电子商务运营规划能力

电子商务的运营规划是电子商务从业人员必须具备的一项工作技能。这类人才需要具备规划、营销、美工的综合型能力。下面我们以淘宝的运营规划为例，对电子商务的运营规划进行全面的分析。图 2-8 是电子商务中常见的几大运营板块，它们是相铺相成、共同作用的。

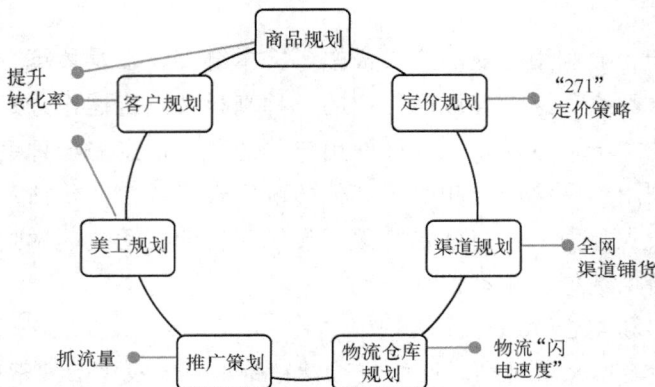

图 2-8　电子商务的主要运营版块

（1）商品规划

商品规划实际考虑的因素比较多，包括市场的竞争模式、顾客需求、企业自身的资源等多个因素。将一切因素系统分析并整理规划之后，才能有效地进行营销。在淘宝中，产品结构、产品展示及宝贝详情就是 3 个重要的商品规划类别，每个类别都有明确的功能板块，如图 2-9 所示。

产品结构	产品展示	宝贝详情
·规划性、周期性上新 ·爆款库存增添计划 ·开发活动专供款 ·开发原创小礼品	·两组外景+两组内景 ·细节图拍摄，申请淘宝官方认证 ·搭配拍照，专业搭配师 ·单独拍照，统一底色	·设计师手稿 ·设计师手绘稿 ·品牌故事 ·搭配定义 ·工艺细节图 ·宝贝细节图 ·质检报告 ·面料说明 ·模特说明

图 2-9　商品规划

产品结构清晰有利于使产品有规划地进行营销，避免了商品供货不足或者商品积压等情况，同时适当增加活动与礼品可以吸引用户的注意，达到引流的作用。产品展示的重点在于商品的拍摄技巧，目的是通过专业的搭配拍摄出有视觉冲击力的商品展示图。强烈的视觉冲击力会引起顾客的关注，并且加深顾客对产品的记忆，有助于潜移默化地影响顾客的消费行为。商品规划中最重要的一个环节就是宝贝详情介绍，顾客通过对感兴趣的商品进行搜索，然后根据宝贝详情的描述，最终做出是否购买的决策。宝贝详情要求对于宝贝的每一个细节都进行详细的说明，如宝贝的材料质地等，如果一些商品（如服装）是由模特展示的，还应该对模特的尺码等进行说明。对于宝贝的制作工艺等细节也必须全面说明。在宝贝详情中，最重要的是树立品牌故事，品牌故事贯穿于消费者的整个购买过程，特色鲜明的品牌形象是产品区别于其他商家的重要特征。

（2）定价规划

定价是影响产品销售及店家利润的决定因素，在淘宝的商品定价策略中，经常使用"271"定价策略，即20%的低价商品、70%的中等价位商品及10%的高价商品。低价策略主要目的在于引流，经常被使用在活动与渠道专供等方面。而中等价位则是保证主体销售额，所以所占的比例也是最大的。最后，10%的高价商品是用于塑造品牌档次，打造原创艺术，提高店家的核心竞争力。详细的定价组合内容将在后面的章节进行介绍。

（3）渠道规划

渠道规划主要指第三方平台的规划应用，如淘宝旗舰店、淘宝 C 店、QQ 旗舰店、京东旗舰店及散户和专业渠道公司等平台。在第三方平台稳定之后，可以通过自建 B2C 来实现渠道的营销推广。在移动互联网时代，同样可以搭建新型的 O2O 模式，实现商品线上与线下的全方位分销。

（4）物流仓库规划

物流仓库规划旨在加快店家的发货速度，并且要求库存必须根据商品的销量情况进行合理的清仓与填补。物流仓库规划一般要求店家"闪电式"发货，力争好评，而且要做到每两个月盘点一次库存。不仅如此，店家还可以通过制作专用的 Logo 纸盒、退货卡、包邮卡及环保袋来提高自己的物流服务质量。

（5）推广策划

推广策划的目的主要是抓顾客流量，通过策划一系列的推广活动扩大商家的知名度，从而吸引更多的顾客进行浏览，主要包括付费推广、活动策划、免费推广 3 个渠道。付费推广是指店家通过支付一定的费用参与淘宝设置的宣传活动，如钻石展位、淘宝客或者直通车等宣传推广活动。活动策划则是指店铺利用主题或者节日策划相关的活动来吸引顾客，或者报名参加淘宝的聚划算、淘金币等活动。另外，随着互联网的不断完善，各类社交媒体平台也越来越多，这些平台供店家利用来进行免费推广。

免费推广一般包括如图 2-10 所示的营销方式。

图 2-10　免费推广的营销方式

微博、微信、社区等社会化媒体拥有大量的用户，所以利用社交媒体进行推广可以增加曝光度。另外，还可以利用软文、优惠券等个性化的方式吸引用户。但是，不管以什么方式进行营销推广，一定要注意营销的方式，如果盲目进行推广会引起用户的反感情绪。具体的方法在后面将进行介绍。

【案例 2-1】"黄太吉"社会化营销

"黄太吉"是一家微博粉丝超过 10 万并进驻北京 CBD 的煎饼店。拥有如此高的人气，得益于黄太吉在社会化媒体上的营销推广，其社会化营销方式主要有以下两大特点。

① 话题性

无论是微博还是微信，或者其他形式的社会化媒体，要想让大家参与讨论，就一定要有话题。黄太吉在营销内容的话题性上可谓下足了功夫，时不时抛出"煎饼店进入 CBD""开奔驰送煎饼"等有附着力的话题，因此迅速在网络上引发讨论，这样营销的宣传目的就达到了。

② 分享空间

Wi-fi 已经成为人们生活中不可或缺的一部分，也是营销推广的关键媒介。黄太吉的店面内就为人们提供了免费 Wi-fi 服务，有了 Wi-fi，顾客就能随时随地发朋友圈、发微博，把自己的"用餐经验"第一时间分享给朋友。对黄太吉来说，这又是一次营销。

黄太吉成功的社会化推广全部都是免费推广，不仅减少了宣传成本的支出，还为其赢得了高进店率与高收益。由上面的例子不难发现，社会化营销推广是企业推广必须掌握的一项推广技能。

（6）美工规划

美工规划指店铺的日常美工、宝贝上架、店铺的装修及促销活动的设计，与商品规划中的产品展示有相同点，都是利用视觉吸引用户的眼球，从而达到销售的目的。这要求从事该职位的人员具有良好的美工能力。

（7）客户规划

客户规划包括两个方面，一方面是售前的客服咨询，另一方面是售后的客户管理。

客服咨询的主要职责是与意向客户进行沟通，解答消费者关于商品的疑问。客服的职位成长体系是从实习客服、客服专员、资深客服到客服主管。售后的客户管理指完善快递查询、退换货服务，并且通过短信与节日问候维持与来访客户的关系。这就要求客服人员具备一定的沟通能力及解决问题的应变能力。

第二节 招聘搜索调研与新媒体岗位的基本需求

互联网改变了我们的生活方式与行为习惯，这一点毋庸置疑，但与此同时，互联网也改变了我们的求职方式。某网站的调查报告显示，在被访者中有接近 2/3 的人比较关心获取招聘信息的途径。某网站对 2014 年招聘渠道的调查统计如图 2-11 所示（需要特别说明的是此项报告为多项选择，因此各选项之和大于 100%）。

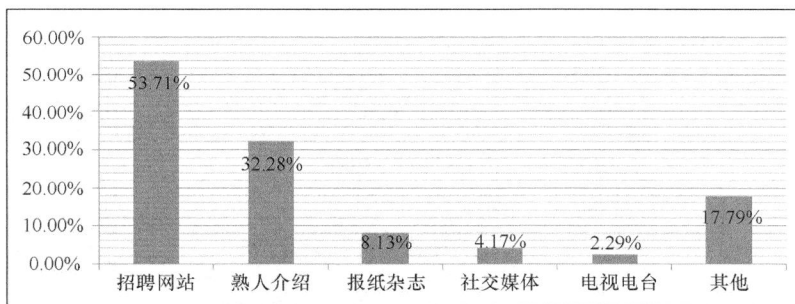

图 2-11 招聘信息获取渠道统计

由图中可以看出，专门的招聘网站是求职者获取求职信息的主要渠道，与网络招聘相对的传统媒介如报纸、杂志等在求职中的作用正在逐渐减弱，这也说明网络已成为发布信息及获取信息的最佳方式。那么，目前我们到底有哪些招聘信息搜索网站呢？下面将具体介绍。

一、招聘搜索的调研

目前，大部分求职者知道的招聘网站是智联招聘、前程无忧等，而除了这些网站，还有两大招聘搜索引擎，即百度招聘搜索与搜狗招聘搜索。图 2-12 是百度招聘搜索页面截图。

在搜狗招聘搜索页面中，同样将职位与招聘会的具体信息展示出来，与百度搜索唯一不同的是，搜狗招聘有其专门的招聘搜索网站 zhaopin.sogou.com，而百度招聘搜索需要借助浏览器进行搜索。

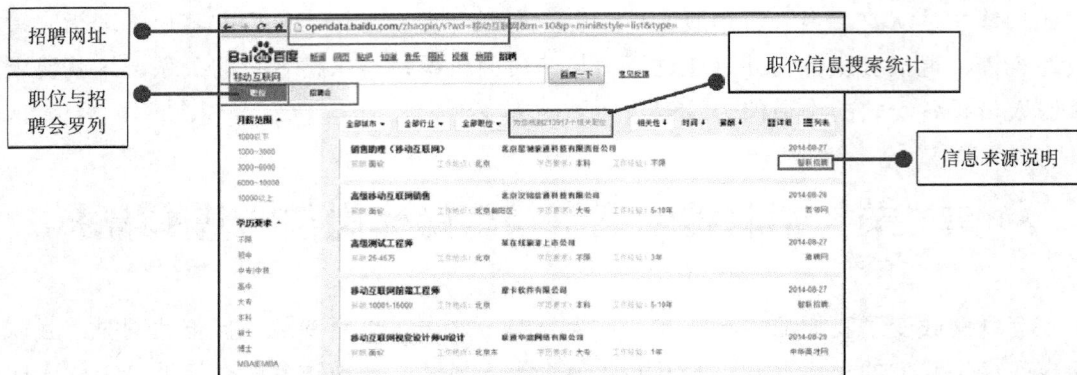

图 2-12　百度招聘搜索

　　招聘搜索网站与专门的招聘网站最大的不同点在于，招聘搜索网站的职位信息更加全面，而且更加广泛，它们将各大招聘网站的职位信息根据关键词进行整合，更加方便求职者进行查找。

　　对求职者来说，不仅要学会招聘信息的职位搜索，还要学会通过利用招聘搜索对人才供求数据与职业岗位技能进行分析。图 2-13 所示是利用招聘搜索网站搜索到的北京地区与电子商务职位相关的职位统计的截图。

	来源	职位	学历	经验	薪酬	招聘企业	统计	地点	时间
4488	猎聘网	网络推广经理	大专	3年	10-18万	大型中外合资B2C电商企业	3	北京	2013/8/3
4489	猎聘网	SEM优化师	大专	3年	10-18万	业界知名整合搜索引擎营销	2	北京	2013/7/31
4490	猎聘网	电子商务项目高级主管	本科	5年	10-18万	华顿国际投资有限公司	1	北京	2013/7/31
4491	北京英才网	网站互动运营经理	大专	3年	10-15万	知名互联网公司	19	北京	2013/7/30
4492	北京英才网	SEO经理	大专	3年	10-15万	某公司	6	北京	2013/7/11
4493	北京英才网	网站运营经理	本科	5年	10-15万	金按钮网络科技(北京)有限	5	北京	2013/8/2
4494	全职招聘	活动运营经理（电商互联网）	不限	3年	10-15万	某互联网/移动互联网/电子	4	北京	2013/7/28
4495	若邻社交招聘	产品运营（电商互联网）	不限	3年	10-15万	途家网络技术(北京)有限	3	北京	2013/8/2
4496	猎聘网	网站主编（运营经理）	不限	3年	10-15万	能力天空科技(北京)有限公	3	北京	2013/8/2
4497	猎聘网	淘宝店长	不限	1年	10-15万	北京君爱坊电子商务有限公	3	北京	2013/7/15
4498	若邻社交招聘	网络营销经理	大专	3年	10-15万	服装公司	2	北京	2013/8/2
4499	猎聘网	淘宝店客服	不限	1年	10-15万	某知名钻级淘宝店	1	北京	2013/8/2
4500	猎聘网	产品经理（sem方向）	本科	1年	10-15万	某互联网企业	1	北京	2013/7/16
4501	猎聘网	外贸电商市场运营推广（Wholep	本科	3年	10-15万	华创汇才投资管理(北京)有	1	北京	2013/8/2
4502	猎聘网	网络推广主管	不限	3年	10-15万	国内某大型远程教育培训机	1	北京	2013/7/19
4503	猎聘网	eCommerce电子商务主管工程师	本科	4年	10-15万	国际知名PC企业	1	北京	2013/8/4
4504	猎聘网	电子商务运营经理	不限	5年	10-15万	创智传动大业广告有限公司	1	北京	2013/7/23
4505	猎聘网	天猫专卖店运营总监	本科	2年	10-13万	北京鸿爱日新新电子技术有	1	北京	2013/8/1
4506	猎聘网	电子商务网站产品经理	本科	2年	10-12万	中传文创科技发展(北京)有	3	北京	2013/8/2
4507	猎聘网	电子商务运营经理	不限	3年	10-12万	专业研究、生产及销售天然	2	北京	2013/8/2
4508	猎聘网	淘宝天猫运营总监	不限	2年	10-12万	北京信爱永达贸易有限责任	2	北京	2013/7/16
4509	猎聘网	电子商务运营经理	不限	3年	10-12万	北京某化妆品研究销售有限	2	北京	2013/8/3
4510	猎聘网	电子商务运营经理	大专	2年	10-12万	北京某化妆品科技有限公司	2	北京	2013/8/3
4511	猎聘网	内容数据分析主管	不限	3年	10-12万	某视频公司	1	北京	2013/7/22
4512	猎聘网	电子商务经理	大专	3年	10-12万	大型酒店地产管理集团公司	1	北京	2013/8/3

图 2-13　北京地区与电子商务职位相关的职位统计

由图中可知，要想在茫茫职位中找到自己想要的职位，就应该根据自身的学历、工作经验及对薪资的要求等情况对职位进行筛选，进而选出与自己目标职位相符的岗位。这样的筛选方法不仅节约了求职者的搜索时间，而且提高了搜索的效率。

二、微营销、新媒体岗位的要求

前面提到，移动互联网人才必须是全面发展、知识面广、综合能力强的。那么在特定岗位上，对职位的要求有哪些呢？下面我们分别依据岗位的各个级别对不同的岗位要求进行分析。

1．移动互联网营销策划总监

总监的职位要求相对其他的营销策划人员要求要高一些，对于相关的工作经验与工作能力的要求会更严格，具体的岗位要求有以下 4 点。

（1）熟悉互联网及移动互联网的各种常见活动方式，对微博、微信、微视等"微营销"方式和手段有深刻的认识与独到的见解，能够提出符合客户要求的解决方案。

（2）负责移动互联网营销体系中的整体工作计划与执行，能够协调各种资源并独立完成策划、提案、执行等工作。

（3）执行力和分析能力过硬，从执行进度、效果等方面对网络公关工作进行监督、反馈和评估。

（4）优秀的语言表达能力、优秀的人际交往和管理协调能力。

2．新媒体营销经理

新媒体营销主要指社交媒体与移动互联网媒体的营销。营销经理职位要求从业人员具有较高的营销推广能力，其职责主要是根据公司的品牌推广战略，负责公司的新媒体运营工作，进行新媒体行业及竞争监测并定期发布决策参考报告，推动集团新媒体的高效应用和创新发展。具体的岗位职责包括以下 9 个方面。

（1）制定公司新媒体应用推广策略和规划。

（2）负责公司微博、微信等新媒体平台的日常运营。

（3）组织、策划线上推广活动，与粉丝充分互动，提高新媒体的活跃粉丝量。

（4）组织对社交与移动媒体用户的调研与分析，负责社交与移动媒体互动创意策划。

（5）相关社交及移动媒介关系维护。

（6）负责在所有新媒体上的内容发布和维护，撰写营销方案。

（7）负责在所有新媒体上的线上活动执行以及反馈；针对日常话题、综合性活动和突发性事件策划参与的活动方案。

（8）负责所有新媒体上与用户的沟通和交流，及时了解用户需求，使品牌与用户之间建立良好的关系。

（9）研究新媒体发展、应用趋势，定期出具报告，为推广方案提供支持。

3．微信推广主管

微信推广主管相较于前两个职位有着其特定性，即将微信作为主要的工作平台。但是，微信作为移动互联网主要的社交平台之一，要求从事相关职位的人员有着策划编辑、网站优化等综合能力。以下 5 点是微信推广主管必须具备的岗位能力要求。

（1）酷爱玩微信，对微博、微信有着浓厚的兴趣，对互联网传播有较深的认识和看法。

（2）深入了解微信特点及资源，有效运用相关资源；能收集分析其他微信的运营情况及最新动态。

（3）具备良好的策划能力，有一定的文字功底，擅于揣摩每个网民的阅读喜好，编辑他们喜欢关注的各种内容。

（4）具有一定的市场分析即判断能力，具有良好的客户服务意识，具有亲和力。

（5）有一定的 SEO 知识，了解 SEO 相关知识，如 PR（网页搜索排名）、搜索引擎收录、百度快照等基础知识。

4．微信/微博网络推广专员

微信与微博的网络推广专员同属新媒体推广范畴，这就要求从事相关职位的人员具有良好的与粉丝沟通的能力，而且还要有敏感的网络媒体洞察力，熟悉网络热点。网络推广专员要求从业人员自身对于微信、微博熟练使用，而且熟悉微信、微博的表达方式，能利用符合网民口味的推广方式，撰写相关的微博文、软文等来提高粉丝的活跃量。相关的岗位职责如下。

（1）负责微信及微博的运营推广，负责策划并执行营销线上日常活动的跟踪与维护。

（2）提高粉丝活跃度，与粉丝做好互动，对粉丝的网络行为进行监控、分析与总结。

（3）挖掘和分析网友使用习惯、情感诉求及体验感受，及时掌握新闻热点，能够完成专题策划与活动策划。

（4）线上线下内容活动的策划与运营，提升影响力。能根据不同需求撰写相应的微博文、软文，以及策划各种营销主题与活动，提高微博、微信粉丝量及品牌影响力。

所以，移动电商营销的岗位要求与工作内容最重要的核心是"新媒体"与"营销"两方面。从事移动电商营销的人员既要熟悉新媒体的使用流程，又要懂得如何在新媒体、微媒体上进行营销推广，从而帮助电商企业做好品牌的传播与推广、活动策划并吸引更多的粉丝，扩大知名度。总而言之，帮企业养好一个"鱼池"，赢得品牌、销售、用户是引入电商营销岗位的最终目的。

本章总结

本章主要从三个方面对移动电子商务营销岗位进行了系统的分析介绍，并根据目前的市场需求，对相关岗位技能进行了分析，帮助读者理解并提高相应的自身能力。对本章主要内容的梳理和总结如图 2-14 所示。

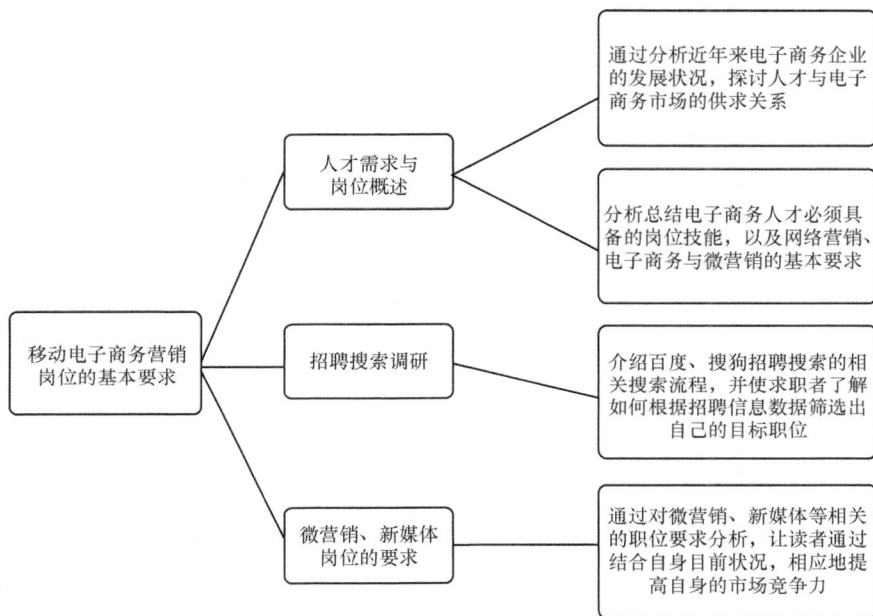

图 2-14 本章内容结构图

实操训练

一、单选题

（1）我国互联网发展主要经历了 3 个阶段，即初创期、成长期及增长期。门户网站的出现属于互联网发展的哪一个时期（   ）。

    A．基础建设阶段　　　　　　　　　B．成长期

    C．增长期　　　　　　　　　　　　D．成熟期

（2）移动商务的运营和管理的对象是（   ）。

    A．运营范围　　　　　　　　　　　B．运营客户

    C．运营过程和运营系统　　　　　　D．运营组织

（3）在移动商务模型中，可以看到运营管理战略在很大程度上依赖（   ）。

    A．商业环境　　B．协调和契合　　C．企业绩效　　　D．战略设计

二、多选题

（1）在移动商务战略设计中，注意（　　　　）关系，构建一个体系化的战略关系链。

    A．总体战略和从属战略　　　　　B．战略目标和保障体系

    C．战略设计和管理对应　　　　　D．市场进击和市场开拓

（2）移动商务战略设计需要把握的是（　　　　）原则。

    A．总体战略和支撑性战略一致性　　B．原则性和灵活性的一致性

    C．明示战略和隐含进攻战略不一致性　D．战略对应关系中的一致性

（3）下列属于电子商务运营规划能力的是（　　　　）。

    A．商品规划　　　B．定价规划　　　C．渠道规划　　　D．客户规划

三、判断题

（1）"互联网+"战略是将互联网与传统行业进行融合发展。　　　　（　　　）

（2）网络营销技能是网络营销人员必须具备的岗位能力，包括项目规划、网络推广、整合营销及商品规划。　　　　（　　　）

（3）新媒体营销经理负责制定公司新媒体应用推广策略和规划。　　　（　　　）

四、综合分析题

小明在网络上看到某公司招聘微信/微博网络推广专员，而小明酷爱玩微信、微博等社交软件，而且对此有浓厚的兴趣，所以小明认为自己可以胜任该工作，并决定去应聘。试分析小明会不会被该公司录取，原因是什么？

第三章
移动电子商务营销策略

学习目标及重点、难点

学习目标：

了解市场的整体营销理论策略，包括市场的基本概念、营销的本质，市场营销企业策划和产品 4P 策略的分析，宣传推广和执行的各个流程；通过掌握营销的理论知识及实践技能，能成为一名合格的移动电商营销人员。

学习重点：

掌握市场营销企划的基本概念和流程、4P 策略的应用，了解整合营销的工作内容，并熟悉互联网宣传推广的基础架构。

学习难点：

了解市场和销售的区别，掌握产品生命周期和六大媒体的应用。

【案例导入】

2015 年央视春晚中，微信"摇一摇"抢红包成为新年的第一话题，观众通过收看春晚现场直播，根据主持人的提示，进行微信"摇一摇"，就有机会获得由各大品牌商赞助的红包。

思考题：

为什么品牌商会选择微信作为载体、春晚作为媒介进行传播？

第一节　选择市场及定位

市场是指买卖双方进行交易的场所，具体包含两方面的意思：一方面是传统的、有形的买卖交易场所；另一方面是指一切交易行为的总称，其中包括利用现代化通信工具进行的物品交易。市场是一个宏观的概念，但是市场中发生的所有行为都是以满足人性需求为出发点的，也就是说，市场的发展变化与需求有着紧密的联系。

一、市场营销的本质

首先，我们来分析几组数据，图 3-1 和图 3-2 分别展示了 2012 年车企的市场份额与汽车销量。

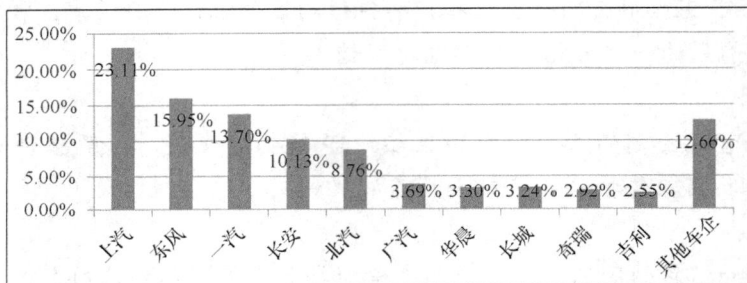

图 3-1　2012 年车企市场份额

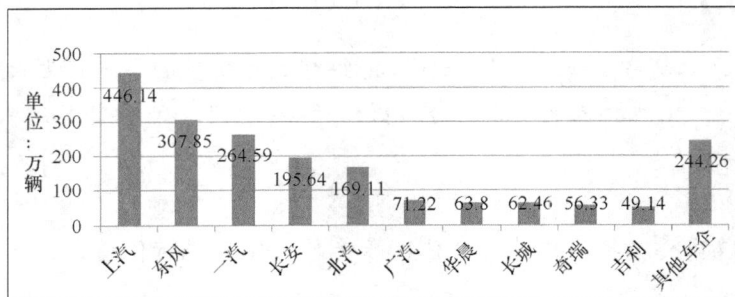

图 3-2　2012 年车企汽车销量

由图中可看出，各车企的市场份额与销量是成正比的，销量越大，市场份额就越大。那么，销量的决定因素又是什么呢？汽车之所以销量较高，是因为它被人们所需要，换句话说，汽车的生产满足了人们对于寻求便利的需要。任何一个有形或无形的产品的产生都是满足了人们或直接或间接的需要，正如美国营销大师菲利普·科特勒对市场营销的定义——"市场营销是个人或组织通过生产和制造并同别人或其他组织交换产品或服务以满足需求和欲望的一种社会和管理过程。"简单地说，市场营销就是"满足需求并获得利润"的过程。

市场营销本质上是企业和消费者之间信息双向流动的过程，企业将产品与服务通过传播媒介传递给消费者，消费者根据实际的使用情况对产品或服务进行评估并反馈给企业。

既然市场营销与消费者的需求有着直接的联系，那么，需求对于消费者又有怎样的影响呢？马斯洛的需求层次理论很好地解释了需求与人类的关系，如图3-3所示。

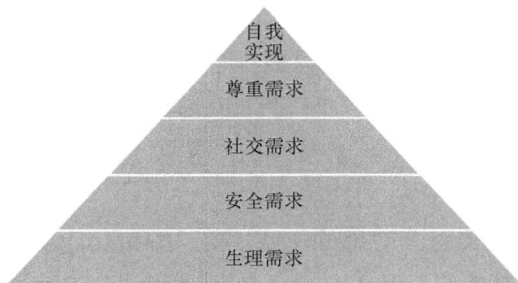

图 3-3　马斯洛需求层次

马斯洛的需求层次分为 5 个等级，生理需求是指最基本的、满足人类生存的食物、水、空气及住房等需求；安全需求是指满足人们人身安全、生活稳定以及免遭痛苦等需求。随着前面需求的满足，人们开始注重社交需求，即爱、感情与归属感。而尊重需求是指人们渴望尊重及被尊重。当这些需求都被满足之后，人们开始拥有更高的精神追求，即自我实现的需求。一个人在同时缺乏食物、安全、爱和尊重的情况下，通常对食物的需求感是最强烈的，而其他的需求则显得不那么重要。所以，只有当人从生理需求的控制下解放出来时，才会对其他更高的需求产生欲望。

马斯洛的需求层次从最基本的生理需求到最高层次的自我实现的需要，代表人类需求层次逐级递升，这种需求层次同样适用于市场营销中的消费者。正如车企的汽车销量，虽然各个车企所占的市场份额高低不同，但是，不论是高的市场份额还是低的市场份额，都证明了汽车是被市场上的消费者所需要的，它们都在不同程度上满足了消费者的需求。那么，这种需求是人类先天就具有的吗？

【案例3-1】非洲卖鞋

某亚洲鞋子生产商为了扩展非洲市场，先后派了 3 个人去非洲视察情况。甲在非洲观察了几天后，发现非洲人都是赤脚行走，于是他便打道回府了。乙来到非洲后，同样发现赤脚行走的非洲人，他认为非洲的市场潜力是巨大的，于是让老板生产了一批鞋子运往非洲进行销售，结果却一败涂地。最后，丙来到非洲，虽然他也发现了人们赤脚行走的非洲存在推销鞋子的绝佳的市场机会，但是他并没有第一时间对现有产品进行营销，而是根据非洲人的特点定制了一批鞋子进行营销，最终被销售一空。

非洲人本来不穿鞋，这证明对于非洲人来说，对鞋子的需求不是先天具有的。可是后来非洲人都穿着鞋子，是因为推销者"教育"了用户，才产生了非洲人穿鞋这一结果。再如，中国之前的很多孕妇都不穿防辐射的孕妇装，可是随着电子设备的不断先进化，人们对手机等移动设备的依赖性增强，而后市场将辐射危害人体健康的观念传达到人们的思想观念里，就产生了孕妇穿防辐射孕妇装这一结果。

以上例子说明，企业在产品进入市场之前，应该对现有市场进行一个有效的分析评估，然后在合适的时期进入市场，若在产品导入期[1]进入市场，很有可能失败，就像去非洲开拓市场的甲与乙。上述案例中的非洲人与孕妇都属于"被教育者"，市场通过营造一种符合"被教育者"身份的市场环境"播种"某种市场观念，如穿鞋有益健康、防辐射有利于宝宝健康等，当"被教育者"接受了此种观念，便会做出相应的购买行为时，利润就随之产生了。

市场营销的本质就是改变人的思维模式，在人们的思维模式按着企业所需要的方式被改变之后，市场就产生了。所以，对于营销来说，先有市场的"营造"，才有市场的"销售"。在营造好市场之后、进行销售之前，必须明确目标市场是"饥渴的"还是"不太饿"。如果市场是饥渴的，那么这样的市场是最好的；如果市场需求并不强烈，则要延长教育期与播种时间，这样才能产生销售量。

二、市场的产品生命周期

产品生命周期是指产品的市场寿命，即一种新产品从开始进入市场到被市场淘汰的整个过程。在这个过程中，销售量和利润都会随时间推移而改变，呈现出一个由少到多再到少的过程，其理论是由美国哈佛大学教授雷蒙德•弗农首次提出的。他认为产品的生命同人的生命是一样的，都要经历形成、成长、成熟和衰退这样的周期。市场营销学定义的产品周期分别为导入、成长、成熟与衰退四个阶段，如图3-4所示。

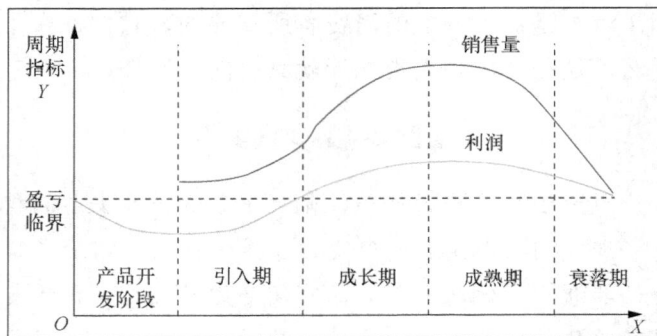

图 3-4　产品生命周期

---

1 "产品导入期"是指一个全新的产品刚刚进入市场时，产品不被认知，市场没有显现需求的时期。

由图中可知，在产品生命周期的不同阶段，销量与利润都有着显著的变化。随着产品生命周期的改变，销售量、利润、购买者与市场竞争等都有不同的特征，如表 3-1 所示。

表 3-1　生命周期特点

	导入期	成长期	成熟期		衰退期
			前期	后期	
销售量	低	快速增大	继续增长	降低	下降
利润	微小或负	高	最大值	逐渐下降	微小或负
购买者	少数	较多	大众	大众	后随者
竞争	弱	兴起	增加	激励	减少

由表 3-1 可得，不同阶段的产品周期对企业有着不同的影响，为了尽量减少企业在产品生命周期中的损耗，应针对不同产品周期，相应地提出不同的解决策略。

1. 导入期及营销策略

导入期又称引入期，是指产品从设计投产到进入市场的测试阶段。新产品被投入市场，便进入导入期。此时，由于产品品种较少，顾客对产品的实际使用情况不了解，所以，除了追求新奇的少数用户之外，其他顾客都不会选择购买产品，这会造成产品销量偏低。为了扩大产品知名度、拓展产品销路，生产者会投入大量的促销费用，对产品进行宣传推广。该阶段由于生产技术等方面的限制，产品生产批量小、制造成本高、广告费用大，所以产品的销售价格偏高、销售量有限，企业通常在这一阶段不能获利，甚至处于亏损状态。

企业在导入期最主要的目的是利用各种手段将产品引入市场，扩大市场中消费者对产品的认知度。由于企业在导入期的生产成本与销售成本较高，企业在给产品进行定价的同时就不得不考虑成本。所以，在导入期，企业营销的重要手段主要集中在促销与价格方面，通常采取的市场战略有以下 4 种。

（1）高价快速策略

高价快速策略是指企业采取高价将产品推向市场，同时配合大量的宣传推广活动。这样既能抢占市场，同时也能在没有出现大量竞争者之前收回成本，甚至获得利润。但是，值得注意的是，采取这种高价策略要求产品性能必须非常好，而且必须具有很大的潜在市场需求量，否则，将会失去大量的市场消费者。

（2）选择渗透策略

选择渗透策略同样是采用高价将产品推向市场，但是不同于高价策略的是其不进行大量的宣传活动。这样做的目的主要在于通过高价回收成本，并且减少销售成本，进而获取相应的利润。选择渗透策略适用于商品的市场比较固定，而且大部分潜在的消费者已经熟悉该产品的情况。

（3）低价快速策略

低价快速策略是指利用低价格的同时采用大量的促销活动将产品推入市场。这样的策略可以帮企业迅速打开市场，获得市场占有率。采用低价策略的原因是市场消费者对产品不太熟悉，但是对产品价格又十分敏感。然而，低价策略对于企业来说存在的竞争比较激烈。因此，企业必须进行全面的市场分析之后再决定是否采取该策略。

（4）缓慢渗透策略

缓慢渗透策略采取低价进行销售，同时减少大量的宣传活动。这样做是因为消费者既对产品有一定的了解又对价格比较敏感，因此，企业通过低价将产品打入市场，通过减少宣传成本来弥补获得较低利润。

2．成长期及营销策略

经过导入期的宣传推广，产品便进入成长期。成长期是指产品获得了试销的良好效果，此时顾客对产品有了一定的熟悉度，而且大量的新顾客开始购买产品，市场逐步扩大。这就是需求增长阶段，需求量和销售额迅速上升，生产成本大幅度下降，利润迅速增长。但同时，由于企业的竞争者看到产品的销量大增，认为该市场有利可图，会纷纷进入市场参与竞争。这就使得同类产品的供给量出现增大的趋势，导致价格下降，企业利润增长速度变缓，最终达到产品生命周期利润的最大值。

成长期是企业从推出产品到销售产品的整个过程中盈利的最佳时间，这段时间企业的产品被广大消费者所熟悉，随着销售量的逐渐增加，利润逐渐提高。因此，这个阶段企业应该将重点放在保持并扩大自己的市场份额、加速销售量等方面。这就要求企业必须集中必要的人力、物力及财力，进行基本技术改造及产品创新。由于成长期的利润不断增加，竞争者逐渐增多，这时候为了保持市场趋势，企业必须进一步细分市场并增加新的销售渠道，通过建立良好的企业形象来帮助营销产品，这样才能保持原有的市场占有率及获得相应的利润。

3．成熟期及营销策略

成熟期是指产品进入大规模生产并稳定地进入市场进行销售。但是，由于该阶段市场产品供给量的扩大，潜在顾客越来越少，使市场达到饱和状态，销售额增长速度缓慢甚至出现下降趋势。由于竞争的加剧，企业之间不得不加大在产品其他方面的投入，如质量、色彩等方面。

成熟期分为前期与后期，前期的产品特点与成长期相似，都呈现增长的趋势。但是，当市场的潜在消费者开始减少，市场达到饱和状态，销售量及利润不再上升时，产品就进入到成熟期的后期。这时候，市场竞争的加大使得很多产品出现被淘汰的趋势。企业为了避免产品被过早淘汰，必须做出相应的策略调整。成熟期的策略调整一般包括以下3个方面。

（1）市场修正策略

市场修正策略是指通过开发新的市场，来保持和扩大自己的商品市场份额。其手段包括努力寻找市场中未被开发的部分，使非使用者转变为使用者，或通过宣传推广增加顾客的购买量，赢得竞争对手的顾客等，以此来确保产品在市场中的占有率。

（2）产品改良策略

产品改良策略就是对产品进行技术改造或者附加产品，一般从产品的特性及样式方面进行改良，如增加优惠装、加强产品的耐用性等。

（3）营销组合调整策略

营销组合调整策略将传统的广告及活动促销方法与现在的新媒体营销相结合，进一步扩大产品在市场中的知名度，同时通过一些消费者参与性强的活动、手段（如扫描二维码领取礼品等）吸引更多的消费者。

4．衰退期及营销策略

产品进入衰退期就意味着产品进入了淘汰期，新产品的出现将取代原有产品。而且，随着科学技术的不断发展，新产品在功能作用上将更领先于原有的产品设计。此时，成本较高的企业就会由于无利可图而停止生产，该类产品的生命周期也随之结束，以致产品最终完全撤出市场。

当产品进入衰退期的时候，企业应该更加重视市场现有状况及未来市场前景的分析结果，然后对产品做出维持或撤退的方案。维持策略就是指企业在目标市场、价格、销售渠道等方面维持现有的状况，通过分析市场，对现有产品进行相应的改良，从而保证产品在市场中的销售。而撤退策略则是企业通过系统的市场分析之后，认为产品不会再有发展空间，而进行的将产品撤出市场的决定。

因此，产品生命周期曲线的总体特点是：在产品开发期间销售额为零，企业不断增加投资；产品逐渐进入导入期后，销售依然缓慢，无法获得利润，企业会加大宣传力度；接着产品进入成长期，由于导入期的宣传效果，这时候的产品销量迅速增加，利润也显著增加；而后，由于竞争者进入市场，导致产品进入成熟期，产品销量减缓，利润额下降；最终，产品进入衰退期，退出市场。

三、市场的"八股文"——企划案

市场既然是满足需求的过程，那么，如何细分和选择合适的目标市场，并对市场进行明确的定位呢？这就需要企业做好详细的市场企划案，从而明确自己的产品定位。"八股文"本意是指科举考试中的一种文体形式，后被应用于市场企划案的写作当中，主要是指对市场环境的分析方法。企业在策划企划案之前会对市场的宏观环境、竞争环境、宣传渠道等方面进行详细的分析，下面对常用的几种分析方法进行讲解。

1．宏观环境分析

宏观环境是指对企业营销活动有利的市场机遇或阻碍营销活动进行的环境威胁等一切社会力量。分析宏观环境是为了更好地认识环境，以便及时地适应环境，从而达到企业营销的目的。在宏观环境的分析中，最常用的分析方法是PEST模型分析法[1]。PEST 分析是战略外部环境分析的基本工具，即通过政治、经济、社会和技术四个方面的因素分析，从整体上把握宏观环境，并评价这些因素对企业战略目标和战略制定的影响。

（1）政治环境

政治环境包括一个国家的社会制度以及政府的方针政策等。不同的国家有着不同的社会性质，不同的社会制度对组织活动有着不同的限制与要求。即使是同一国家，在不同时期由于其政策方针的不同，对组织活动同样有着不同的影响。政府的政策广泛影响着企业的经营行为，诸如政府的法律法规、政局的稳定状况、路线政策方针的改变、国际政治法律及各政治利益集团的改变都会影响着企业的组织活动。市场的运作需要有一套能够保证市场秩序的规章制度，因此企业在制定市场战略时，要充分了解既有的政策法规，这是在市场中生存、参与竞争的重要前提。

（2）经济环境

经济环境包括宏观经济与微观经济两方面的内容。

宏观经济环境是指一个国家的总体经济环境，包括反映国民经济状况的指标，如国民生产总值、国民收入总值、国家人口增长趋势及国民经济增长率；描述社会消费水平和消费能力的指标，如当地的消费总额、消费结构、居民收入等；以及产业政策方面的情况，如当地的经济政策、财政政策、缴费政策及金融政策。

微观经济环境是指企业内部对企业财务管理产生影响的各种经济因素的总和，包括企业内部的管理制度及其有效执行、企业文化、人力资源等一系列因素。总的来说，社会经济的结构、经济的发展水平、经济体制和经济政策、经济的当前状态以及其他一般经济条件都会影响企业的市场策划。因此，企业必须随时关注经济环境，并采取相应的应对措施。

（3）社会环境

社会环境包括一个国家或地区居民的教育程度、文化水平、宗教信仰以及风俗习惯。社会和文化环境、人口因素、消费者心理、价值观以及社会流动性和各阶层对企业的期望都是影响企业市场社会环境的因素。

（4）科学技术环境

科学技术环境是科学技术的进步以及新技术手段的应用对社会进步所产生的作

---

1 PEST 是一种企业所处宏观环境的分析模型，即 Political（政治）、Economic（经济）、Social（社会）和 Technological（科技）。

用，对其技术水平、技术力量以及新技术的发展进行系统的分析，有助于企业制定合理的产品营销企划案。

利用 PEST 进行宏观环境分析的时候，首先，要明确分析的目的是什么，尽力找出所有政治、经济、社会和技术方面的影响因素；其次，要找出哪种因素可能会对市场活动或经营战略起到重要的影响作用；最后研究这些因素并将有关信息收集起来。典型的 PEST 分析案例如表 3-2 所示。

表 3-2　PEST 分析案例

政治法律	经济	社会	技术
环保制度	经济增长	收入分布	政府研究开支
税收制度	利率与货币政策	人口统计、人口增长率与年龄分布	产业技术关注
国际贸易章程与限制	政府开支	劳动力与社会流动性	新型发明与技术发展
合同执行法消费者保护法	失业政策	生活方式变革	技术转让率
雇佣法律	征税	职业与休闲态度	技术更新速度与生命周期
政府态度	汇率	教育	能源利用与成本
竞争规则	通货膨胀率	潮流与风尚	信息技术变革
政治稳定性	商业周期的所处阶段	健康意识、社会福利及安全感	互联网变革
安全规定	消费者信心	生活条件	移动技术变革

2．市场环境分析

市场环境分析除了前面提到的 PEST 分析，还有关于市场定位的分析方法——STP 战略分析。STP 分析就是目标市场营销战略，是指企业在市场调研的基础上，识别不同的消费者，从而确定自己的目标市场的过程。S 是市场细分，T 是目标市场选择，P 是市场定位。

（1）市场细分

市场细分指营销者通过市场调研，依据消费者的需要和欲望、购买行为和购买习惯等方面的差异，把某一个产品的市场整体划分为若干个消费者群体的市场分类过程。每一个消费者就是一个细分市场，每一个细分市场都是具有类似需求倾向的消费者构成的群体。其中，确定细分市场变量及描述细分市场行为特征是市场细分中必须掌握的内容。

细分市场变量是指那些反映需求内在差异、同时能做出市场细分依据的可变因素，正是因为这些因素的差异，消费者的消费行为呈现出多样化的特点。影响市场细分的因素如表 3-3 所示。

表 3-3　影响市场细分的因素

地理细分	人口细分	心理细分	行为细分	受益细分
国家	性别、年龄	社会阶层	态度、时机	
地区	教育、职业、收入	生活方式	追求利益	
城市	国籍、民族、宗教	个性	使用者地位	产品带来的益处，如质量、价格与品位等
农村	家庭人口与类型	—	产品使用率	
气候	家庭生命周期	—	忠诚程度	
地形	社会阶层	—	购买准备阶段	

由表 3-3 可以发现，市场的细分不是根据产品来划分的，而是按照消费者的角度，即消费者的需求、动机及购买行为的多元性和差异性来对市场进行划分。市场的细分对企业的生产与营销有着非常重要的作用。

企业进行市场细分的目的是通过对顾客的差异化需求进行定位，从而取得相应的经济收益。但是，产品的差异化必然导致生产成本和推销费用的相应增长，所以，企业必须在市场细分所得收益与市场细分所增长的成本之间做一个平衡。细分市场具备的 5 个有效特征如图 3-5 所示。

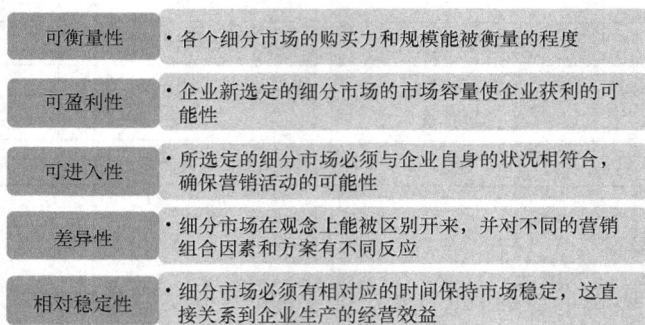

可衡量性	·各个细分市场的购买力和规模能被衡量的程度
可盈利性	·企业新选定的细分市场的市场容量使企业获利的可能性
可进入性	·所选定的细分市场必须与企业自身的状况相符合，确保营销活动的可能性
差异性	·细分市场在观念上能被区别开来，并对不同的营销组合因素和方案有不同反应
相对稳定性	·细分市场必须有相对应的时间保持市场稳定，这直接关系到企业生产的经营效益

图 3-5　细分市场的特征

市场细分是以顾客差异化需求为基础的，所以，一切能使顾客产生需求差异化的因素都可以作为市场细分的标准因素。

（2）目标市场选择

目标市场是指企业在细分市场基础上所选择的打算进入的细分市场，或者说是企业准备提供其需求的特定顾客群。评价各细分市场与选择目标细分市场两个部分内容是目标市场选择的研究重点。

在对细分市场进行有效评估的时候应做到以下几点。首先，企业要确定是否有足够的市场需求；其次，企业要确保市场上有一定的购买力，如果市场缺乏购买力，产品进入市场后就可能会造成亏损；再次，企业要确定自身是否有能力满足目标市场的需求；最后，企业要熟悉被选择的目标市场，并判断自身是否具有竞争优势。企业通过评估确保了产品可以进入目标市场，那么产品在进入市场之后就会避免出现滞销的情况，这有助于后期的营销过程。目标市场的选择通常包含如图 3-6 所示的五大模式（M 相当于 X 轴，代表市场；P 相当于 Y 轴，代表产品；每个图块深色部分代表所要说明的市场模式）。

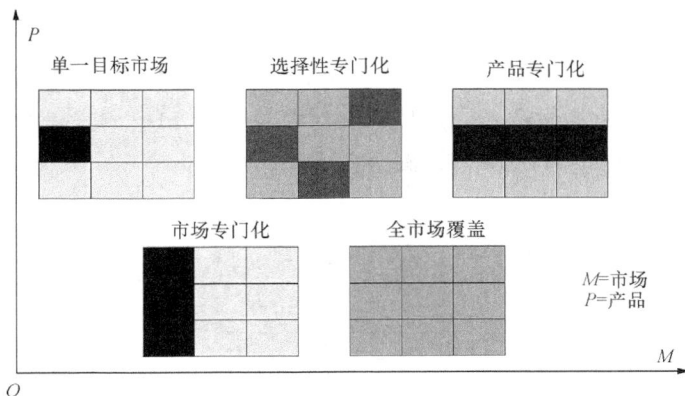

图 3-6　目标市场的五大模式

① 单一目标市场又被称为市场集中化，是指企业选择一个细分市场，集中力量对该市场进行营销的情况。市场集中化的特点就是使得企业深刻了解所选细分市场的需求特点，并根据具体特点制定相应的市场营销策略。但是，其缺点是企业由于其产品主攻一个细分市场，存在较大的经营风险。

② 选择性专门化也被称为有选择的专门化，是指企业选择几个细分市场，每一个市场对企业目标与资源利用都有价值，而且每个市场之间没有直接联系，可以分散企业经营的风险。

③ 产品专门化是指企业集中生产一种产品，然后向所有的顾客销售这种产品。这种方式可以吸引不同年龄段、不同消费水平的顾客，增加产品的消费群体。但是，产品专门化模式最大的风险是，如果出现同类型产品，那么企业就可能面临着被替代的风险。

④ 市场专门化是指企业专门服务于某一类特定的顾客群体，企业足够了解他们的需求，并尽力满足这一群体的需求。这种模式虽然会为企业赢得良好的声誉，但是如果该群体的需求发生变化，企业就会面临产品滞销以及亏损的风险。

⑤ 全市场覆盖是指企业希望用各种产品满足不同的顾客群体，以所有的细分市场为目标市场。这种模式对于企业的要求比较高，通常实力强大的企业才能使用这种模式，如可口可乐公司。

（3）市场定位

市场定位是指企业根据竞争者现有产品在市场中所处的位置，针对顾客对该类产品某些特征或属性的重视程度，为自身塑造有别于其他企业的个性鲜明的形象。值得注意的是，市场定位不是指对产品做什么，而是指对潜在顾客做什么。市场定位将企业与竞争者严格区分开来，使顾客明显感觉到这种差别，从而使企业在顾客心目中占有特殊地位。

3．竞争环境分析

企业的竞争环境是指企业所在行业及其竞争者的参与，它代表了企业市场成本及进入壁垒的高低。企业通常利用 SWOT（Strengths、Weaknesses、Opportunities、Threats）分析来确定自身的竞争优劣势、机会与威胁，从而做出相应调整，策划出符合企业自身的市场企划案。SWOT 分析模型如图 3-7 所示。

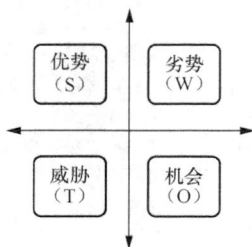

图 3-7　SWOT 分析模型

由图可知，SWOT 分析从整体上看分为两部分，第一部分是 SW，即"优劣势"，主要是用来分析内部环境，如企业与竞争者相比在某些方面具有哪些独一无二的优势，或者与竞争对手相比有哪些不足之处；第二部分是 OT，即"机会与威胁"，主要用于外部环境分析，如分析企业的市场机会与市场威胁。市场机会实质就是市场上存在着的尚未被满足或未完全被满足的市场需求，市场威胁则是指不利于企业市场营销活动的环境因素的总和。SWOT 矩阵的综合分析以及应对战略如图 3-8 所示。

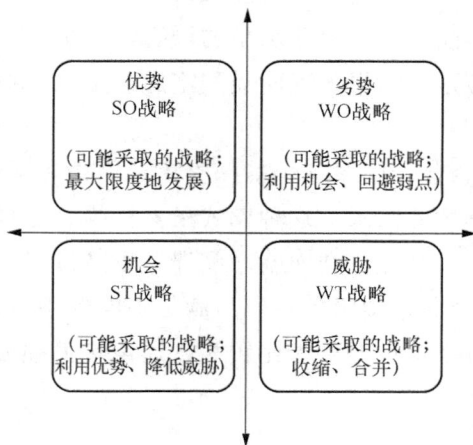

图 3-8　SWOT 矩阵的综合分析及应对战略

从图 3-8 可以看出，企业只有在对各种影响因素进行综合分析，明确了自身所处的环境之后，才能根据问题的严重程度相应做出较正确的决策，才能够解决问题。

4．产品定位与品牌定位

企业通常会为自身产品定制一个明确的身份，这就是所谓的产品定位。产品定位指企业根据市场消费者对某一产品属性的重视程度，为该产品确定一个个性鲜明的特点，塑造产品或企业在市场中的形象，同时使目标市场的顾客了解并认识产品。

然而，只有明确的产品形象不能使企业在市场上获得更多机会，因为营销是企业整体运作的过程。所以，与此同时还要确保企业的品牌氛围，有一个清晰的品牌定位。品牌定位是指企业在市场定位和产品定位的基础上，对特定的品牌在文化取向及个性化差异上的商业性决策，它是建立一个与目标市场有关的品牌形象的过程和结果。简单来说，品牌定位就是让企业或商品在消费者心目中占有一定的位置，使消费者在产生某种需求的时候会立刻想到该品牌。比如想到凉茶就会想到王老吉，想到可乐会想起可口可乐。

任何一个企业都有适合自身的管理模式与商业模式，那么，管理模式与商业模式的定义是什么呢？

管理模式是指企业设计出的一整套具体的管理理念、管理内容、管理工具、管理程序、管理制度和管理方法论体系，是理念、系统与方法的结合。不同的企业根据自身的企业特征及发展状况，有着特定的管理模式。

商业模式是指为实现客户价值的最大化，把企业运行的内外部各要素整合起来，形成一个完整的、高效率的、具有独特核心竞争力的运行系统，在满足客户需求的同时达到持续盈利的目的。商业营销的实质就是企业获得利润的途径或手段，例如，汽车公司将汽车销售出去并获得利润的途径或手段。商业模式的运行方式如图 3-9 所示。

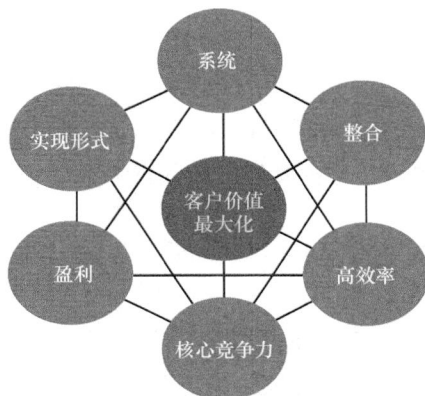

图 3-9　商业模式运行方式

在图 3-9 中，"整合""高效率""系统"是基础与先决条件，"核心竞争力"是手段，"客户价值最大化"是目标，"盈利"是结果。"系统"是指企业内的小系统；"整合"是协调、组织和融合，使企业内外部与企业的经营管理系统进行有机整合，形成一个整体；"高效率"是指系统内外的各要素，通过整合的方式，使之高效率地运行，其目的就是使系统形成核心的竞争力；而"盈利"是企业为"客户实现价值最大化"的客观结果。管理模式与商业模式的具体内容将在第六章进一步介绍。

📶 第二节　定义你的产品价值

产品价值是由产品的性能、样式、品种等所产生的价值，是顾客的首要需求。因此，它是决定顾客是否购买总价值的关键因素。那么，企业到底能为顾客提供什么样的特色产品？或者说，怎样让自己的产品变成顾客喜欢并且愿意购买的产品呢？通常，企业通过 4P 策略，即 Product（产品）、Price（价格）、Promotion（促销）、Place（渠道），来分析并定义产品的价值。如图 3-10 所示是包含 4P 在内的社群时代的网络营销策略。

认同感（sense） 顾客价值（consumer value） 产品（product）	服务（service） 顾客成本（consumer cost） 价格（price）
消费者中心	
速度（speed） 便利性（convenience） 通路（place）	社群（social network） 沟通（communication） 促销（promoion）

图 3-10　社群时代的网络营销策略

由图中可知，社群时代的营销策略包括 4P、4C（Customer（顾客）、Cost（成本）、Convenience（便利）、Communication（沟通））、4S（Satisfication（满意）、Service（服务）、Speed（速度）、Sincerity（诚意）），而且它们之间的关系是从产品到消费者再到服务。因此，本节主要通过 4P 策略来分析产品的价值。

一、关于产品——4P 策略

4P 策略中的产品组合是指产品的实体、服务、品牌与包装，是企业提供给目标市场的货物与服务的集合。它是一种解决方案，是客户通过产品寻求一种价值需求，并不是单纯指产品本身。

产品就是指市场上任何可以引起人们注意、被人们获取和使用，或者能够满足某种消费需求和欲望的东西。它可以是有形的实体产品，也可以是为人们提供的服务、组织、观念以及它们的组合。产品的整体概念将产品分为核心产品、形式产品、期望产品、延伸产品以及潜在产品五个层次，如图 3-11 所示。

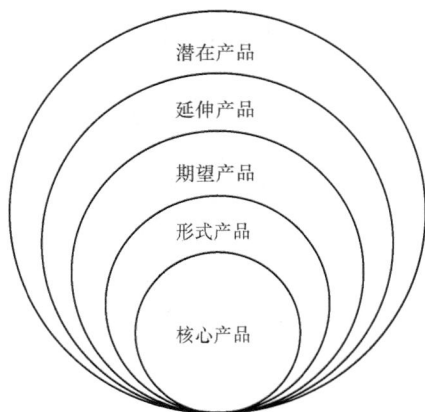

图 3-11 产品的五个层次

核心产品是指向顾客提供的基本效用或利益，是为了满足顾客基本需求的产品，也就是马斯洛需求层次中的生理需求。如大米是人们生活中的必需品，所以有企业为顾客提供了大米这一产品。但是，随着社会的发展，人们的基本需求得到满足，产品的表现形式出现变化，产品的第二层次——形式产品出现。形式产品是指核心产品借以表达实现的形式，具有品质、样式、特征、商标及包装五个特征。就像现在顾客购买大米一样，除了大米本身的质量之外，同时会注意大米包装的精美性。

随着市场竞争不断激烈、顾客要求不断提高，产品的表达会继续为了满足顾客需求而做出改进，这样就出现了期望产品、延伸产品和潜在产品。期望产品是指购买者在购买产品时期望得到的与产品密切相关的一整套属性和条件。延伸产品是指顾客购买形式产品及期望产品时附带获得的各种利益总和，也叫附加产品，顾客在购买产品的时候企业赠送的相关产品都属于延伸产品。潜在产品是指现有产品包括所有附加产品在内的、可能发展成为未来最终产品的潜在状态产品。

核心产品的独特价值就体现在产品的特点上，产品的任何特点都可以成为企业营销的卖点。企业可以通过提高产品的附加产品来获得顾客对企业的好感度，增加顾客对企业的情感认同及理性认可，这样有助于产品的销售，并且也可以使企业从中获得利润。

二、关于价格——4P 策略

价格是商品同货币交换比例的指数，或者说，价格是价值的货币表现。价格是商品的交换价值在流通过程中所取得的转化形式。价格对于企业来说是非常重要的，俗话说"定价者定天下"，那么，产品的定价是企业主观臆断，还是有其规律可循？图3-12展示了制定价格时企业必须考虑的五大因素。

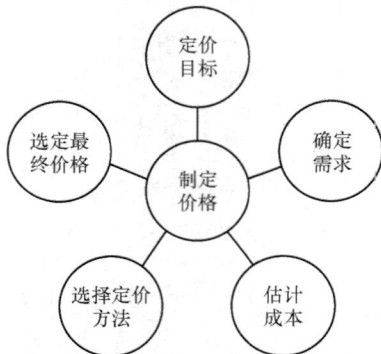

图 3-12 影响定价的五大因素

1．定价目标

企业的定价目标是以满足市场需要和实现企业盈利为基础的，是实现企业经营总目标的保证和手段，同时也是企业定价策略与定价方法的依据。表 3-4 列出了定价目标中企业必须要考虑的因素。

表 3-4 影响企业定价目标的因素

企业定价目标				
扩展目标	利润目标	销售目标	竞争目标	社会目标
维持企业生存 扩大企业规模 多品种经营	最大利润 满意利润 预期利润 销售量增加	扩大市场占有率 争取中间商	稳定价格 应对竞争 质量优先	社会公共事业 社会市场营销概念

2．确定需求

价格会影响市场需求，在正常情况下，市场需求会按照与价格相反的方向变动。也就是说，价格是会弹性变动的。价格越高，需求越小；价格越低，需求越大。企业在制定价格时必须依据需求的价格弹性对产品进行定价，即必须了解市场需求对价格变动的反应。

3．估计成本

需求很大程度上为企业确定了一个最高价格限度，而成本则决定着价格的底数。价格包括所有生产、分销和推销该产品的成本。成本又包括固定成本与可变成本。固定成本是指在短期内不随企业产量和收入的变化而变化的生产费用；而可变成本是指随生产水平的变化而直接变化的成本。所以，企业定价必须考虑成本的支出，这样才能获取合理的利润。

4．选择定价的方法

定价方法，是企业在特定的定价目标指导下，依据对成本、需求及竞争状况的研究，运用价格决策理论，对产品价格进行计算的方法。一般包括成本导向定价法、竞争导向定价法以及顾客导向定价法。

成本导向定价法是指以产品单位成本为基本依据，再加上预期利润来确定价格的方法。竞争导向定价法是指企业通过竞争对手的生产条件、服务状况、价格水平等因素与自身的竞争实力、参考成本和供求状况来确定商品价格。由于企业的一切经营都是以消费者需求为核心出发点，所以企业根据市场状况和消费者对产品的感觉差异来确定价格的方法就叫做顾客导向定价法。

5．选定最终价格

企业最后拟定的价格必须考虑最终价格是否与企业的定价政策相符，是否符合政府有关部门的政策和法令规定，同时还要考虑消费者对价格的心理变化。

虽然前面总结了定价的相关方法，但是，企业在对产品进行定价时必须结合当下状况。有时候企业为了获得长期利润，必须学会计算顾客的长期价值。这时候企业可以采取前端产品先免费，利用后端服务套牢顾客的方式，获得更大的利润。

三、关于渠道——4P 策略

美国营销大师菲利普·科特勒对营销渠道的定义为"促进产品或服务顺利被使用或消费的一整套相互依存的组织"。渠道的作用就是将产品或者服务传递到消费者手中，同时为企业带来增值。简单地说，渠道就是指产品售卖的地点以及与客户接触到的接触点。在互联网时代，除了传统的分销渠道之外，网络渠道已成为企业营销的最佳通道。网络渠道相较于传统营销渠道具有开放性、互动性以及便捷性的特点，真正做到了以顾客为市场导向。

企业所说的渠道通常是指分销渠道，即产品从生产者到消费者的过程中，直接或间接转移所有权所经过的途径。分销渠道主要包括中间商、代理商、批发商、零售商以及渠道起点的生产者与终点的消费者。图 3-13 展示了渠道的 5 种销售模式。

从上图中不难发现，0 级销售渠道是生产者直接将产品销售给消费者，不需要经过其他的中间商，但是这种方式并不是企业营销产品的最好方式。企业在选择销售渠道时，要综合考虑影响分销渠道选择的市场与产品因素，必须选择能使用户、准客户

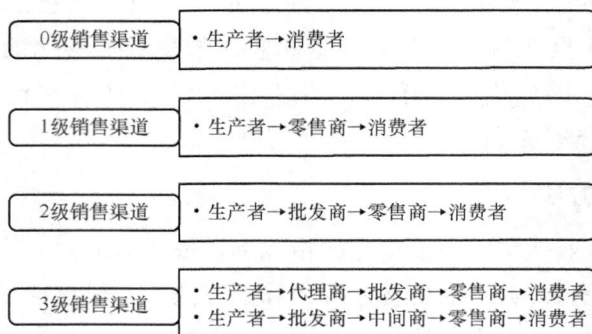

0级销售渠道	·生产者→消费者
1级销售渠道	·生产者→零售商→消费者
2级销售渠道	·生产者→批发商→零售商→消费者
3级销售渠道	·生产者→代理商→批发商→零售商→消费者 ·生产者→批发商→中间商→零售商→消费者

图 3-13　渠道的 5 种销售模式

在最快的时间找到企业并产生接触的渠道，这时候将传统的分销渠道与网络渠道进行有效结合就是最好的渠道设计。这样就实现了产品 7×24 小时销售，消费者可以在全球范围内接触到企业的产品，进行预订、体验与成交。

四、关于促销——4P 策略

促销的概念最早起源于产品过剩的推销时代，而随着社会的发展、网络的进步，促销已经不再是简单对产品进行营销，而是与客户沟通然后发现客户需求。现在的促销是指利用各种信息载体与目标市场进行沟通的传播活动，包括广告、人员推销、公共关系及整合营销。那么，如何进行有效的沟通就成为企业的营销人员必须考虑的问题。

国际推销专家海英兹·姆·戈得曼认为成功的推销员必须把顾客的注意力吸引或转变到产品上，使顾客对推销人员所推销的产品产生兴趣，这样顾客的购买欲望也就随之产生，之后再促使顾客产生购买行为，达成交易。而这一过程就是著名的 AIDA 法则，AIDA 法则的 4 个阶段如图 3-14 所示。

| 引起注意
（Attention） | → | 产生兴趣
（Interest） | → | 激起欲望
（Desire） | → | 促成行动
（Action） |

图 3-14　AIDA 法则的 4 个阶段

“引起注意”就是要将顾客的注意力从其他地方转移到产品，将顾客的注意力集中在有关产品的所有表达中。如果是推销员，则要将顾客的注意力集中在推销员所说的每一句话上；如果是网络推广，则要利用网络的轻松幽默吸引顾客的注意力。在成功引起顾客注意后，就必须尽量熟知顾客的需求，通过与顾客的互动形式让顾客对产品产生兴趣，使顾客觉得购买产品会获得巨大的利益，从而产生购买欲望，最终促使交易产生。

互联网、移动互联网开启了社会化营销时代，与顾客互动是非常重要的环节。每个企业、电商品牌都必须培养自己的粉丝，做一个特色领域的梦想方案领袖、意见领袖、微领袖以及自媒体明星。第五章将详细为大家介绍移动电商时代的产品组合策略以及产品价格领袖策略。

第三节 传播你的主张

前面我们提到过，市场的作用主要是使销售更方便、更有效，市场会通过策划一系列活动来对产品进行前期的宣传与推广。所以，市场部包括品牌策划、公关媒介、活动、付费广告、文案设计，以及网站规划等工作内容。那么，市场工作到底有哪些宣传推广方式呢？下面将具体介绍。

一、市场准备工作

在进行市场推广之前，除了对市场环境进行系统分析之外，对产品本身的设计也至关重要。例如，产品在进入市场之前，要用什么样的包装、外观设计如何体现、怎样描述品牌故事等，这些都是企业在产品推向市场之前必须要做的准备工作。

1. 包装设计

产品的包装设计不仅能体现出产品特性以及企业文化，还可以达到吸引顾客的目的。产品包装设计是指选用合适的包装材料，针对产品本身的特性以及受众的喜好等相关因素，运用巧妙的工艺制作手段，为产品进行的容器结构造型和包装的美化装饰设计。

产品的包装是最直接的广告，直接影响着顾客的购买心理。好的包装设计也是一种营销手段，符合消费者心理的产品包装设计能快速被消费者识别，让企业的产品在众多的竞争产品中脱颖而出。产品包装设计的要点包括标签、标志以及构思三大部分。

（1）包装标签

包装标签是指附着在产品包装上的文字、图形、雕刻以及印制的说明。标签可以载有许多信息，如可以用来识别、检验内装产品，同时还可以起到促销的作用。

（2）包装标志

包装标志是指运输包装外部印制的图形、文字和数字以及它们的组合，其中主要包括运输标志、指示性标志和警告标志。包装标志最大的作用是通过简单的图形或文字提醒有关人员不同产品的特性，避免造成产品破坏。

（3）包装构思

包装构思就是对包装的独特设计，其目的是使包装凸显产品特点而且富有艺术感，让顾客易于识别。在设计的过程中，可以提供一些附加价值或者赠送一些小礼品，这样做可以提高企业形象。例如，许多的电商商家都会赠送一些小礼品给顾客，顾客在打开包裹看到小礼品的时候会感觉到很贴心，对店家的好感度也随之上升。

2．设立品牌故事

每个企业都有自身的品牌理念，成功的品牌故事会引起消费者的情感共鸣，会促使消费者产生购买欲望。品牌故事就是指企业品牌创立和发展过程中有意义的新闻，它能体现品牌理念，增加品牌的历史厚重感及资深性，能加深消费者对品牌的认知，增强品牌的吸引力。在设立品牌故事的时候，气氛、意境、历史、成长历程、产品卖点、口号等都是品牌故事需要包含的要点。如裂帛作为现在的天猫明星店铺，其品牌故事营造是非常成功的，它营造了一种回归本真、释放自我的意境氛围，以一段关于梦想的故事、平凡的传奇作为开始，引起人们的情感诉求。

二、视觉营销

视觉营销是为达成营销目的而进行的一种营销手段，它利用人们的快速视觉记忆来吸引顾客关注。视觉营销通常具有吸引眼球、激发兴趣和传播品牌文化的作用。

1．吸引眼球

研究表明，人在观察外界事物的时候，总会被视觉感强烈的物体吸引，而且心理学家调查显示，当人们在接收外界信息时，83%的感受来自于视觉，也就是说，大部分时候人们都是通过视觉对企业产品产生印象的。试想一下，当你进入一家店铺，最先注意到的是不是这家店面的环境？对于电商来说同样如此。当进入店家页面的时候，电商的网站设计就等于店家的店铺环境设计，好的网站设计会让浏览页面的顾客产生好感，从而愿意仔细地浏览产品。

2．激发兴趣

如果人们被一件事物吸引，就会对其产生强烈的好奇心。因此，企业必须利用人们的猎奇心理对网站进行精心设计，让顾客自主发现产品的内涵，进一步刺激顾客的购买欲望。

3．传播品牌文化

视觉是语言的一种分类，通过视觉传播品牌文化，引导大众深刻理解品牌，是视觉营销呈现的最重要的部分。例如，对于电商来说，产品图片的表达、网站排版的设计等都会营造出一种品牌的消费意境和情调，将顾客带入到这种氛围中会加大顾客的购买欲望。

三、创意文案

文案职位的本意是指在企业中从事与文字相关的工作人员的总称，但是，随着网络的发展，文案逐渐演变为一种对文字富有创造力的工种。其目的就是赋予产品一种鲜明的感情色彩，然后将产品推入市场、推向消费者。文案的表现形式多种多样，可以以引起顾客情感共鸣为主要出发点，也可以通过改编谚语让顾客便于记忆，甚至可以利用幽默诙谐的方式吸引顾客等，其最终目的都是让顾客认识和了解产品，并且产生购买行为。

【案例3-2】电商文案表达

某家专卖女装的电商，以文艺、摇滚为主要的品牌定位，其口号就是"让年轻摇滚的心继续翻滚"。它的营销文案将文艺的感情色彩贯穿其中，下面这段文字就是这家电商的宣传文案。

或许你也和我一样，有着一颗文艺的心，热爱自由，喜欢摇滚；摇滚并不是一种音乐界定，它更多时候是一种态度，对生命直面的态度；生命太多时候需要表达，需要直接的交流，我将这种态度融入了作品中。它们每一件都有着独特的灵魂，有着或优雅，或狂野，或自由的态度。它只需要找到最合适的人，通过服饰的语言，讲述"自由"在内心绽放的故事。

文案中将该电商的产品定位、品牌故事以及它所要表达的品牌理念鲜明地呈现了出来。它为那些追求自由、拥有独特性格的消费群体营造了一个自由文艺的氛围，会瞬间吸引喜爱这种感觉的消费者。这就是文案为企业产品营销带来的实际效果。所以，文案对于推广来说是非常重要的，是企业营销必不可少的环节。

四、六大媒体的应用

企业在营销推广之前，将产品的包装设计、品牌故事、视觉效果以及营销文案全部都准备就绪之后，就要选择利用什么媒介对产品进行宣传，也就是企业必须制定适合自己的媒体策略。制定媒介策略的流程如图3-15所示。

市场分析　受众分析　广告计划　广告性质　媒体预测　投放广告

图 3-15　媒介策略流程图

1. 市场分析

市场分析就是在选择投放媒体的时候，对市场中各种媒介进行有效分析，尤其是对于网络媒介。同时，企业必须熟悉竞争对手的媒介投放情况，并对其进行分析，最终通过综合各分析结果选择自己的投放媒体。

2．受众分析

除了对竞争对手进行分析之外，企业还必须对目标受众进行分析，如不同年龄段、不同消费水平受众的网络生活情况等。只有了解目标受众对媒介的接收习惯，才能更好地选择投放媒介，让自己的宣传被目标受众获取。

3．广告计划

广告就是通过前面的分析，决定媒介与广告投放形式的过程。

4．广告性质

决定广告投放媒介之后，就要对广告位置进行确认及购买，然后广告就会被投放出来，被受众看到。

5．媒体预测

媒体预测就是指 24 小时对广告投放进行监测，评估广告的投放效果，并及时做出相应的调整，以达到广告宣传的最大效果。

6．投放报告

投放报告就是对投放效果进行的全方位的分析与总结，以保证宣传效果达到最优状态。

我们已经了解了如何制定媒介策略，那么，企业最常使用的投放媒介有哪些呢？它们又具有怎样的特点？企业营销宣传的媒体平台一般包括纸媒、广播、电视、地面、互联网以及移动互联网六大媒体，下面我们对六大媒体企业营销宣传的优缺点分别进行介绍。

（1）纸媒

纸媒是最早出现的媒介形式，主要包括报纸、杂志等，表 3-5 是报纸与杂志作为媒介形式的优缺点对比。

表 3-5　纸媒的优、劣势

报纸		杂志	
优势	劣势	优势	劣势
版面大、篇幅灵活	内容繁多，广告易被覆盖	面向对象明确、针对性强	周期性较长、灵活性较差
新闻性强，图文并茂	印刷粗糙，色彩感差	印刷精美，图文并茂	专业性强，传播面窄
发行面广	寿命短暂	使用期较长	制作复杂
印刷成本较低	利润率低	读者比较固定	
具有保存价值			

纸媒作为传统的传播媒介，在互联网时代，尤其是现在的移动互联网时代，其传播的影响力已经明显减弱，而且信息的更新速度较慢。但是，报纸与杂志都有着比较固定的阅读群体，所以企业可以根据具体的情况在报纸、杂志上进行选择性传播。

（2）广播

广播媒介指录编、传送和接收声音信息的电子媒介，是在纸媒之后产生的有声传播媒介。虽然随着科技发展，新媒体不断出现，广播面临着越来越多的竞争，但是广播仍然有其自身的优势。表 3-6 是对广播媒介的优劣势分析。

表 3-6　广播媒介的优、劣势

广播	
优势	劣势
传播迅速，时效性强	缺乏对产品视觉形象的描述
受众广泛，覆盖面大	声音传播，信息不易保存
传播灵活，声情并茂	盲目性大，选择性差
制作简单，费用低廉	

广播是包括报纸、杂志与电视在内的传统媒介中相对而言传播最迅速、最及时的传播媒介。但是，由于广播只是以声音为表现形式，无法将产品的外在形象展现在消费者面前，所以需要宣传产品外在形象的企业不适合选择广播进行传播。

（3）电视

电视媒介指录编、传送和接收声音和活动图像信息的电子媒介。电视的产生对于传播媒介有着重要的影响，它开启了影像传播的新媒介方式。表 3-7 是对电视媒介宣传的优劣势分析。

表 3-7　电视媒介的优、劣势

电视	
优势	劣势
集字、声、像、色于一体，富有极强的感染力	信息传播太快，不易捕捉关键信息
覆盖面广，受众接触率高	制作成本较高
较强的娱乐性，易于被接受	

电视作为一种传播媒介，其表现方式多种多样，同时，电视的画面感给顾客带来了视觉上的冲击，能够引起顾客的兴趣，更易于产品被顾客记住。

（4）地面

地面媒介是指企业在户外张贴的广告，如户外的指示牌广告、楼宇广告、站台广告、机场广告、商场展卖等广告形式。表 3-8 是对地面媒介的优劣势分析。

表 3-8   地面媒介优、劣势

地面	
优势	劣势
广告形象突出，引人注目	信息简单
成本较低	容易被覆盖
生命周期较长	

地面广告虽然可以在户外的多个地方进行宣传，但是由于其形式属于张贴广告，容易被其他形式的广告覆盖，而且不能全面显示产品信息。

（5）互联网

互联网是继报纸、杂志、广播及电视之后兴起的第五大传播媒介，以其快速、高效的特点迅速成为企业进行宣传推广的重要媒介。表 3-9 是互联网作为传播媒介的优劣势对比。

表 3-9   互联网优、劣势

互联网	
优势	劣势
互动性强	信息选择困难
信息密集型强	虚假信息繁多
形式多元化	易被覆盖
方便快捷	

互联网信息的传播范围广泛，跨越了地理区域的限制，而且信息更新速度及时。但是，互联网传播最大的缺点是信息太过密集，容易被新信息替代，而且虚假信息过多，容易影响消费者的判断。

（6）移动互联网

移动互联网是在互联网的基础上衍生出来的，因此，移动互联网除具有互联网的优势之外，还有其自身的优势。表 3-10 是对移动互联网的优劣势分析。

表 3-10   移动互联网优、劣势

移动互联网	
优势	劣势
高便捷性	功能有局限性
隐私性	屏幕限制，操作不全面
应用轻便	手机网络费用较高

手机作为移动互联网的主要应用载体之一，实现了使用户随时随地使用网络获取资讯的目的。目前，虽然使用手机上网在操作或者功能方面仍有一定的局限性，但从整体上来说，移动互联网开创了一个全新的传播方式。

五、线上、线下整合营销

线上、线下整合营销就是将线下活动与线上支付有效结合在一起。我们在第一章提到了整合营销的各种方式，包括搜索媒介整合、搜索路径整合、互联网整合、传统媒介整合以及企业营销的战略整合。那么，对于这些整合方式，到底有哪些具体的整合营销推广策略呢？常见的是几种整合营销策略如图 3-16 所示。

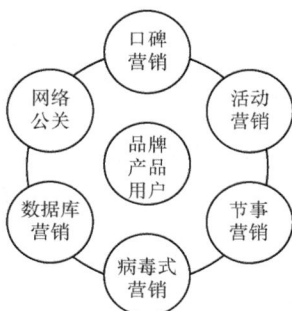

图 3-16　整合营销策略

1．口碑营销

口碑营销是利用口碑相传创造品牌知名度，同时塑造企业美誉度与树立品牌形象的一种营销方式。口碑营销中，产品质量与服务质量是基本的硬指标。口碑营销包括3 个步骤，即鼓动、传播价值以及获取回报。口碑营销的推广方式包括知道问答类推广、口碑点评、分享类社区、微博、微信以及意见领袖等。

2．活动营销

活动营销的主要目的是加强用户沟通、获得网民参与度，它最重要的特点是重视用户沟通。表 3-11 是活动营销从策划到执行最后到评估的整个流程。

表 3-11　活动营销流程

		提升品牌曝光	传达品牌理念	增强用户黏性	促进品牌销量
策划	品牌现状	品牌进入新市场、品牌扩张、新建品牌账号	新品上市、品牌推广、产品推广	品牌具备一定市场份额 粉丝积累到一定数量	目标受众积累到一定的数量 品牌拥有电子商务平台更佳
	微营销目标	招募新粉丝	培育品牌目标受众	深化品牌与用户的关系	销售盈利（线上+线下）

续表

		提升品牌曝光	传达品牌理念	增强用户黏性	促进品牌销量
执行	活动主题	行业相关、品牌相关、结合热点网络话题	知识普及、品牌相关	各种创意主题、产品相关	产品促销
	活动形式	有奖转发（活动需带有品牌名称）	有奖转发、微应用、微游戏	晒照片、写分享、评话题/投票、赢徽章	促销信息分享、对接电商平台、线上线下联动
执行	活动激励	高价值的礼品	新品试体验机会、有品牌意义的礼品	有品牌意义的礼品（与品牌目标受众喜好度相符的创意礼品）、精神层面的荣誉	优惠券
	活动发起	品牌	品牌、达人（与品牌信息相关的）	品牌、达人（在粉丝中发掘达人）	品牌、微平台与电商平台同时发起
评估	参考指标	新增品牌提及量、新增粉丝数量	新品提及量、新增品牌讨论量、信息覆盖总人数	粉丝流失率、粉丝质量、用户喜好度、参加活动粉丝比率	优惠券领用率、优惠券使用率、电商平台导流、活动引起的销量增长

从上表不难看出，活动营销分为 4 个阶段，即提升品牌曝光、传达品牌理念、增强用户黏性及促进品牌销量。针对不同的阶段有不同的营销重点，企业只需根据自身情况进行参考借鉴。

3. 节事营销

节事营销是为了提高品牌知名度、美誉度及媒体曝光率所进行的一种营销方式，包括节日营销、事件营销、公关营销和会展营销。节日营销是指利用传统节日、法定节日、企业纪念日等有代表性的日子作为营销载体，对产品进行宣传。事件营销是将产品与社会和市场中发生的热点新闻以及引起民众重大关注的和大家耳熟能详的事件结合起来，作为产品营销的切入点。公关营销是利用公关工具为企业形象或产品做出的宣传推广。会展营销是通过展会的形式向市场消费者和竞争者展示产品和企业形象的营销形式，有利于提高企业业绩和企业品牌影响力。

【案例 3-3】企业品牌的节事营销

耐克作为知名运动类品牌，其很多的广告推广形式都是借力于社会的热点新闻事件。例如，在拥有"亚洲飞人"称号的跨栏运动员退役之时，耐克推出了"平凡也能飞翔"的系列广告。广告中耐克不仅表达了对运动员的自豪与惋惜之情，更重要的是在市场消费者心目中树立了有人情味的企业形象，为其成功的后期销售提供了完美的铺垫。

4．病毒式营销

病毒营销是指通过用户的社会人际网络，使信息像病毒一样传播和扩散，让每一个受众都成为传播者。常见的病毒营销包括事件营销、视频营销、电子书营销、贺卡和恶搞页面、活动好处分享页、微创意，以及微视频等方式。我们打开网站页面时跳出的广告以及在观看视频时插播的广告都是典型的病毒式营销。病毒式营销的最大特点是不断重复，这样会加深消费者对产品的印象。

5．数据库营销

数据库营销的目的是不断抓取用户，打造自己的"鱼塘数据库"，其中包括数据库的建立、数据的收集、数据的管理、数据的使用以及数据的完善。例如，用户的QQ号、手机号就是企业的"鱼塘数据"。QQ群、QQ好友、企业营销QQ、微信好友、微博粉丝以及微信公众平台等社交媒体平台都是获取数据的来源，企业一定要学会利用。

6．网络公关

网络公关也叫舆情监控，其主要工作是处理与公众的关系，然后进行印象传播。主要目的是预防恶意竞争、监测行业信息，其中最常见的是危机预防与危机公关两种。对于网络公关，具体的工作有网络舆论情报监控、整体品牌词表现、新闻系统的监控以及微媒体传播的监控，它几乎贯穿在整个品牌推广的全过程。

第四节　搞定"BAT"三大互联网巨头

"BAT"是中国互联网行业的三巨头，分别指百度公司（Baidu）、阿里巴巴集团（Alibaba）和腾讯公司（Tencent）。百度开启了互联网的搜索时代，阿里巴巴打开了网上购物的新风潮，为电子商务的创业者提供了低成本高回报的创业平台，而腾讯更是开启了中国社交网络的大门，让交流跨越了空间的限制。作为中国的三大互联网巨头，它们的不同功能为电子商务、信息搜索、社交营销提供了重要途径，下面我们将针对三大互联网巨头分别进行讲解。

一、百度推广

百度推广是百度在国内首创的一种按效果付费的网络推广方式，简单便捷的网页操作可以给企业带来大量的潜在客户，有效提升企业知名度及销售额。利用百度推广进行网络营销的优势如图3-17所示。

最大的中文搜索引擎，覆盖面广

按效果付费，获得新客户平均成本最低，投资回报高

针对性强，帮企业找到潜在目标客户

全面支持企业全线产品推广

专业服务团队

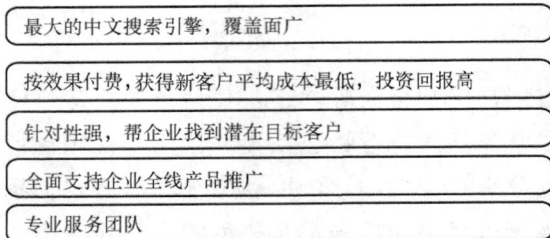

图 3-17 百度推广的优势

据统计，每天有超过 6 000 万人次访问百度，说明百度的用户覆盖率相当广泛。同时，百度是根据给企业带来潜在新客户的访问量进行计费的，企业可以根据自己的需要，随时调整推广力度与投入，使其网络推广投入获得最大的回报。百度推广方式也包括很多种，如在百度自然搜索结果中设计推广，或者在百度关键词竞价广告中设计推广。百度平台的产品权重很高，因此，企业完全可以借力这些"后门"。百度还有其他版块可以用于企业的网络推广，如百度百科、百度知道、百度新闻、百度文库、百度贴吧以及百度地图等。

1．百度百科

百度百科是百度推出的一项内容丰富的网络百科全书平台。它旨在创造一个涵盖各领域知识的中文信息平台，强调用户的奉献精神，充分调动用户的参与性，汇集亿万网络用户的智慧，为更多的用户打造一个信息全面的知识分享平台。百度百科的产品功能包括基础功能与特色功能两个部分，如图 3-18 所示。

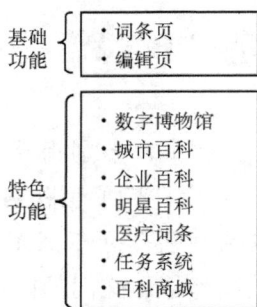

基础
功能
　・词条页
　・编辑页

特色
功能
　・数字博物馆
　・城市百科
　・企业百科
　・明星百科
　・医疗词条
　・任务系统
　・百科商城

图 3-18 百度百科的功能介绍

由图 3-18 可以看出，现在百度百科涵盖的知识已经涉及生活的各个方面，无论是在城市地理概况、医疗知识还是其他方面，都为用户提供了一种快速获取相关信息的渠道。百度百科经过不断的改良发展，不仅收集了丰富的内容信息，而且对于图片的表达方式也多种多样，使其成为多种网络平台的中心点。

2．百度知道

百度知道是基于搜索的互动问答分享平台。用户可以将自己存在的问题在百度知

道问答平台中有针对性地进行提问，其他用户可以对问题进行回答，而且该问题与答案会显示在百度搜索中，分享给更多的网络用户。百度知道最大的特点就是与搜索引擎完美结合，将知识从隐性转化为显性，为更多的用户提供便利。

3．百度新闻

百度新闻是目前最大的新闻搜索平台之一，每天发布大量新闻资讯，新闻源来自500多个权威网站。包括新闻浏览、新闻搜索以及个性化新闻等多个新闻搜索服务。

4．百度文库

百度文库是百度推出的网友在线文档分享平台，网友注册并登录后，可以上传文档或者下载其他网友上传的文档资料。因为百度文库汇集了大量的关于各领域的专业知识，现在已经成为很多用户获取资料的首选平台之一。

5．百度贴吧

百度贴吧是百度旗下的独立品牌，也是国内最大的中文社区，是结合搜索引擎建立的一个在线交流平台。用户根据共同的兴趣爱好聚集在一起，进行信息的分享与交流。贴吧最大的特色是基于关键词的主题交流社区，包括吧刊、个人中心、明星贴吧、贴吧群聊、视频直播贴吧以及直播贴等多项功能。

6．百度地图

百度地图是百度提供的一项网络地图搜索服务，覆盖全国400多个城市、数千个区县。百度地图为用户提供了街道、商场以及附近的餐馆、学校、银行等多种类型的地理位置。所以，百度地图也是企业营销推广的常见选择。

除上述推广方式之外，百度推广还具有两大优势：一是企业的广告被投放在百度搜索结果页中的显著位置，方便用户浏览。而且百度推广的见效速度快，企业注册的关键词审核、网站发布的时间不超过两天。二是企业可以根据需求进行目标区域的推广计划。例如，可以指定地区，只有该地区的用户在百度搜索引擎平台上搜索企业注册的关键词时，才能看到企业的推广信息，这种方式为企业节省了推广资金。

二、阿里推广

阿里巴巴可以说是电子商务企业最大的聚集地，是一个"大鱼塘"，因此，企业应该好好利用阿里巴巴来获得自己的数据。淘宝的自然排名算法、淘宝直通车、淘宝客推广、聚划算爆款以及其他的各大活动，如钻石展位、天天特价、淘宝U站、拍单、刷单、爆款等，这些都是企业进行营销推广的渠道。

1．淘宝的自然排名算法

了解了淘宝自然排名规则之后，就可以更有效地获得自然流量。排名规则一般分为相关性筛选、违规过滤、优质店铺筛选、优质宝贝筛选、下架时间筛选、橱窗推荐筛选以及个性化定向筛选。

2．淘宝直通车

直通车是为淘宝卖家量身定制的按点击付费的营销效果工具，它实现了宝贝的精准推广。直通车具有多、快、好、省的特点，其多维度、全方位提供各类报表以及信息咨询，为推广宝贝打下坚实的基础。快速便捷的批量操作工具让宝贝管理流程更科学，而且实现了时间地域的人性化管理，有效地控制了推广费用。

3．淘宝客推广

淘宝客推广是一种按成交计费的推广模式，简单地说就是帮助卖家推广商品并获取佣金的人，当然这个购买必须是指确认收货。淘宝客包括淘宝联盟、卖家、淘客与买家4个角色，每个角色都是必不可少的。

4．爆款

爆款是指在产品销售中，供不应求、拥有高人气以及高销量的产品，它被广泛应用于网店与实体店铺。爆款的打造必须满足流量、从众心理以及商品质量3个特点。流量是保证产品在市场中拥有高知名度的条件，从众心理要求企业必须了解消费者的心理特征进行宣传推广，只有与消费者的心理需求符合才能成功将产品销售出去。而在这一过程中，产品的质量是决定产品能否长期存活的关键因素，如果产品质量不过关，就意味着产品不能被打造成爆款。

5．钻石展位

钻石展位是淘宝网为淘宝卖家提供的一种营销工具，是主要通过图片创意吸引买家点击、获取流量的广告投放平台。钻石展位具有范围广、定向准和实时竞价的产品特点。钻石展位包括单品推广、活动店铺推广以及品牌推广3种推广方式，它们之间的具体对比如表3-12所示。

表 3-12　钻石展位推广方式对比

	单品推广	活动店铺推广	品牌推广
适用条件	热卖单品、季节性单品	有一定运营能力的成熟店铺	拥有明确的品牌定位的店铺
	爆款产品	短时间内大量引流的店铺	
	长期引流		

6．拍单与刷单

拍单就是买家在看到中意的产品后在网店进行下单付款，之后由网店进行发货的过程。随着网店间竞争的越发激烈，越来越多的网店为了增加成交率，发布虚假销售信息，也就是所谓的刷单。刷单是指由买家提供购买费用，帮指定的网店卖家购买商品来提高网店销量和信用度，并且为卖家填写虚假好评的行为。刷单的目的是通过增加网店的销售量和好评率来吸引更多的消费者进行购买。但是，由于刷单对市场的良性发展有一定的危害，因此，卖家应避免刷单行为。

三、腾讯推广

1. 腾讯推广的六大优势

腾讯作为最早接触移动互联网的企业之一，其开发的许多社交软件都可以作为企业营销推广的平台。腾讯的移动互联网布局的最大特点就是面向大众，以为用户提供基础服务为目的。再加上腾讯拥有广泛的用户基础，所以在产品推广上有绝对的优势，图 3-19 展示了腾讯推广的六大优势。

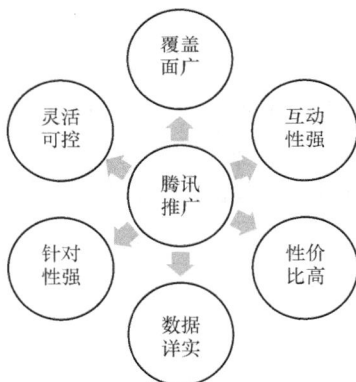

图 3-19　腾讯推广优势

（1）覆盖面广

腾讯推广覆盖面广的优势主要体现在其庞大的用户群，包含 6 亿多个 QQ 活跃账户、4 亿多个微信用户。腾讯推广依托于庞大的网络用户，所以广告送达率高，可以使用户快速了解产品。

（2）互动性强

腾讯的实时在线通信允许用户在看到广告页面时直接与商家进行联系。这种方式的最大优势就是可以最大限度地减少客户流失，最大规模地缩减客服成本。

（3）性价比高

腾讯推广能够提供丰富的推广展现形式和充足的推广承载渠道，推广信息还可以出现在腾讯在线生活的各个场景中，从而紧密贴合 QQ 用户的各种需求，有效降低众多推广需求的同质化竞争。

（4）数据详实

腾讯推广平台可以收集关注企业推广信息的 QQ 用户的属性，分析挖掘用户特征，并提供详实的推广情况报表和数据分析，帮助企业深入地了解目标客户属性，从而降低企业的市场调研费用。

（5）针对性强

腾讯推广会深入分析产品特征和推广需求，快速与腾讯的在线生活场景融合，准确地匹配用户需求，这大大提高了用户接受度和推广效果。

（6）灵活可控

企业可以熟知腾讯推广平台每天的推广消耗详情，并随时在线调整推广方案，包括关键词选取、最高出价、推广地域和推广预算等。

2．腾讯推广平台

腾讯推广除了以上的六大推广优势之外，还拥有丰富的推广平台，包括 QQ 营销推广、QQ 群、QQ 空间、微信、微视、腾讯微博以及微信公众平台等。

（1）QQ 营销

QQ 营销是以 QQ 即时通信平台为基础进行的在线客服与营销平台。使用 QQ 的用户数以亿计，覆盖了 98%的中国网民，其中手机 QQ 的用户使用人数已达到 5.5 亿。庞大的用户群体使 QQ 营销成为腾讯营销推广的核心平台。QQ 营销平台包括会话、网站嵌入、客户接待与维护、服务管理以及企业传播等功能，各个功能的优势如表 3-13 所示。

表 3-13　QQ 营销功能优势

会话	网站嵌入	客户接待与维护	服务管理	企业传播
一个窗口、多人聊天	在网站中嵌入 QQ 咨询代码	多号登录	消息记录漫游与查看	企业资料卡定制显示
支持快速回复	查看网站用户信息	会话无缝转接	工作日报查看	支持企业查找
有效分流访客		实时查看客户来访纪录		
设置访问状态（忙碌、离线）	辅助网站统计访问量		一键群发信息	聊天窗口个性化定制
		客户分类		
离线发送文件				

（2）QQ 群推广

QQ 群推广的方式是将众多具有共同话题的用户聚集起来，形成一个整体。QQ 群营销是所有营销方法中较为直观的一种营销方式，具体的营销步骤如图 3-20 所示。

| 定位对象 | ➡ | 确定时间 | ➡ | 关键字定位 | ➡ | 策划营销 |

图 3-20　QQ 群推广步骤

在进行 QQ 群推广时，首先要根据自己所推产品的特性确定适合此类产品的用户群体，例如，如果要对森女系服装进行营销推广，那么目标群体就应是喜欢森女系服饰的文艺类女性群体；其次，要确定推广的时间，虽然用户可以 24 小时 QQ 在线，可是很多人都需要工作、上课，参与营销互动的机会不大，因此要选好营销推广的时间；再次，是设置关键字，给自己的 QQ 群进行明确的分类定位，方便用户进行搜索；最后，就是根据用户的群体特征进行营销策划。

（3）QQ 空间

QQ 空间是基于 QQ 的一种供用户发布信息的平台。该平台具有开放性以及多功能性，可以发布简短的"说说"、长篇的日志，还可以上传照片与短视频，同时还支持点赞、评论和转发等功能。这些功能都可以作为企业在 QQ 空间的营销推广渠道。

（4）腾讯微博

腾讯微博是腾讯推出的一款类似 Twitter 的微型博客网站，用户可以在微博上关注好友或者拥有共同话题的朋友，也可以在微博中发布信息、转发、点赞和评论，与 QQ 空间类似，这些功能都可以成为企业营销推广的平台。

（5）微信

微信是腾讯推出的一款为智能终端提供即时通信的免费应用程序。微信作为时下最火的社交工具之一，已被应用于生活中的各个方面。微信主要包括基本功能、特色功能以及微信支付功能，图 3-21 是对微信三大功能的具体说明。

基本功能	特色功能	微信支付
·聊天 ·添加好友 ·实时对讲功能	·朋友圈 ·漂流瓶 ·扫一扫 ·摇一摇 ·附近的人 ·购物 ·游戏	·微信支付是微信推出的通过绑定银行卡进行的一项快捷支付功能

图 3-21　微信三大功能

（6）微信公众平台

微信公众平台是一种自媒体活动平台，简单来说就是进行"一对多"的媒体性行为活动的平台，不管是个人还是企业，都可以通过注册公众平台进行自身的微名片、微活动等内容的推送，形成一种线上线下的微信互动营销平台。微信公众平台是目前企业进行营销推广最常用的社交平台之一。

（7）微视

微视是腾讯旗下的一款跨终端、跨平台的短视频分享社区，包括搞笑、创意、电影、音乐、广告等多个视频分享板块。微视将声音、影像等集合起来，清晰明确地表达主题思想，再加上时长较短，成为许多网络用户浏览观看视频的社区。因此，微视是一种拥有大量用户而且成本较低的营销手段。

综上所述，企业进行营销推广的方式有很多种，企业根据自身的品牌特点、产品特性以及目标群体属性，选择一种方式或者多种结合的方式进行营销，只要营销方式选择得恰当，都会为企业带来用户流量，创造巨大的收益。

本章总结

本章主要针对营销策略进行了讲解，分别从市场、产品与营销推广方式展开分析，对本章主要内容的梳理和总结如图 3-22 所示。

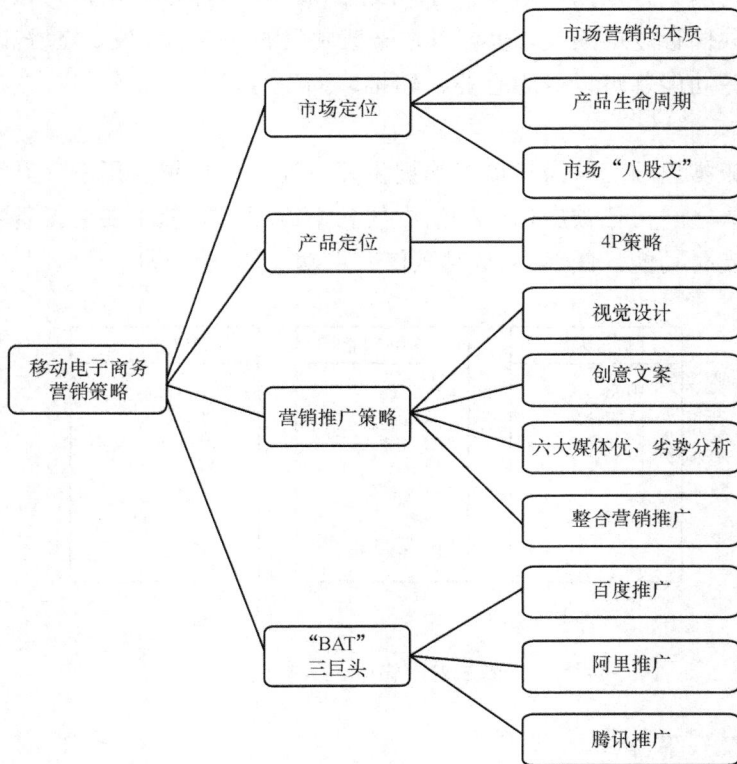

图 3-22　本章内容结构图

通过对市场定位、产品定位的讲解，使读者理解如何定位市场和产品才能使企业品牌在市场中脱颖而出。通过对营销推广策略的分析，讲述如何在市场中对产品进行有效的推广，使产品在市场中成为主流产品。

实操训练

一、单选题

（1）宏观环境分析中，PEST 不包括（　　　）。

　　A．政治　　　　　B．经济　　　　　　C．地理　　　　　　D．科技

（2）关于产品营销的表述正确的是（　　　）。

　　A．产品是有形的实体

　　B．客户要的是产品背后的价值，而不是产品

　　C．产品买卖就是简单的等价交换

　　D．营销就是卖理念，产品本身是其次

（3）互联网相较于纸媒，优势主要体现在互动性强、信息密集型强、形式多元化及（　　　）。

　　A．方便快捷　　　　　　　　　B．具有保存价值

　　C．面向对象明确　　　　　　　D．读者固定

二、多选题

（1）市场营销与消费者需求有直接联系，那么，下列需求中属于消费者需求的是（　　　）。

　　A．生理需求　　　B．社交需求　　　C．尊重需求　　　D．安全需求

（2）下列属于市场产品生命周期的是（　　　）。

　　A．引入期　　　　B．成长期　　　　C．成熟期　　　　D．衰落期

（3）"BAT"三大互联网巨头分别指（　　　）。

　　A．搜狐推广　　　B．百度推广　　　C．阿里推广　　　D．腾讯推广

三、判断题

（1）网络公关"PR"，就是通过网络渠道或网络媒体处理企业和公众的关系。
（　　）

（2）视觉营销作为一种营销手段，具有吸引眼球、激发兴趣及传播品牌文化的作用。
（　　）

（3）商业模式设计的目标就是实现企业的利益最大化。　　　　　　　（　　）

四、综合分析题

下图是红星二锅头的广告宣传图片，请从视觉及文案等方面分析该广告片的传播特点。

是一瓶酒 更是一种烙印

将所有一言难尽
一饮而尽

红星二锅头酒
REDSTAR
RED STAR WINE

第四章

移动电子商务营销技巧

学习目标及重点、难点

学习目标：

了解营销的两大派系；通过案例的形式熟悉理解营销的具体应用技巧；掌握面向品牌、面向成交及打造用户"鱼塘"的营销技巧。

学习重点：

了解品牌营销的心智原理；熟悉打造用户的"鱼塘"理论；掌握成交技术的具体策略。

学习难点：

了解心智认知的相关概念特点；掌握成交动力学及 UPSELL 技术的应用。

【案例导入】

农夫山泉作为我国瓶装饮用水的领导品牌之一，它的成功与其合理的品牌定位有着密切联系。农夫山泉最开始以"农夫山泉有点儿甜"作为销售卖点，有效地与其他品牌形成区分，以独特的定位迅速占据消费者的心智资源。

思考题：

由上述案例分析，差异化的品牌定位对于企业有什么影响？品牌定位与消费者心智的关系是什么？

第一节　品牌营销

品牌营销是指通过市场营销使客户形成对企业品牌和产品的认知的过程。简单地说，品牌营销就是企业通过某种手段将特定的产品形象深刻地映入消费者心中的过程。这种手段就是运用各种营销策略，使目标客户形成对企业品牌、产品和服务从认知到认识再到认可的过程。品牌营销是企业为了能够不断保持竞争优势必须构建的高品位的营销理念。品牌营销的整个流程如图 4-1 所示。

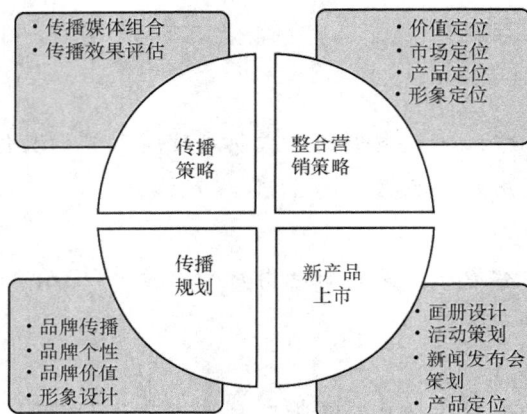

图 4-1　品牌营销流程

从图中可以发现，在进行品牌营销的整个过程中，需要考虑传播策略、整合营销策略、新产品上市以及传播规划 4 个方面。但是，在营销之前企业必须有属于自己的品牌形象，进而选择相应的营销策略。因此，本节从品牌的本质以及如何进行品牌营销着手进行分析。

一、品牌的定义、特征及作用

1. 品牌的定义和特征

一个企业的品牌价值越高，影响力越大，这个企业的安全系数就越高。例如，可口可乐作为全球最大的饮料公司，经过百年的发展历史，依然屹立不倒，这与可口可乐公司注重品牌建设密不可分。可口可乐从诞生之初至今，其标志、包装、广告以及服务一直在不断进行着创新。可口可乐的字体以及"白丝带"的连贯、流线的设计给人一种飘逸、跳动之感，而可口可乐的包装瓶更是成为了一种标志，独特的弧形瓶已经深入人心。可口可乐一直致力于公益事业的发展中，正面积极的企业形象更是帮助可口可乐提升了其品牌形象。那么，品牌的具体含义是什么，成功的品牌对于企业的营销又有什么作用呢？

现代营销学之父科特勒认为，品牌是"销售者向购买者长期提供的一组特定的特点、利益及服务"。也就是说，品牌就是产品的特有形态，它与其他竞争者的品牌应有明显的区别，而正是这种区别让消费者认识产品。品牌是一种识别标志、一种精神象征、一种价值理念，是产品优异品质的核心体现。综上所述，品牌指公司的名称、产品或服务的商标，以及其他区别于竞争对手的标志、广告等构成的独特的市场形象的无形资产。

不同的企业有着不同的、独有的品牌形象，但是每个品牌都有着共同的品牌特征，如图 4-2 所示。企业将这些特征与企业自身的特点相结合，就树立了属于企业自己的独特的品牌。

（1）专有性

品牌专有性，即品牌是用以识别企业生产和销售的不同产品或服务的专有品牌。品牌的拥有者经过法律程序的认定，享有品牌的专有权，有权禁止其他企业或个人进行模仿与伪造。

（2）无形资产

品牌的拥有者可以利用品牌的优势不断获取利益，可以开拓市场、积累企业资本。虽然品牌不能像物质资产那样用实物的形式表达，但是品牌能使企业的无形资产迅速增大，并且可以作为商品在市场上进行交易。据 2014 年相关部门统计，可口可乐的品牌价值已达 800 亿美元。

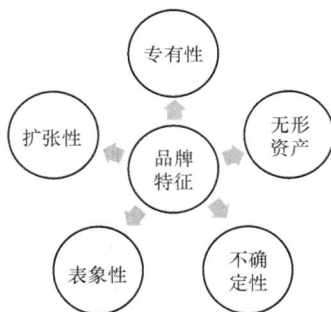

图 4-2 品牌特征

（3）不确定性

品牌被创立后，由于市场的不断变化、需求的不断提高，企业的品牌资本可能增加，也可能减小。例如，企业产品的质量问题或者是服务不到位，都会对企业的品牌稳定性带来影响，从而使得对企业品牌的效益评估出现不确定性。

（4）表象性

品牌是一种无形的资产，不具有实体效果，但是品牌的最大作用在于能区别于其他品牌，并被消费者熟记。这就需要品牌具有表现载体来将品牌的独特性传达给消费者。载体包括诸如文字、符号、图形的直接载体，以及诸如服务、产品质量、企业知名度等的间接载体形式。如果没有载体作为品牌的表现形式，品牌的整体传播就会更加困难。可口可乐的字体设计就是一种直接载体。

（5）扩张性

品牌具有一定的识别性。成功的品牌可以代表一种产品、一种理念，甚至一个企业。企业可以利用品牌这一优点开拓市场、扩张企业资本。

2．品牌的作用

品牌能将企业产品有效地传达给消费者，而且能为企业带来收益。那么，品牌的创立对于企业来说到底有哪些作用呢？图 4-3 展示了品牌对企业的作用体现。

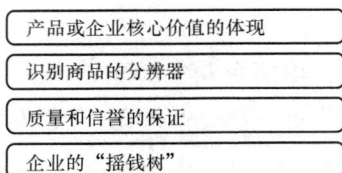

产品或企业核心价值的体现

识别商品的分辨器

质量和信誉的保证

企业的"摇钱树"

图 4-3　品牌作用

（1）产品或企业核心价值的体现

品牌的目的不只是简单地向消费者销售产品，让消费者对产品产生好感，还要通过不断宣传，给消费者留下深刻的印象，促使其进行重复购买。成功的品牌树立可以为企业带来良好的品牌形象，在消费者心中逐渐演变成一种美好的情感记忆，或者一种文化象征。例如，麦当劳就让人们感受了一种美国快餐文化，而且麦当劳针对儿童设置的品牌服务也为消费者创造了一种美好的情感诉求。

（2）识别商品的分辨器

品牌的建立可用于与竞争者进行区分，企业应根据自身的特点进行个性的、独特的品牌设计。不同的品牌设计代表了企业不同的特征及产品特性，不同表现形式、不同产品特征为消费者提供了不同的选择。比如消费者在购买汽车的时候，不同的汽车品牌有着不同的侧重性能，消费者可以根据自身的需求进行选择。

（3）质量和信誉的保证

企业要想通过创立品牌将自己塑造成名牌，就必须在产品的质量以及服务中付出努力。而另一方面，品牌也代表了企业的质量与服务标准，成功的品牌会将企业定位在高质量、高档次的产品行列中。例如，耐克作为运动鞋的知名品牌，其人性化的设计、高质量的产品给消费者留下了舒适的体验以及良好的印象，这就使耐克公司成为高质量与高信誉度的保证。

（4）企业的"摇钱树"

企业的品牌除了保证产品质量之外，还会赋予产品一些附加价值，如情感内涵、文化特色等。同时，品牌都具有一定的信誉度，这就使企业对产品制定高价位，从而获取更高的利润。熟知的许多知名品牌的产品价位高于一般产品的原因就是因为其品牌带来的附加价值。

二、品牌的本质就是心智的认知

可口可乐与百事可口同样都是可乐品牌，但是有些人喜欢可口可乐，有些人则倾向于选择百事可乐，造成这种差别化选择的原因是什么？可口可乐与百事可乐的品牌形象与经营理念的对比如表 4-1 所示。调查显示，百事可乐在年轻人市场中比可口可乐更受欢迎，因此，百事以"年轻的一代"作为自己的营销点，将自己的品牌推向具有"年轻、活力、激情四射"特点的年轻人市场，最终建立属于自己的品牌形象。

表 4-1　可口可乐与百事可乐的品牌对比

	可口可乐	百事可乐
品牌形象	正宗、传统、快乐	年轻、活力
经营理念	买得到，买得起，乐意买 无处不在，物有所值，首选品牌 让全世界的人都喝可口可乐	从被动防守到积极进攻 快餐消费 提高零售市场控制力

从表 4-1 中可以看出，不管是可口可乐还是百事可乐，他们的经营理念都是以消费者为出发点，通过满足消费者的需求，让消费者产生一种对自身品牌的认知，使品牌形象进入到消费者的心智，使其成为消费者的一种潜在选择，这样一来当消费者要做出相关购买行为的时候就会想到此品牌。

美国的一位营销大师曾经指出："营销竞争的终极战场是心智，而不是市场。"为什么心智对于企业的营销起着决定性的作用呢？随着市场竞争的不断激烈，产品的多样性使品牌消费模式由以往的"被动"转变为现在的"主动"，这就证明了消费者正把握市场的主动权。这种品牌消费模式转变的真正原因是消费者对品牌认知的改变，是品牌深入到消费者的心智所造成的，认知就是影响消费者心智的最重要的因素。

认知是消费者通过不断接受来自品牌的信息，并结合自身的经验，对企业的品牌的一个固定的认识。认知一旦形成，就很难改变，所以，企业应该尽量避免让自己的品牌与消费者的现有观念产生抵触，否则，企业品牌的塑造就会失败，从而影响企业产品的销售。

【案例4-1】心智认知实验

心理学家曾经做过一个著名的营销实验，让消费者在 1 分钟之内说出某一个品类的品牌名称，例如运动鞋的品牌有哪些。结果显示 1 分钟内消费者能够说出的品牌不超过 7 个，而且消费者说出的品牌的先后顺序基本上反映了市场中该品类的品牌排名。实验最终证明"顾客心智中最多只能为每个品类留下 7 个品牌空间"。也就是说，每个人最多只能接受 7 个同类品牌。

以上案例说明，品牌的本质就是一种心智认知。如果企业想让自己的品牌被广大消费者熟知，利用品牌为企业获得高利润，就需要首先抓住消费者的心智认知，只有这样消费者才能产生购买行为。

三、品牌竞争和品牌的差异化定位

既然品牌是企业的价值理念与识别标志，那么，对于企业来说，成功的品牌就是企业的一种精神象征。企业可以将成功的品牌形象推向市场，让消费者通过熟悉品牌而熟悉企业，最终完成产品的购买。在企业将品牌推向市场的过程中，就涉及品牌竞争与品牌的差异化定位，它们的具体含义如下。

1．品牌竞争

品牌竞争是指满足消费者某种愿望或需求的同种产品中的不同品牌之间的竞争。既然要满足消费者愿望就必须符合消费者的心智认知，也就是说，品牌竞争就是对消费者心智认知的竞争。心智认知指消费者通过长期的积累，在心智上对某种产品形成的一种心理认知。了解品牌竞争特点对于企业有针对性地对消费者进行心智认知起着重要的引导作用，品牌竞争的五大特点如图 4-4 所示。

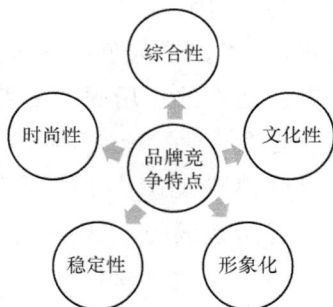

图 4-4　品牌竞争的五大特点

（1）综合性

品牌竞争涵盖了企业产品的开发、设计、服务、营销以及价值观念等多种因素，品牌竞争实质上是企业所有因素的综合竞争。只有当这些要素对品牌形成支持时，品牌的形象才会体现出来，品牌的竞争优势才能体现。

（2）文化性

文化性是指品牌本身所持有的文化信息，是对某种情感的诉求和表达。一般情况下，品牌的文化内涵表现了一种生活方式与态度。因此，选择一种品牌就是选择一种情感诉求与态度。正是品牌赋予产品一种情感表达，也就是说，品牌反映了企业对产品、对顾客以及对自身及社会的态度。

（3）形象化

品牌的形象化是品牌竞争中最显著的特征，品牌的符号本身为品牌的内涵呈现出了不同于其他品牌的特点。品牌的形象化对于品牌竞争主要有两方面的意义，一方面是像图像、文字等品牌符号所表现出的品牌内涵；另一方面则是品牌形象对品牌文化及品质的浓缩表现。例如，可口可乐的文字设计就是由符号产生的品牌文化内涵，而可口可乐这个品牌本身就已经成为一种文化。

（4）稳定性

品牌的稳定性是超越产品而存在的一种特征，对于产品来说，由于产品受生命周期的影响，必须不断地根据市场状况进行调整，而品牌相对来说就比较稳定。企业品牌的形象不会随便进行调整甚至更改，而且对于企业自身来说，品牌是企业的高度浓缩表现，因此具有一般性与普遍性，相对较稳定。

（5）时尚性

品牌的文化意味和对市场的追随，很大程度上决定了品牌的时尚性。时尚性有时候是一种品味的表现，有时候是一种对流行的追逐。人们通过品牌来追求一种生活方式，但是生活方式在很大程度上就是一种时尚。而且时尚性本身具有一定的社会定位，例如，人们通常会把穿有名牌服饰的人归为高端消费水平的人群中，这正是由品牌决定的。

2. 品牌的差异化定位

品牌的差异化定位是指企业对自身产品在特殊功能、文化取向以及个性差异上的商业性决策，他是建立一个与众不同的品牌形象的过程和结果。换言之，品牌的差异化就是指为某个特定的品牌确定一个区别于其他品牌的市场卖点，使企业以及企业产品在消费者心中占有一个重要的位置。

品牌差异化的目的在于将产品的优势与产品个性化转化为品牌，从而满足消费者的个性化需求。而消费者的个性化需求就是消费者心智认知的个性化体现，简单地说，品牌的差异化定位与消费者心智资源密不可分。图 4-5 展示的"品牌金字塔差异化定位"就是品牌定位常用的方法。

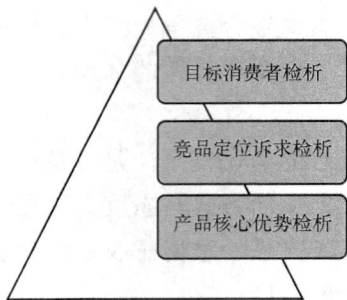

图 4-5　品牌金字塔差异化定位

（1）目标消费者分析

在进行品牌差异化定位之前，必须对目标消费者进行分析，通过了解目标消费者的生活形态、消费心理以及个性化的消费需求，从自身的产品出发，将产品属性转化为消费者需求的产品属性，这样才能在满足消费者需求的同时精确地定位品牌。

（2）竞品定位诉求分析

竞品就是指竞争对手的产品，竞品定位就是对与竞争对手同属一类的产品进行差异化的定位，产生不同于竞争对手的品牌诉求。在信息爆炸的互联网及移动互联网时代，如果没有个性化的品牌诉求，企业产品很难被市场消费者熟知，更不会被消费者购买，所以竞品定位诉求是品牌差异化定位中不容忽视的环节。

（3）产品核心优势分析

SWOT 策略不仅适用于市场分析，同样适用于品牌的定位过程。该策略通过分析企业的整体情况，将企业的优势与机会相结合，提炼出产品的核心优势，从而赋予品牌与众不同的个性化的定位诉求。

综上所述，因为品牌的本质就是消费者心智的认知，所以品牌的竞争实质上就是对消费者心智资源的竞争，而品牌的差异化定位也就是对消费者心智认知资源的差异化定位。

四、品牌营销的"五大维度"

既然品牌是一种认知，那么品牌营销就是让消费者对企业品牌及产品产生认知的过程。在互联网甚至是移动互联网时代，网络品牌成为企业被消费者认识的快速通道。网络品牌是指企业、个人或者组织在网络上建立的一切产品或者服务在消费者心目中树立的形象，它是企业的无形资产。以网络品牌为例，品牌营销通常包含 5 个方面的要素，被称为网络品牌的"五大维度"，如图 4-6 所示。

品牌营销通过传播一种符合消费者心智认知的形象，进而塑造其在消费者心中独特的品牌联想。企业可以通过参与策划众多的能激起市场广泛关注、消费者情感共鸣的具有公信力的活动，来提高消费者对企业品牌及产品的认知度与美誉度。当企业成功将品牌建设成具有社会公信力的品牌形象时，消费者会对企业品牌及产品产生认可度，从而产生一定的忠诚度。如果企业一直以消费者需求为主导，根据消费者的需求进行产品创新，那么，这种忠诚度会长期存在，这就为企业产品的销售产生了推动作用，能使企业长期获得相对稳定的利润。

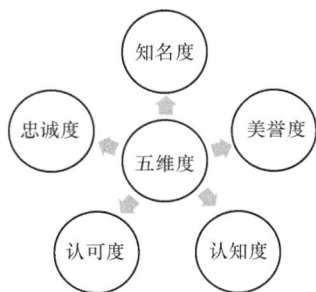

图 4-6 网络品牌的五大维度

在网络品牌的五大维度中，企业营销的重点应该放在认知度与认可度的建立上。随着企业被消费者认知与认可，企业的知名度、美誉度及忠诚度都会相应产生。那么，在认知与认可的过程中，企业必须确定自己的品牌以及明确最终将以怎样的方式在互联网平台上打造公信力，只有解决了这两个问题，企业的品牌营销才能顺利进行。

五、品牌的"心智阶梯"与品类定位

心智阶梯是指为方便购买，消费者会提前在心智认知中给相关品牌制定一个优先选择序列，当购买行为产生时，消费者会根据这个序列依次进行购买。心智阶梯的概念最早是由营销战略家杰克·特劳特提出的。心智阶梯反映出消费者一般会优先购买阶梯上层的品牌，也就是说，这类品牌在消费者的心智中占有某种品类或某特性的定位，所以消费者才会优先选择。正如我们前面提到的让消费者在 1 分钟之内说出运动鞋品牌的营销实验，实验结果就是典型的心智阶梯的表现。

品牌的心智阶梯具有一定的规律性，每个消费者想到的产品品类不会超过 7 个，而且消费者说出的品牌顺序就是心智阶梯中消费者的优先选择序列。如何让企业品牌在消费者心智阶梯中占有一席之地成为企业不得不解决的问题。

品类定位的目的是让品牌在消费者心目中占据有利地位，让品牌成为某个品类的代表品牌，这样当消费者产生购买需求时，就会想起该品牌，从而进行购买。在这个信息传播过度的互联网时代，品类定位显得更加重要。这个过程中，企业不仅要对自身的优势和劣势进行分析，还要对竞争对手的优势和劣势进行分析，从中找出个性化优势给品牌定位，从而让自己的品牌在消费者的心智中产生与众不同的品牌效果。

企业的心智阶梯与企业的品类定位有着相辅相成的作用，一方面企业的心智阶梯促使企业对自身的品牌品类进行战略定位；另一方面，企业明确的品类定位有助于消费者认识品牌，进而使品牌在消费者心智中处于优先选择的序列之中。

第二节　销售成交技巧

前面分析过，销售的目的在于成交。销售严格意义上是指以销售、租赁或其他任何方式向第三方提供产品和服务的行为，包括为促进该行为所进行的有关辅助活动，如广告、促销等。如今，销售的定义已经被广泛拓展，也可特指某一类工作。既然销售的目的是成交，本节就从促进销售成交的技巧着手进行分析。

一、成交是一切商业模式的原点

成交就是消费者对销售的产品产生实质性的购买行为，以双方产生利润为一轮交易的结束点。事实上，由消费者自发产生的成交行为的比例低于由销售引导的成交比例。销售通过一系列的讲解与活动可以引导甚至是促使成交行为的产生，销售促进消费者产生成交行为的基本条件如图 4-7 所示。

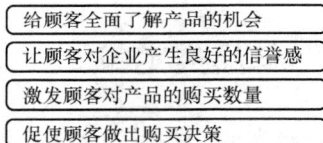

给顾客全面了解产品的机会

让顾客对企业产生良好的信誉感

激发顾客对产品的购买数量

促使顾客做出购买决策

图 4-7　成交的基本条件

1. 给顾客全面了解产品的机会

在销售的过程中，必须以顾客的感受作为核心，当顾客对某个产品表现出一定的兴趣时，销售者必须全面介绍该产品的优势、性能、用途等相关特点，让顾客全面地了解产品。顾客接受越多关于产品的信息，就越容易与自己的需求点相结合，做出购买行为的可能性就越大。假如顾客在向销售人员询问产品用途的时候，销售人员只对用途进行介绍而忽略了对其他的产品介绍，就很可能会导致顾客因为对产品的了解不全面而错失成交机会。

2. 让顾客对企业产生良好的信任感

当顾客对企业产生良好的信任感时，顾客产生购买行为的可能性就会变大。这种信任感来自于企业品牌形象的建立，如果一个企业经常因为质量或服务问题被大多数消费者投诉，对于这样负面的品牌形象，顾客的信任感通常很低，这严重阻碍着消费者的购买行为。

3. 激发顾客对产品的购买欲望

市场营销学中通常将人的需要分为3个等级，即需要、欲望与需求。需要是指人类最基本的状态，欲望则是指具有购买能力并愿意进行购买行为的状态，这时候欲望就会转变为需要，而需求是指顾客想要拥有但还没有实现的愿望。因此，在销售过程中，销售人员应通过对产品的介绍以及顾客需求的了解，促使顾客产生购买欲望并最终产生购买行为。

4. 促使顾客做出购买决策

经过前面的一系列铺垫工作，销售人员必须在合适的时机制造相关行为，促使购买者做出购买决策，这样就达到了销售的最终目的——成交。

在成交的过程中，尽管各个基本条件都满足，仍然存在影响成交的因素，如图4-8所示。

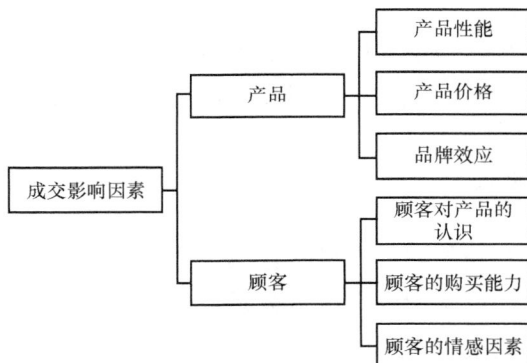

图 4-8 影响成交的因素

（1）产品性能

随着消费者购买能力的提高，消费者对产品质量的要求也越来越高，产品性能的好坏已经成为消费者购买产品时考虑的首要因素。如果产品的性能低于顾客的期望要求，即使产品的价格偏低，仍然很难促使消费者产生购买欲望，更不会使顾客产生成交行为。因此，企业必须保障产品的性能。

（2）产品价格

价格是价值的内在体现。但是，如果企业一味追求高价格所带来的利润，将会导致消费者的购买力下降，最终影响企业产品的成交。

（3）品牌效应

品牌效应就是指人们对于知名品牌的认可度。品牌效应与消费者性别以及消费者心理有一定的关系。例如，对于大多数男性来说，知名品牌的质量、价格以及知名度都在可接受范围之内，成交的可能性比较大；而对于女性来讲，产品本身的性能是主要的考虑因素，即使不是知名品牌，只要产品的性能符合自身的要求，同样会进行购买，产生成交行为。

（4）顾客对产品的认识

顾客对产品的认识取决于顾客对产品的了解程度。假如同一品类的两种不同品牌的产品出现在顾客面前，顾客通常倾向于选择市场上已经存在或者自己相对了解的产品。因此，在销售过程中，企业应该尽可能让顾客对自身的产品有一定的了解或者熟悉感。

（5）顾客的购买能力

顾客的购买能力是指人们支付货币购买商品或劳务的能力。顾客在购买商品的时候会结合自身的支付能力，选择在可承受范围内的产品进行购买。因此，企业在销售过程中，找准目标群体是非常重要的，要将产品投放在购买力可承受的消费群体之中。

（6）顾客的情感因素

顾客的情感因素通常会影响顾客的购买行为。最常见的例子就是有些顾客在情绪低落时会利用购物来缓解自身的情绪，这时候的购买行为通常是比较随机的。还有一些顾客有严重的从众心理，易受周围环境的影响。这类因素对于产品成交的影响都具有随机性，可能会促进产品的成交，也可能阻碍产品的成交。

二、成交的三大公式

成交就意味着企业利润的增加，成交数越多企业获取的利润就越大。在满足成交的基本条件并对所有影响成交的因素进行分析之后，企业必须利用好销售及成交过程中的促进成交的技巧。成交中常用的三大技巧公式如图 4-9 所示。

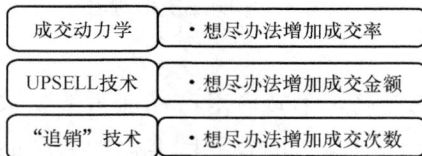

成交动力学	·想尽办法增加成交率
UPSELL 技术	·想尽办法增加成交金额
"追销"技术	·想尽办法增加成交次数

图 4-9　成交的三大公式

1．成功动力学——想尽办法增加成交率

单位时间内成交笔数除以单位时间内的进店人数，所得的比率就是成交率。成交动力学是指所有能增加现场成交率的科学，简单地说就是让消费者无法拒绝企业的销售主张，让成交行为更简单。企业要想增加成交率，必须提供有利于消费者的服务。影响成交率的几大成交因素如图 4-10 所示。

（1）独特卖点

独特卖点即产品不同于其他产品的特点，在销售过程中，"独特的卖点"必须满足3 个条件，即必须区别于其他产品、必须符合顾客需求以及必须能用语言简单描述。

独特的卖点就是产品的差异化定位，差异化定位容易获得顾客的心智认知，从而使产品成为心智阶梯中的优先选择。当产品符合顾客需求的时候，顾客容易产生信任感，这有助于成交行为的产生。而利用简单的语言将产品优势描述出来，也就是形成了属于自己的独特成交主张。

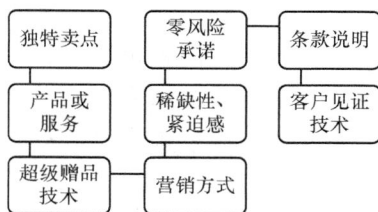

图 4-10　成交因素

（2）产品或服务

产品或服务不是指简单地将产品摆在顾客面前，或者为顾客机械地提供服务，而是透过顾客的真实需求塑造产品的价值。企业可以通过向顾客普及更专业的知识，赋予产品一种有益于顾客的价值。通过前期免费地塑造产品价值，让顾客感觉到收益性，才能促使后期成交行为的产生，从而使企业获得利润。

（3）超级赠品技术

赠品与产品的设计应该具有一定的相关性，赠品的设计应从属于企业的核心产品。比如说如果主打产品是杯子，赠品最好选择杯垫而不是牙刷。赠品的设计或者选择必须聚焦在顾客想要得到的结果上。有些顾客会因为喜欢某些赠品而进行购买行为，所以赠品同样具有其价值，赠品的选择设计要在顾客想要的基础上达到让人意想不到的效果。

（4）零风险承诺

零风险承诺是企业或者电商对顾客在产品成交后做出的一种风险承担，零风险承诺并不代表承担购买顾客的全部风险，而是承担比别人多的风险，使得顾客承担风险的机率接近于零。尤其是对于网络购物来说，这样的方式会增加顾客对企业的信任感与好感度。即使产品本身真的存在什么问题，造成退货，顾客也不会对企业本身产生什么恶意，反而会更加欣赏这种零风险承担的行为。

（5）紧迫性、压迫感

紧迫性与压迫感指企业可以根据节日、最新事件或者企业的庆典进行限时限量的抢购优惠活动。活动前期可以对活动进行大肆宣传，让更多的人了解活动详情，市场中营造的压迫感会使消费者产生一种产品"少而好"的紧张感，加强了消费者对产品的购买欲望。例如，现在许多电商都采用"倒计时""秒杀"等活动来吸引消费者的关注。

（6）营销方式

营销方式是指在营销过程中可以用到的方式、方法，包括情感营销、体验营销或写意营销等方式，其目的在于为消费者营造一个画面，让消费者明白购买产品之后能够得到什么。比如前面提到的以"让年轻摇滚的心继续翻滚"为主题的淘宝女装。该淘宝店铺就是抓住追求文艺、喜欢摇滚这部分群体的心理特点，并利用情感这一元素，为这部分群体营造了一个自由的氛围，从而对其进行营销推广。

（7）条款说明

条款说明主要是指支付条款，对于电商来说，还包括送货条款与物流条款。对于电商而言，在店铺说明中对支付、送货以及物流条款进行有效的说明，不仅方便顾客在购买之前对相关事宜进行了解，还减少了顾客对成交时出现问题的顾虑。

（8）客户见证技术

客户见证就是利用已产生成交行为的客户的立体化评价来增加企业自身在消费者市场中的好感度。对于消费者来说，客户的评价要比店家自身的标榜更易被接受，所以，不管是传统企业还是电商，都要学会借助客户的力量为自己的成交助力。

【案例4-2】卖李子

某地有甲、乙、丙三个水果摊位，一天有个老婆婆路过甲的摊位，问甲："你家的李子怎么样？"甲回答说非常甜，结果老婆婆摇摇头离开甲的摊位来到乙的摊位，这次乙先开口问"婆婆你要点什么？"婆婆说明自己想要买李子，接着乙又问想要什么样的李子，当老婆婆说她想要比较酸的李子时，乙说自己这都是酸李子，结果老婆婆在乙的摊位买了一斤李子。当老婆婆路过丙的摊位时，丙同样先询问了婆婆想要什么，但不同于乙的是，丙在得知婆婆要买酸李子的时候并未直接推销自己的李子，而是进一步询问为什么要买酸李子，在得知是因为家中有怀孕的人想吃酸李子的时候，丙还向老婆婆推荐了橘子，并介绍说橘子中含有大量的维C，有助于增强免疫力，并答应帮老婆婆送水果回家，于是老婆婆又买了两斤李子与一斤橘子。

从上面的案例中我们不难发现，甲之所以没有成交，是因为他没有询问老婆婆的需求；乙虽然通过询问需求获得了成交，但是成交率并不高；丙的成功在于他不仅询问了老婆婆的需求，而且通过了解其更深层次的需求，诱导并激发了老婆婆的购买欲望，还提供了额外的送货服务，从而促使成交率的增加。总之，企业在诱导顾客进行购买行为的时候，要充分了解顾客的真实需求，为顾客提供附加价值，最终促使交易的产生，增加成交率。

2．UPSELL技术——想尽办法增加成交金额

每个商家都希望自己每次的成交金额尽可能多，如何增加成交额就变成了每个商家必须思考的问题。UPSELL技术就是增加成交额最常用的方法。所谓UPSELL技术就是想尽办法增加客户单价的技术，通常包含如图4-11所示的5种销售方式。

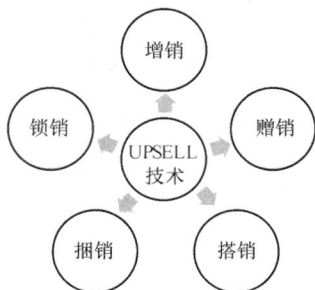

图 4-11　UPSELL 技术

（1）增销

增销就是增值销售。企业通过洞察客户的决策过程，深入挖掘客户的需求，从客户的角度提供价值，使客户相信这种价值的提供超出了预期，这种情况下就会发生增值销售。

影响增值销售的因素主要有两方面。一方面是顾客对产品价值的理解。顾客在众多的产品或服务中最终选择某一产品的原因与顾客对产品或服务的价值理解有直接的关系。因为价格是价值的内在体现，所以顾客会根据自己对产品价值的理解为产品制定相应的可接受价位，当产品的价格与顾客所制定的价格重合时，顾客就会产生购买行为，反之则不会发生成交行为。这就是为什么有些产品本身质量很好，但是销量却很差。

另一方面的影响因素是企业为顾客的产品价值所付出的成本。为了促使顾客产生增值消费，企业通常会将产品的价格定位在顾客所认知的产品价值范围内，这种情况下，企业为了加大利润，会将成本降低。如果一直保持原有成本的话，企业的成交金额不会增加，甚至会出现降低的趋势。

（2）赠销

赠销指在销售产品的过程中进行免费的额外赠送，以便促进产品的成交率。例如，超市中同类的两件产品价格相同，但是其中一种只要购买就会赠送相应的小礼品，虽然赠送的礼品的用途可能并不明显，但是会让顾客产生一种"物有所值"的感觉，这样成交的可能性就会相对大一些。

（3）搭销

搭销就是将其他产品与主打产品进行搭配销售，搭销的好处是产品销售的总价格低于每个产品的单价之和。但是，其中值得注意的一点是所搭配的产品必须与主打产品有一定的相关性。搭销方式在现在的营销方式中是比较常见的，比如某家用电器电商在某段时间内主打的销售产品是价格为 100 元的桌子，与桌子相配套的椅子价格为 80 元，但顾客如果一起购买只需支付 150 元，这样的搭销方式就容易促成产品成交。

（4）捆销

捆销即捆绑销售，捆绑销售就是使两个或两个以上的品牌或企业在活动促销中进行合作，从而扩大影响力，达到一种共赢的状态。捆绑销售包含 3 种方式，如图 4-12 所示。

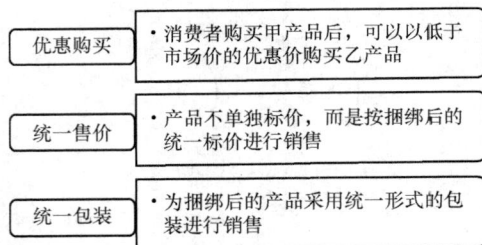

优惠购买	·消费者购买甲产品后，可以以低于市场价的优惠价购买乙产品
统一售价	·产品不单独标价，而是按捆绑后的统一标价进行销售
统一包装	·为捆绑后的产品采用统一形式的包装进行销售

图 4-12　捆绑销售方式

（5）锁销

锁销就是锁定目标群体，对特定的目标人群进行销售。根据目标人群可接受的价格以及可能的成交次数，对产品进行相应的调整。为了稳定目标人群市场，企业或商家可以根据增加优惠券、代金券或者 VIP 卡等方式来套牢顾客，以达到在目标群体中的最大成交率，获得更多的成交金额。

3.“追销”技术——想尽办法增加成交次数

追销是销售过程中常见的一种方式，是指对客户进行多次跟踪销售，实现再营销、后续营销，甚至终身营销的一种营销手段。研究显示，大部分的成交都是在追销 5～10 次之间产生的，图 4-13 是追销次数与成交率比例的统计分析。

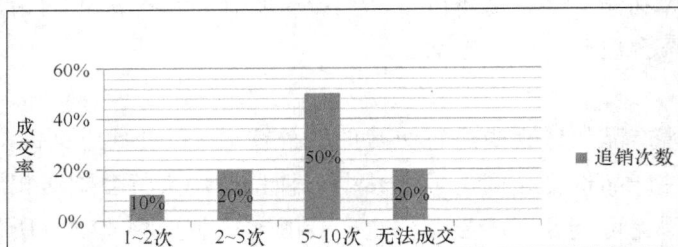

图 4-13　追销次数与成交率比例

从图 4-13 中不难发现，80%的成交是依靠追销产生的，追销是影响成交次数的重要因素。所以，企业应该适时对客户进行追销，以增加产品的成交次数，进而提高企业的成交金额。

三、“抓潜”、成交与追销

“抓潜”就是抓到潜在客户，让他们进入目标市场范围之内，最终成为自己的用户。

目标市场的用户越多，产品成交的可能性就越大，成交金额就会越多，企业最终获得的利润也会越高。如何才能准确地抓到潜在客户，让其变为自己的用户呢？图 4-14 展示了"抓潜"过程中必须注意的三要素。

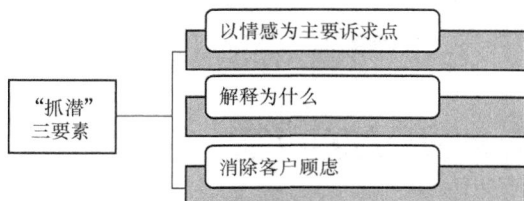

图 4-14　"抓潜"三要素

1．以情感为主要诉求点

前面提到情感营销可以增加成交率，也就是说情感营销同样可以增加用户量。情感诉求是人类不可或缺的社交需求，它能引起人们的共鸣，在销售过程中，情感能引导客户做出判断。当企业所营造的情感诉求与客户的内在感情相一致时，客户会对企业有初步的认识，为了进一步充实或者满足这种情感需求，客户会对企业从认识逐渐转入到认知的程度。现在很多商家都利用节日创造营销的氛围，比如在母亲节期间，许多电商利用"感恩"这一主题元素进行宣传，而这一点恰好契合了广大消费者的内心情感。因此，许多客户开始注意电商在母亲节期间的活动，并最终完成了购买行为。

2．解释为什么

大多数客户对于企业的营销呈现反感的态度，这是由于许多企业只重视销售的成交结果而忽略了客户的感受。这样直接的销售会让客户怀疑营销事件的真实性，而当企业进行解释的时候，客户则会倾向于选择相信。

3．消除客户顾虑

许多客户在不完全了解产品的时候会对产品的性能持有抗拒或顾虑的情绪。此时，企业应该主动询问客户的顾虑并为其问题进行简答。这样不仅可以消除客户的顾虑还可以增加客户的信任感，同时也使企业获得了来自客户的成交机会。

然而，对于企业来说，获得潜在客户只是销售过程中的第一步，如果想要获得成交，就必须将抓潜、成交与追销同时进行，最后实现产品的成交。整个销售成交的过程如图 4-15 所示。

如果企业想要实现大量成交，就必须将抓潜与各种销售方式组合起来共同作用于市场的销售过程中，缺乏任何一个环节都可能会影响销售的结果与成交的金额，所以企业营销人员必须熟练掌握锁销、增销、赠销、搭销等销售技巧。

图 4-15　销售成交过程

📶 第三节　打造移动互联网第一资产——"鱼塘数据库"

一、打造"鱼塘数据库"的策略

如果把企业比作"鱼塘"，把企业的潜在客户和现有用户比作"鱼"，那么，"鱼塘数据库"就是企业所拥有的客户资源，鱼塘数据库越丰富，说明企业拥有的数据资产越多，获得成交的可能性就越大。那么，如何打造庞大的数据库资产呢？图 4-16 展示了打造鱼塘数据库的 3 个策略。

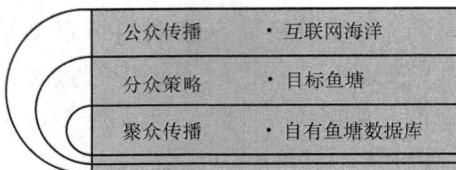

公众传播	· 互联网海洋
分众策略	· 目标鱼塘
聚众传播	· 自有鱼塘数据库

图 4-16　打造鱼塘数据库的策略

1. 公众传播

既然传播是指信息的传输与接收过程，那么，公众传播即是指公众对信息的传输与接收过程。企业通常利用的公众传播的分类如图 4-17 所示。

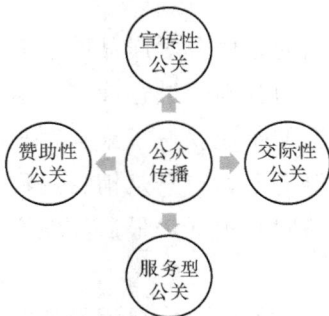

图 4-17　公共传播分类

宣传性公关是指利用电视、媒体网络向公众进行的宣传活动。交际性公关是指企业采用招待会、电话等形式对公众进行的信息传播的过程。服务性公关通过一系列优惠活动获得公众的认知与信任。赞助性公关通过对大型活动、赛事以及公益活动进行赞助，树立企业的形象，从而使公众了解企业文化以及企业产品。

2．分众策略

随着移动互联网的迅速发展，公众传播逐渐进入一种分众化、小众化的传播模式，受众根据自己的兴趣爱好聚集在一起。对于企业来说，这种小众化的聚集模式是发展目标群体的最好时机，企业通过寻找与自身品牌契合的分众，并进行网络传播，就获得了目标群体，扩大了自己的鱼塘数据。

3．聚众策略

聚众策略是指以自媒体系统为平台，将多种传播方式、传播渠道、传播类型、互动方式，通过信息和媒介的连接作用，将同质的受众从异质的大众之中凝聚出来，形成一个群体。聚众传播是网络信息发展的内在需求，其中"聚"不仅代表了媒介、信息以及传播方式的聚集，同样代表了具有共同爱好的分众的聚集。由具有特定爱好的分众聚集起来的受众对于企业来说就是最容易发展成为有成交行为的客户，也就是说，聚众意味着一种自有鱼塘数据库的增加。

二、企业抓取用户的方式

在企业进行数据资产积累的时候，经常出现将客户与用户混淆的情况，企业可能会认为客户与用户是一样的，对于企业的成交没有区别，但事实上并非如此。所以，在积累数据库资产之前，企业需要理解客户与用户之间的区别。

客户是为产品或服务买单的人，用户是使用产品或服务的人，他们和产品或服务发生直接的交互关系。很多企业在互联网上只关注客户而忽略了用户的培养，客户是用户的特殊子集，用户才是企业真正需要培养的"鱼塘数据"。

客户与用户最本质的区别就在于客户是一次交易，而用户是频繁交易，尤其是在互联网时代，企业最大的目标群体就是用户。用户不一定意味着免费，而是如何让一个人与企业发生联系，在互联网的现实产业链中，离用户越远，价值就会越小。既然用户作为互联网时代最重要的资源，获得用户资源就成为企业最重要的关注点。

获取用户的核心方法是与用户频繁发生联系与交易，利用高频次的交易打败低频次的交易。互联网企业相较于传统产业最大的优势在于，其将一次性的交易变成持久性的联系，让用户在不花钱的情况下也能想起该企业或产品，这就是互联网创造出的颠覆性改变。

企业要想获得精确的聚众数据资产，就必须先进行公众传播，通过大面积的信息撒网，捕获适合自己的分众群体，进一步筛选出属于自己数据资产的聚众。那么，在整个过程中，什么样的方式有助于企业精准地抓取用户呢？企业常用的几种抓取用户的方式如图 4-18 所示。

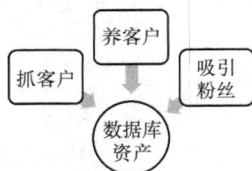

图 4-18　抓取用户方式

1．抓客户

与传统行业相比，互联网企业的多样性为企业获取用户提供了多种渠道，企业可以根据自身的产品特点寻找合适的客户抓潜系统。4 种主要的客户抓潜系统如图 4-19 所示。

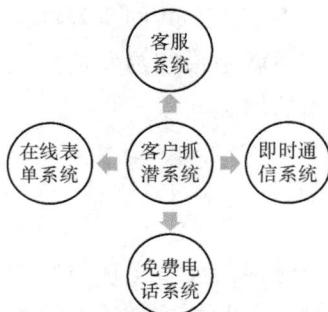

图 4-19　客户抓潜系统

（1）客服系统

客服系统是围绕服务展开的，其核心理念是获取客户满意度与忠诚度，然后通过所获得的满意度与忠诚度来促成客户与企业之间的交易，提高企业的成交量。现在，几乎所有的企业都有自身的客服系统，比如企业设置的企业 QQ，其作用就是专门为客户提供信息咨询与问题解答。除此之外，企业还可以利用由第三方开发的客服系统，如 53 客服、乐语等都可以作为企业抓取客户的渠道。

（2）即时通信系统

即时通信就是终端服务，它允许多人利用网络进行交流，这种交流可以以文字形式、语音形式或者视频形式进行。随着移动互联网的快速发展，即时通信工具也发生了新的变化，如图 4-20 所示。

①　由 PC 即时通信转向移动客户端

随着移动互联网的发展以及智能手机的普及，许多即时通信工具都出现了客户端。移动客户端的即时通信系统相较于传统的 PC 即时通信工具更加方便快捷，可以使用户随时随地进行沟通交流，微信就是在移动互联网的作用下产生的典型的移动即时通信系统。

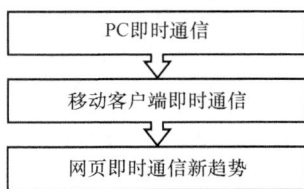

图 4-20 即时工具的变化趋势

② 网页即时通信新趋势

网页即时通信包括论坛、社区以及电子商务等领域。这些网页通信工具允许用户进行自由的交流、分享甚至是交易，其优势是平台上的用户都是根据自己的兴趣爱好而形成的聚众群体，群体特征比较明显。对于企业来说，可以根据具体的特征选择相应的社群团体进行客户的抓取。

（3）免费电话系统

企业会通过申请开通免费电话，方便客户进行咨询，常见的几种免费电话有400、800 等。目前除了传统的免费电话，还出现了免费的网络电话。网络电话指通过电脑客户端或者手机移动端网络进行的电话拨打。

（4）在线表单系统

在线表单是使用用户可以通过浏览器向服务器端提交信息的功能，常见的用户注册、在线调查等都是在线表单的具体应用形式。在线表单的表达原理与邮件类似，但是在线表单不需要客户利用自己的邮箱发送信息，而是直接在网页上填写相关信息后提交给企业，企业的客服人员会进行相应的整理。表单被提交也说明企业获得了目标客户的基本信息。

2. 养用户

养用户，顾名思义就是对用户进行管理，企业要利用各种媒介渠道维持用户关系，通过频繁的与用户互动，将用户培养成最终的自有数据。企业常用的与用户互动的媒介平台如图 4-21 所示。

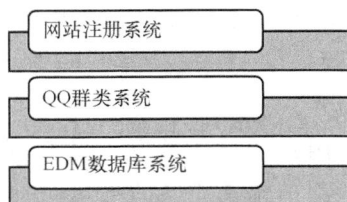

图 4-21 企业常用互动媒介平台

（1）网站注册系统

网站是企业必不可少的推广途径，企业可以将产品信息、相关活动等一切与企业有关的信息都添加到网站中，用户通过浏览网站获得相关的信息，企业也可以通过网站浏览量获得用户流量。如果企业想要获得更加精准的客户信息，可以在网站中设置注册系统，用户通过登录网站获得更多的便捷服务，同时企业也获取了用户的精准信息，为之后的宣传推广做了充足准备。所以，网站是真正收集用户数据的注册系统。

（2）QQ群类系统

QQ群类系统并不特指QQ群，而是指一切与QQ群类似的社交群，如YY群、旺旺社群等。这些社交群用户同样是因为相同的兴趣爱好聚集在一起，针对感兴趣的话题、事物等进行讨论分享。企业可以在社交群中进行信息的传播，社交群最大的优点就是如果企业传播的信息是符合某个特定社交群特征的，那么，企业获得的潜在用户就是整个社交群，而不是单个的用户。

（3）EDM数据库系统

EDM（E-mail Direct Marketing，电子邮件营销）数据库系统用来对电子邮件营销数据库进行关系管理。电子邮件营销具有如图4-22所示的特点。

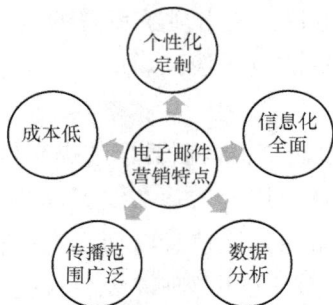

图4-22 电子邮件营销的特点

① 个性化定制

企业可以根据社群的特征进行有针对性的内容定制。这样做的目的是消除用户对于未知邮件的警惕心理，根据用户的需要提供有价值的信息，并加深用户的信任感。

② 信息全面化

电子邮件可以将企业所要表达的内容全部呈现出来，还可以嵌入图片、音频、视频等，以帮助用户全面了解信息。

③ 数据分析

企业可以根据发出邮件被用户浏览的状况，如打开邮件的次数、点击数，进行数据的统计分析，以此更加准确地筛选出符合企业的目标客户，并进一步对其展开有针对性的宣传。

④ 传播范围广泛

其实不管是电子邮件还是其他基于互联网的传播渠道，其传播的范围都跨域了时间与空间的限制，可以帮助企业更好地抓取用户。

⑤ 成本低

电子邮件的传播成本非常低，除了基本的网络费用之外不再需要其他的宣传费用支出。

3．吸引粉丝

粉丝是指企业通过优秀的产品和服务，或者是利用企业的知名度来吸引的大量的忠实爱好者。粉丝是企业中稳定的数据资产，而且粉丝的自传播同样可以为企业起到宣传推广的作用，为企业吸引大批潜在用户。微博、微信以及贴吧是目前网络社交平台中粉丝最多、传播最广、影响最大的粉丝营销平台，下面我们对三大粉丝平台的优劣势进行分析对比，从而了解粉丝对于企业的重要性，如表 4-2 所示。

表 4-2　微博、微信、贴吧三大粉丝平台对比

	微博	微信	贴吧
优势	具有较大的引爆能力	申请公众号的限制低	基于搜索引擎，易被发现
	开放式的信息架构	内容送达率高	
	粉丝活跃度高	营销功能丰富	社群特征明显
		利于移动端	
劣势	重媒体弱社交	粉丝之间难以互动	内容的管理要求高
	内容低质化	对营销内容把关严格	

微博是较早被用于进行粉丝营销的社交平台，微博的评论、转发、点赞以及分享等功能不仅提高了粉丝的活跃度，而且有利于企业进行病毒式的信息传播。但是，由于微博"重媒体弱社交"的特点，很多用户只是将微博视为获取信息的通道，导致微博的内容质量偏低，使粉丝对于该产品的忠实度下降。

微信公众平台是企业主要的营销渠道，企业通过推送公众号文章来吸引粉丝关注，进而将粉丝转化为自身的目标用户。微信公众平台本身就是基于移动端设计的社交媒体软件，所以最大优势就是可以使用户随时随地看到，而且内容的排版格式均可在移动端进行设计，如可以添加 H5 页面，内容的送达率也相对较高。但是，微信公众平台只支持企业与粉丝的互动，而不支持粉丝之间的互动，而且微信对于平台所推送的内容审核比较严格。所以，企业在进行内容推送的时候需要注意所推送的内容是否符合要求。

贴吧最大的特点就是其兴趣分类，粉丝都是通过兴趣相结合形成社群，不同的吧类代表不同的兴趣点，企业可以快速找到符合自己产品特征的吧群并与之建立联系。贴吧透明的交互方式有助于企业扩大粉丝效应以及建立粉丝社群经济。

综上所述，粉丝就是"鱼群"，是企业的数据库资产，吸引粉丝的过程就如同"潜水艇计划"，如果想要获得大量的粉丝，就必须潜入水底了解情况，分析鱼群的心态，然后通过逐渐引导并与鱼群建立信任关系，最终将其捕入自己的鱼塘。

本章总结

本章从品牌营销的本质入手，阐述到销售成交的技巧，并讨论了成功打造数据库资产的方法。对本章主要内容的梳理和总结如图 4-23 所示。

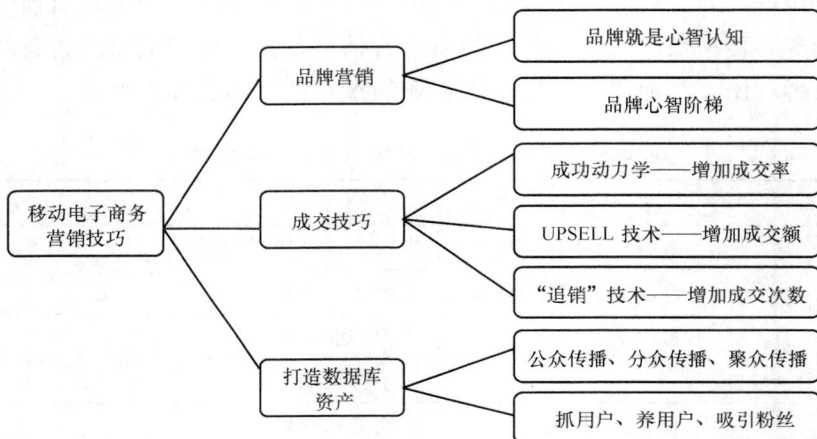

图 4-23　本章内容结构图

实操训练

一、单选题

（1）下列选项中（　　）是以定位跟踪型为主的移动商务。

  A．安防跟踪   B．移动商宝

  C．名酒鉴别   D．手机文学

（2）下列属于品牌营销中整合营销策略的是（　　）。

  A．形象定位   B．品牌传播

  C．活动策划   D．传播效果组合

（3）成交动力学的主要作用是（　　）。

  A．增加成交额   B．增加成交对象

  C．增加成交率   D．增加成交次数

二、多选题

（1）关于品牌推广的表述（　　　）。

    A．品牌是一种无形资产

    B．竞争不在市场上，而在消费者的心智中

    C．品牌的定位就是心智资源的定位

    D．品牌的竞争就是心智资源的竞争

（2）下列属于品牌营销维度的是（　　　）。

    A．知名度   B．美誉度

    C．认知度   D．忠诚度

（3）影响成交的因素包括（　　　）。

    A．顾客对产品的认识   B．顾客自身的购买能力

    C．产品性能   D．顾客的情感因素

三、判断题

（1）品牌认知就是心智认知。   （　　　）

（2）公众策略是打造"鱼塘数据库"的有效策略之一。   （　　　）

（3）品牌是指区别于其他公司的名称。   （　　　）

四、综合分析题

王老吉作为我国凉茶领导品牌之一，其"怕上火，就喝王老吉"的广告宣传语已经深入消费者内心。试从品牌定位的角度分析王老吉的成功原因。

第五章

移动电子商务的营销产品和价格策略

📖 **学习目标及重点、难点**

学习目标:

了解什么是产品经理以及移动电商的产品策略和价格策略;熟悉产品经理从商业框架层、营销企划层、产品层直到推广层的整个流程知识;掌握电子商务的产品组合策略以及价格组合策略。

学习重点:

掌握产品和商品策略、电商产品的定价构成、价格技巧及价格组合战略。

学习难点:

了解网络经销商控制、如何打造"款"的组合、SKU 的具体表现,掌握"271"价格组合战略及客户单价的提升技巧。

🔍 **【案例导入】**

2010 年 3 月 9 日,全球领先的电子商务服务提供商阿里巴巴宣布 1688.com 正式上线,正式整合原阿里巴巴中国站,战略升级为全新的"1688 平台",剑指全球规模最大的网上采购批发市场。之前的阿里巴巴一直致力于为阿里巴巴批发平台引入更多的优质供应商,而 1688.com 的推出标志着阿里巴巴从引入优质供应商到引入更多优质买家的战略转变,为卖家找买家,这是注重顾客需求的体现。

思考题:

阿里巴巴为什么要推出 1688.com?这种战略升级属于哪种战略发展方法?

第一节　产品经理必须知道的营销战略

一个产品从设计生产到最后的营销，整个过程涉及许多环节，如产品上线的商业计划、产品上线的模式、上线过程后的运作，以及参与的岗位人员等。本节将首先从产品上线过程中涉及的相关概念进行讲解。

一、商业计划的定义与特点

1．商业计划的定义及构成

商业计划是指在战略导向下，通过确定的商业模式实现的阶段性战略目标的计划和一切行动方案。商业计划是为了获得各方的支持而做出的，能够明确表述企业有能力提供一定数量的产品或服务，并且能够获得利润，而且可以为企业未来的经营管理提供必要的分析基础和衡量标准。企业制定商业计划必须考虑的因素如图5-1所示。

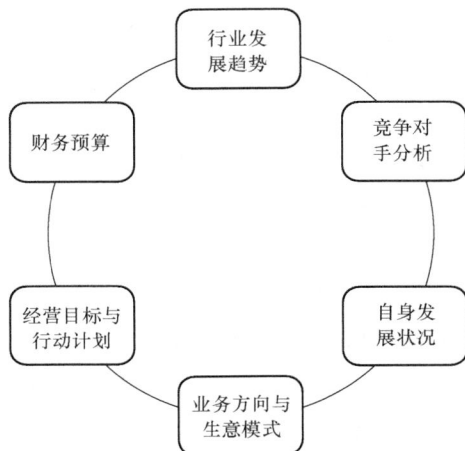

图 5-1　商业计划的构成因素

（1）行业发展趋势

对于行业发展趋势，要根据产品的品类对该产品所在的行业市场进行分析，结合互联网对传统行业的影响，确定产品在该行业所处的位置，以及确定互联网能为该产品带来的营销优势。

（2）竞争对手分析

竞争对手分析主要是分析竞争者相对于企业的竞争能力以及竞争策略。竞争对手一般包括如图5-2所示的两类竞争者。

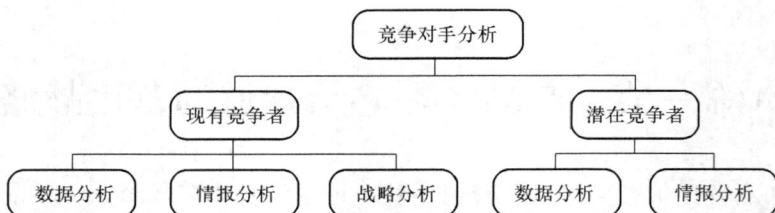

图 5-2　竞争对手分析

现有竞争者指的是市场中已经存在的竞争者,这类型竞争者的产品通常已经上线,甚至已经拥有一定的市场基础。企业在分析现有竞争者的时候,必须分析竞争者产品的上线时间、目标人群、近几年的销量情况和为了宣传产品所做的有关活动等与产品相关的销售数据以及情报。

潜在竞争者指未来可能对企业造成威胁,但目前并没有相关产品与之争夺市场资源的竞争者。相较于现有竞争者,企业可以通过时刻关注潜在竞争者的市场动向来避免产品的市场竞争情况。

① 数据分析

收集竞争对手产品市场数据,如销售量、活动次数等,并进行整理分析。根据"5W+1H"原则分析数据,从而判断出竞争者的产品在哪一段时间、以何种方式取得了怎样的结果,进而制定出相应的应对策略。

② 情报分析

竞争对手情报分析的对象包括企业的内部宣传手册、已发表的行业报告、广告、销售报表等一系列与竞争者相关的文件材料,从中总结出对手的发展模式,这有利于企业制定相应的应对策略。

③ 战略分析

战略分析一般包括生产战略和营销战略两方面的分析内容。生产战略分析的对象是竞争者在生产产品时的硬件设施、人员配比以及人员薪酬等内容。而营销战略分析的对象是竞争者在营销推广方面使用的营销手段以及取得的营销效果,如分析竞争者是采用传统的营销方法作为主要的营销手段还是利用互联网,或者使用了其他的创新型营销战略。

分析竞争者的营销战略可以帮助企业决定同类型产品利用哪种营销手段更易赢得市场消费者的关注度。但是,在营销过程中不能完全采取竞争对手的成功策略,企业要结合自身的产品特点以及行业趋势策划属于自己的营销战略,这样才能在多方面战胜竞争对手,取得市场占有率。

（3）自身发展状况

企业在分析竞争对手的优劣势后,需要对自身的情况进行客观分析。具体方法是利用 SWOT 分析企业相较于竞争对手存在哪些优势和劣势,并根据行业的发展情况分

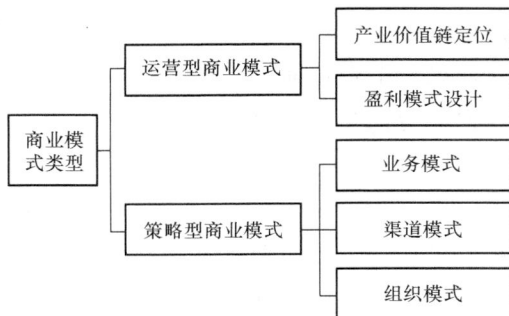

图 5-5　商业模式的类型

产业价值链定位是指明确了企业处于什么样的产业链条中以及在整个产业链条中处于何种地位。通常企业会通过自身的发展状况以及发展战略进行价值定位。盈利模式设计主要包括收入来源与收入分配两方面内容，企业通过什么样的方式获得收入，获得收入的方式有哪几种，企业是以什么样的比例在产业价值链上对收入进行分配等都属于盈利模式的设计内容。

② 策略型商业模式

策略型商业模式是对运营型商业模式的扩展与应用，它涉及企业运营的方方面面。从产品的生产到营销再到产品售后都与企业的策略型商业模式息息相关。策略型商业模式通常包括业务模式、渠道模式与组织模式。

业务模式关注企业可以向顾客提供什么样的价值，能够让顾客获得什么样的利益；渠道模式关注企业通过什么途径将这种价值与利益传递到顾客手中，让顾客熟知；而组织模式是指企业在将产品、品牌或者服务推向市场后，为了建立良好的企业形象或套牢顾客而建立的一系列管理控制模型，如客户服务系统。

（3）商业模式的八大原则

商业模式的类型并不是一成不变的，尤其是在互联网飞速发展的时代，一个新的商业模式出现就代表着一个新的商业机遇。但是，任何一个商业模式的发展都不是随机的，而是具有一定的原则与规律性。商业模式的核心原则就是指商业模式的内涵、特性，以及对商业模式定义的延展和丰富。商业模式的八大原则如图 5-6 所示。

图 5-6　商业模式的八大原则

① 客户价值最大化原则

一个企业能否持续盈利，与其能否最大化地满足客户价值有着必然联系。如果一个企业不能让客户的价值达到最大化，那么该企业盈利的可能性就会很小，即使盈利也只是暂时性的。相反，如果一个企业能够满足客户价值，该企业的盈利情况将是长期的、持续性的。也就是说，企业要将满足客户需求、创造客户最大化价值作为发展的长期战略目标。

② 持续盈利原则

企业能否盈利是判断一个企业是否成功的唯一外在标准。因此，盈利是企业发展的重要目的，并且此处的盈利是指一种长期的、持续的盈利状态，而不是指获得暂时性的利润。

③ 资源整合原则

资源整合就是优化资源配置。从战略思维的角度分析，资源整合是一种系统化的思维方式，是将企业之间彼此相关又彼此分离的职能以及企业内部具有共同使命又各自拥有独立经济的合作伙伴整合起来，创造的一种共同的客户服务系统，是使客户价值最大化的效果达到最佳的方式。

从战术选择的角度分析，资源整合是企业资源优化的决策。企业结合自身的发展战略与市场需求对资源进行重新调配，提高企业的核心竞争力，并通过这种资源的重新优化配置寻找到与客户的最佳契合点，通过企业组织模式和管理机构来满足客户需求并创造最大化的客户价值。

④ 创新性原则

"在企业的经营过程中，商业模式比技术更重要，因为商业模式是企业的立足点。"这是某知名企业的首席执行官对企业商业模式的总结。一个成功的商业模式不一定是对技术的改造，更重要的是对企业经营环节的创新，如研发过程的创新、市场营销模式的创新等。企业经营的每一个环节都可以进行创新，而每一种成功的创新都意味着一种新型商业模式的建立。

⑤ 融资有效性原则

资金对于企业的发展具有决定性意义，尤其是对于创业型企业以及中小企业来说，资金是否充足决定着企业能否长期存在并发展。融资就是企业为了缓解资金压力而采取的一种筹集资金的行为。当企业的资金得到保证的时候，企业就会持续地运营下去。因此，融资也是商业模式设计中不可缺少的一环。

⑥ 组织管理高效原则

高效率是每个企业追求的目标，根据经济学的原理，高效率决定着企业的盈利状况。如果一个企业想要高效率地运行，必须满足如图 5-7 所示的 3 个条件。

- 明确的发展价值观：企业的发展价值观是指企业自身的发展愿景，以及为实现该愿景所制定的一系列战略决策。系统的价值观是一个企业生存发展的动力，也是企业员工为企业创造价值的动力。明确的发展价值观是企业对自身发展的明确定位，是一种企业未来发展方向的体现。只有方向明确，企业才能持续发展。

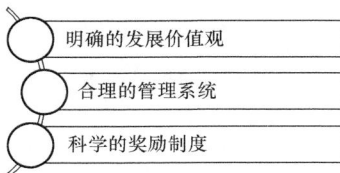

图 5-7　企业高效运行的条件

- 合理的管理系统：企业的组织管理系统对企业的发展起到协调、组织、规划以及约束的作用，使企业能够有条不紊地持续发展。合理的管理系统不仅能够为企业的合理决策起到推动作用，而且能够间接提高企业的工作效率。

- 科学的奖励制度：企业设立奖励制度的目的是让员工一起分享企业的成长和成功。员工是推动企业有效运行的重要元素，让员工感受到被关怀、被重视，员工才会为企业创造更大的价值。

2．管理模式

（1）企业的常见管理模式

模式通常是指某种事物的结构特征和存在形式，管理就是一种企业的发展模式。管理模式就是企业管理所采用的基本思想与方式，是指一种成型的、系统的管理方法。通过这种管理模式，企业可以用来发现并解决企业经营中的问题，并且随着这套管理模式的改进与发展，企业可以不断完善管理手段，最终实现经济目标。常见的 6 种企业管理模式如图 5-8 所示。

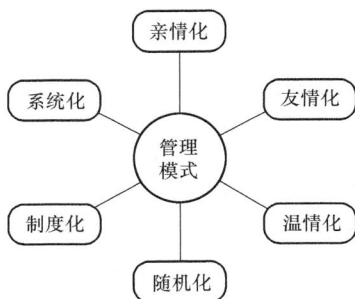

图 5-8　企业的常见管理模式

① 亲情化管理模式

亲情化管理主要是利用家族血缘关系的内向聚合力，尤其是对于处于创业初期的企业，家族的聚合力对企业发展起到的促进作用或者正面影响非常大。但是，在企业渡过创业初期瓶颈，逐步发展成为大企业之后，这种亲情的聚合力作用就会减弱，甚至会对企业的发展起到负面作用。因此，亲情化的管理模式只适用于创业初期的企业。

② 友情化管理模式

友情化管理模式类似于亲情化管理模式，也是依靠强大的内向聚合力，同样只适用于企业的创业初期。对于很多创业初期的企业来说，亲情化和友情化管理模式是同时发挥作用的。只要企业规模成型、发展稳定，管理模式即会继续转化以便适应发展壮大的企业。

③ 温情化管理模式

温情化管理模式强调管理应该尽量调动人性的内在作用。例如，企业在管理的过程中可以通过展现人情味的一面，利用情感因素激发员工的积极作用，使员工努力工作为企业创造价值。值得注意的是，人情味并不等于良心或者感情，过分的强调人情味并不利于企业的发展，有时候甚至会起到反作用。

④ 随机化管理模式

随机化管理模式存在很大的非理性因素，很多不成熟的企业通常采取随机化管理模式作为企业的主要管理方针政策。由于企业没有形成系统的发展模式，很多企业的管理者会根据眼前利益随意调整管理模式，这对企业的长远发展以及员工的工作效率都会产生严重的影响，甚至可能会导致企业破产。

⑤ 制度化管理模式

制度化管理模式就是企业按照已经被确定的规章制度进行管理，其中的规章制度指被企业中大多数人认可的管理制度。由于制度化的管理模式在很多情况下被贴上"残酷"的标签，因此，管理者在管理过程中可以适度地结合亲情、友情、温情甚至是随机化管理模式的优点进行综合管理。这样既能缓解管理制度的残酷性，又能增加员工工作的热情。例如，在互联网时代，管理者通过网络与员工进行互动就可以中和制度的严肃性。

⑥ 系统化管理模式

系统化管理是通过完成企业组织机构战略愿景、工作责任分工、薪酬设计、绩效管理、招聘、全员培训以及员工生涯规划等系统而得以建立。这些系统的建立为企业管理系统打造一个完整的模板，这样可以提高企业效率，利于企业发展。

虽然六大管理模式都有各自的特点，但是随着社会科技的进步、互联网以及移动互联网的发展，管理模式的弹性越来越大。因此，合理的管理模式应该是以制度化管理模式为基础，根据管理中的实际情况适当吸收其他管理模式的优点，以进行综合性管理。

除了常见的六大企业管理模式之外，管理模式还可以分为四大类型，即传统模式、人际关系模式、系统模式以及现代人本主义模式。上面提到的6种企业模式都属于这四大管理模式类型。

传统模式侧重于组织内管理制度或者管理技术的提高与完善，以及组织内部正式或者非正式的团队建设，其对员工采取公平对待的原则，以此提高企业的工作效率。人际关系模式是指将不同的人力资源与物质资源组合起来，用来减少资源聚集过程中的交易成本。系统模式注重组织的整体性与目标性，强调人与人之间、人与部门之间以及部门与部门之间的协调合作。而现代人本主义强调以人为本，注重个体在组织中的重要作用，对员工实行民主的、开放式的管理。

（2）影响管理模式的因素

通过前面对管理模式的分析，我们不难发现，管理模式是确保一个企业正常、有秩序的运营必须具备的一种制度。一种合理的管理模式能够为企业高效地带来利益，但是，在制定管理模式过程中有些固定因素是企业必须考虑的，如图5-9所示。

图 5-9　影响管理模式的因素

① 企业管理的内容和范畴

企业管理的内容和范畴比较广泛，会涉及生产力、生产关系以及上层建筑三方面的内容。对于企业来讲，生产力就是指企业产品生产中的技术问题，生产关系通常是指经济关系以及产品的分配关系，而上层建筑指企业的文化以及管理制度等方面的内容。

② 文化基础

企业的管理制度与其所处的文化背景密不可分。社会文化环境是企业赖以生存的土壤，企业的一切管理制度都要以这个大环境为前提，有什么样的社会文化背景，就会产生什么样的管理制度,符合这个大环境的管理制度更容易为企业带来高效的成果。另一方面，企业可以找到社会文化环境中与自身特点相符合特征，通过这些特征建立管理模式，这样就可以创造出既满足社会文化的大环境，又符合企业特点的管理模式。

③ 国情基础

社会环境、文化资源、思想方式等影响着一个国家的发展情况，反之国情的发展变化也推动着这些因素的发展。因此，企业的管理制度也与国家国情的发展状况密不可分。

④ 先进性和前瞻性

企业的管理模式既要结合当下的发展情况，以现有生产条件为基础，又要注重观察未来的发展趋势，对管理模式进行创新。这样才能适应快速发展的互联网时代，建立完善的管理模式。

三、"红海"战略与"蓝海"战略

红海战略与蓝海战略的概念最早出现于《蓝海战略》一书中。红海战略指在现有的市场空间中降价竞争，通过增加销售成本或者降低利润来争取效益。而蓝海战略是指发展新的市场需求，开创无人争抢的市场空间，通过提供价值获得新的市场并使该市场生存下来。简单地讲，红海战略就是研究竞争的营销思想，蓝海战略则重在创新。红海战略与蓝海战略的区别对比如表5-1所示。

表 5-1　红海战略与蓝海战略

红海战略	蓝海战略
在现有市场竞争	开创无人竞争的市场
打败竞争对手	避开竞争对手
开发现有需求	发掘新需求
在价值与成本之间权衡取舍	打破价值与成本之间的权衡取舍
按差异化与低成本的战略选择协调公司的全套系统	为同时追求差异化与低成本的战略协调公司的全套系统

由表 5-1 我们可以发现，红海中的产业市场界定已被人们熟知，即企业通过击败对手来获得更大的利润。但是随着市场份额的减小，利润的增长越来越缓慢，这时候企业就开始由红海向蓝海转变，通过探索新的领域，开创新的市场需求，来获得更大的利润。蓝海战略的六大原则如图 5-10 所示。企业应通过把握蓝海战略的六大原则，开创合适的市场空间。

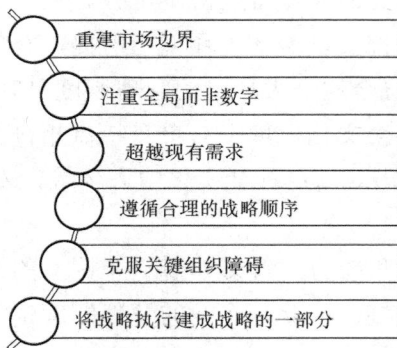

图 5-10　蓝海战略六大原则

1. 重建市场边界

重建市场边界一般包括 6 条路径，企业通过这 6 条路径重新构建一个新的市场空间。这样，就避免了企业在饱和的市场中激烈争夺有限市场，即从红海向蓝海的转变。

红海战略与蓝海战略在市场选择中的差异性对比如表 5-2 所示。

表 5-2 红海战略与蓝海战略在市场选择中的差异性

6 条途径	红海战略	蓝海战略
跨越"他择产业"看市场	在既定市场谋取最大利润	除了同类市场竞争,还要与替代品或服务产业竞争
跨越产业内不同的战略集团看市场	被现有战略集团概念束缚	突破束缚,寻找真正决定顾客选择的因素
重新界定产业的买方群体	只关注单一买方	购买者、使用者和施加影响者
跨越互补性产业看市场	雷同方式为产品或服务界定	从顾客购买及使用产品之前、之中、之后的整个过程中发掘顾客的更多需求
跨越针对卖方的产业功能与情感导向	功能与情感因素被固化	跳出情感因素去发现更多功能需求
跨越时间参与塑造外部潮流	关注现阶段的竞争情况	从市场、技术及政策方面预测未来发展方向

跨越他择产业中的"他择产业"指能满足客户需求的不同功能和形式的产业形式。由表 5-2 我们可以发现,蓝海与红海最大的区别就在于,红海是针对现有市场资源的竞争,而蓝海是发现更多的市场可能性。也就是说,在市场资源趋于饱和的状态下,企业想要获得更大的利润,就必须进行创新,即由红海向蓝海转变。

2.注重全局而非数字

蓝海的注重全局就是要求企业对市场具有敏锐的洞察力,通过观察市场将战略定位以视觉的形式表达出来,即绘制战略布局图。视觉影响着人们对事物的判断,尤其是在互联网时代,视觉填补了人们碎片化的时间和需求。视觉形式的表达有助于引导企业的创新,使企业将视线转入蓝海战略。企业采用的战略视觉表达策略如表 5-3 所示。

表 5-3 企业采用的战略视觉表达策略

视觉唤醒	视觉探索	视觉战略	视觉沟通
绘制现有战略图并与竞争对手进行对比	实地探索	绘制新的战略布局	将新的战略布局公开并实行
寻找战略改变点	观察他择品和服务的优势	收集顾客反馈并修改	
	寻找需要剔除、改变的元素		

注重全局、洞察市场以及绘制新的战略布局最大的目的就在于降低企业的计划风险。例如,实地观察、听取顾客反馈意见等对于企业发现新的市场空间提供了更充足的条件,避免了企业因盲目开拓市场而造成利益亏损。

3．超越现有需求

企业在将产品推向市场之前，会锁定自己的目标消费群体，针对目标群体的特征实施相应的营销策略。但是，对于饱和的市场来说，想要发现更多的市场可能性，就必须了解非目标消费者群体的需求，企业才能找到更多新的市场机遇。

4．遵循合理的战略顺序

遵循合理的战略顺序，建立强劲的商业模式，让蓝海创意变为可执行的战略目标，进而引导企业获得利润。这样的方式有助于企业降低商业模式的风险。

5．克服关键组织障碍

蓝海战略是创新性战略，因此执行过程相对困难。对于现状的认知障碍、有限资源的障碍、员工执行的动力元素以及强大的组织政治障碍，这些都是影响企业蓝海战略有效执行的因素。企业只有克服这些障碍因素，才能确保蓝海战略的顺利执行。

6．将战略执行建成战略的一部分

每个战略的执行都必须借助大量人力，对于企业来说同样如此。员工作为企业实行蓝海战略的行动基础，其态度和行为是决定实行过程是否顺利的重要因素。因此，企业必须利用合理的管理模式激发员工的工作热情、调动员工的积极性，这样才能真正意义上将战略执行转变成战略的一部分。

蓝海战略的前4项，即重建市场边界、注重全局而非数字、超越现有需求以及遵循合理的战略顺序属于制定战略原则，克服关键组织障碍和将战略执行建成战略的一部分属于执行战略原则。蓝海战略为了创造新的价值曲线，打破差异化与低成本之间的关系，这其实就是一个增加、减少、剔除以及创新的过程。蓝海战略实施的四步骤如图5-11所示。

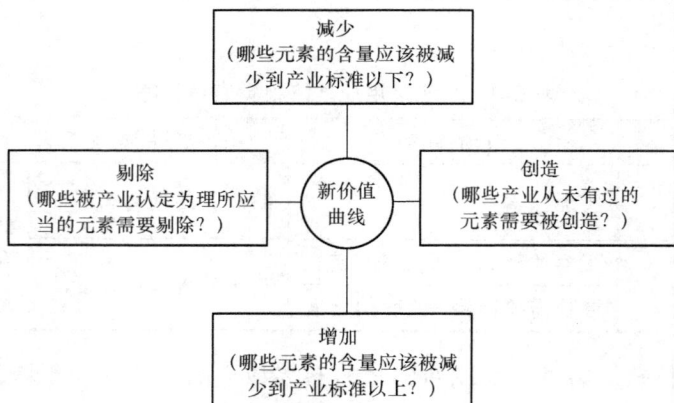

图 5-11　蓝海战略实施的四步骤

在蓝海战略中，为了新价值曲线的创造，增加、减少、剔除以及创新四步骤对于现有企业的战略逻辑以及商业模式是一种颠覆性的挑战。因此，对于企业来说，在制定到实行蓝海战略的过程中，必须对这四部分内容进行合理全面的分析，最终创造新的价值曲线。

四、面向竞争的市场战略

随着互联网与移动互联网的不断升级和发展，人类创造新产品、新品类以及新行业的速度越来越快，这意味着市场竞争越来越激烈。竞争作为一种经济关系，既具有竞争性，又具有相互性与依赖性。企业之间的竞争总是伴随着既相互排斥又相互联系与促进的关系。但是，当其中一方占有压倒性优势的时候，这种联系便不复存在，另一方就面临着竞争失败的风险。在一个成熟的市场中，一个企业的成功竞争通常要遵循如图 5-12 所示的 3 种战略。

图 5-12　市场竞争战略

1．成本领先战略

成本领先战略是指企业通过降低自己的生产和经营成本，以低于竞争对手的产品价格获得市场占有率，并获得高于行业平均水平的利润。但是，降低成本并不意味着价格最低，在企业的价格最低，而成本不是最低的情况下，很容易进入价格战，企业将面临亏损的风险。根据企业获得成本优势方式的不同，将企业成本领先战略分为简化产品型、改进设计型、材料节约型、人工费用降低型以及生产创新和自动化型成本策略。企业可以根据自身的特点选择适合自己的成本领先策略。

成本领先战略在不同的企业以及同类企业的不同发展阶段，所追求和所能达到的目标是不同的。由于目标的多层次性，企业可以根据自身的发展情况循序渐进，最终实现最高层次的目标。成本领先战略目标层次包括如图 5-13 所示 4 种层次类型。

（1）最低要求是降低成本

在影响利润的其他因素不变的情况下，降低成本是最快捷也是最有效的策略。但是，成本是经济活动的制约因素，降低成本就意味着企业中的每一个产品的成本都会受到限制。因此，为了打破这种限制，企业必须在既定的经济环境、技术基础以及质量要求下，减少企业的内部损耗。通过提高劳动效率来降低成本，这也是企业实现成本领先战略的最低要求与基本条件。

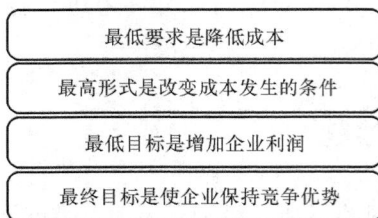

图 5-13　成本领先战略目标的 4 种层次类型

（2）最高形式是改变成本发生的基础条件

成本发生的基础条件是指企业可利用的经济资源性质及其相互之间的关系，如劳动资料的技术性能、劳动者素质、企业文化管理制度等各个方面。在既定条件下，生产单位产品的劳动消耗与物料消耗有一个最低标准，当超过这个标准的时候，企业只有通过改变成本发生条件来降低成本，如采用新设备、改进原材料等。

（3）最低目标是增加企业利润

在其他条件不变的情况下，降低成本是实现特定经济目标的最佳方式。但是，成本的变动与价格、销售等各个方面都有联系，如果变动太大容易造成利润下降。因此，企业进行成本调整的前提必须是保证企业能够获得利润，应在这一基础上对成本进行调整。

（4）最终目标是使企业保持竞争优势

成本领先战略是企业在保持市场竞争战略中的重要组成部分，通常与其他战略配合进行。因为战略选择与实施关系到企业的根本利益，所以降低成本必须不损害企业基本的战略选择并对企业的管理实施有促进作用，这样才能保持企业的持续竞争优势。

2．细分市场战略

细分市场战略是指将市场划分为多个小市场，可以按市场空间进行划分，也可以根据顾客属性进行划分。战略过程是从大量的营销阶段到产品差异化阶段再到目标营销阶段。细分市场最重要的两个作用就是集中有限资源以小胜大以及迅速准确地获得市场主动权。因为对于细分市场来说，受众需求是相似的，企业可以根据受众需求对应地进行产品营销，有针对性的营销对于企业获得有利的竞争市场有着重要作用。

3．新品类战略

新品类战略是指从消费者的认知出发，寻找品类分化机会，借助消费者心智运作规律获得心智资源，从而形成品牌。而新品类就是指为了增强企业竞争优势开发的一种创新品牌类别，也就是前面提到的蓝海战略。那么，如何才能开创合适的新品类，使企业获得新的市场机遇呢？图 5-14 展示了开创新品类的 4 条原则。

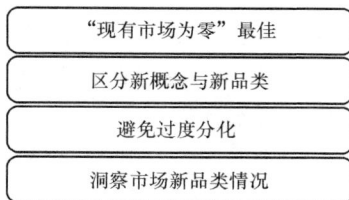

图 5-14　开创新品类的原则

（1）"现有市场为零"最佳

企业在推出一个新品牌之前，首先考虑的往往是目标市场的容量。但是，如果只在现有市场中寻求打造品牌的机会几乎是不可能的，因为现有市场的品牌已经被固定，消费者对于这些品牌都有了固化的认识，所以企业要想打造品牌就必须开拓新市场。例如，在没有可口可乐品牌之前，消费者没有对于可乐的概念，可是当可口可乐这个品牌出现之后，可乐成为了一种固有概念存在于消费者的认知体系中。也就是说，革命性越强的品类具有的潜力越大，拥有的现有市场就会越小，而创造新市场需求的可能性会越大。

（2）区分新概念与新品类

新品类的开创必须从消费者角度出发，符合消费者的心智认知。也就是说，企业在进行新品类开发之前，必须充分了解消费者的心智特征，这样开创的新品类才有占有市场的可能。但是，在众多企业中，真正意义上开创新品类的企业是很少的，大多是通过创意改变原有品类的某些特征，为品类添加一些创新元素，使之成为一个新概念。新概念品类仍然需要依附于现有市场，这与新品类有着本质的差别。所以，企业应该确定是开创新品类还是创造新概念。

（3）避免过度分化

品类的产生必然会导致市场分化，但是如果过度分化会导致新品类占据大量的成长时间，影响新品类的成功开拓。另一方面，过度的市场分化会让企业不能占据最具价值的市场空间，这同样影响新品类的成功开拓。

（4）洞察市场新品类情况

企业在推出一个新品类之前，必须对市场环境进行全面细致的分析。有时候，企业将某个看似很有市场潜力的新品类推出后就会发现，其很容易被老品牌的品类产品扼杀。因为，老品牌拥有一定知名度以及固定的消费圈，当企业进行新概念的创新时，老品类仍然拥有一定的市场。所以，是否清晰地洞察市场直接关系着企业能否获得利润。

五、产品经理必备的知识架构

产品经理是在企业中专门负责产品管理的职位，他们调查分析用户需求，根据需求决定开发何种产品、利用什么技术以及确定商业模式等，以此推动相应产品的组织开发。同时，产品经理还会根据产品的生命周期、研发、营销、运营等确定和组织产品战略的一系列管理活动。产品经理的工作内容总结如图 5-15 所示。

图 5-15　产品经理的工作内容

随着互联网的发展，产品经理的工作范围越来越广泛，相较于传统的产品经理职位要求，互联网的产品经理必须具备 4 项能力，如图 5-16 所示。

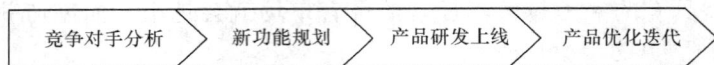

竞争对手分析　新功能规划　产品研发上线　产品优化迭代

图 5-16　产品经理必备技能

虽然传统产品经理的工作同样涉及竞争对手分析、新功能的规划、产品的研发上线以及产品的优化迭代。但是，在互联网企业，线上交易成为产品营销的关键一环，这就要求产品经理除了传统渠道之外，必须熟悉线上线下的产品运作模式。同时，互联网为产品经理收集资料、分析数据提供了快速便捷的通道，所以对于互联网产品经理的要求更高。

综上所述，产品经理应该了解从商业架构层、营销企划层、产品层、促销层到执行环节、管理环节的整个上下链条，并最终用产品驱动企业前进，为企业赢得未来市场。

第二节　移动电子商务时代的产品策略

前面提到过，产品是指满足人们需求的一切有形或无形的事物。产品主要包括核心、形式、期望、附加以及潜在 5 种类型。产品策略是指企业在制定经营战略时，首先应明确企业能为消费者提供什么样的产品以及服务，能满足消费者的什么需求。下面，我们将从产品策略的相关概念、特点等多个方面对其进行详细阐述。

一、电子商务产品策略概述

电子商务的出现将产品划分为线上产品以及线下产品。网络不同于传统线下市场，有其自身的特性，那么，什么样的产品适合作为线上产品呢？图 5-17 展示了适用于网络营销的产品特性。

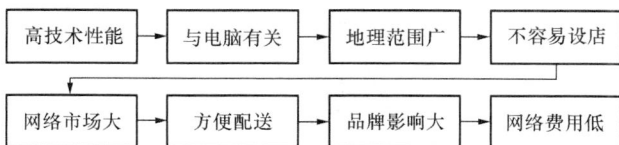

图 5-17　网络营销产品特性

企业如果选择网络作为销售渠道，首先需要考虑产品的自身特性，然后将其与网络特性相结合，筛选出适合进行电子商务营销的产品特性。企业一般会选择网络营销费用低于传统市场营销费用的产品，这样可以通过减少宣传成本获得高利润。企业在网络营销中必须考虑产品的配送问题，如营销区域是否便于配送等问题。还有一些不太容易设店的产品或者传统市场不太愿意经营的小商品均可以通过网络进行销售。

选择好产品之后，就可以对产品进行网上营销了。电子商务渠道为产品的销售提供了专供款以及活动专供款、流量款、利润款、价格领袖款等帮助产品营销的方式。因此，在电子商务时代，组合好产品的结构有助于产品被消费者点击，网站的流量增多有助于企业产品的销售，从而增加企业的利润。例如，网店做好商品展示、拍摄有视觉吸引力的照片以及对宝贝详情页的设计都可以成为增加流量的方法。

移动互联网的发展使移动电子商务实现了商业订单流程的简化，从之前的多步付费变成现在的一键付费，顾客只要安装客户端就能实现快速付费，而且顾客可以随时查到所购产品的物流情况。移动电子商务提高了用户对产品的筛选效率，使用户更加快捷地查找到所需要购买的产品的信息，为顾客节省了时间。由此可见，移动电子商务实现了物流、资金流以及信息流三者之间的整合。

二、电子商务的产品规划及控制

产品规划是产品经理职责中的一项，它是指产品经理通过调查研究，了解了市场、用户需求、竞争对手、技术能力以及存在的风险之后，结合企业自身的发展情况，制定出符合企业和产品定位的规划。在制定好产品规划策略后，就可以将产品的设计融合在产品规划中。产品设计以用户为中心，包括如图 5-18 所示的 4 个步骤。

1. 识别需求的有效性

需求的有效性指产品的"有用性"，即产品规划设计应有着明确的功能设计，能够满足消费者对产品的基本需求。

2．重塑需求

重塑需求的目的在于保障产品功能是"可用"的，它是产品的一个审核标准。

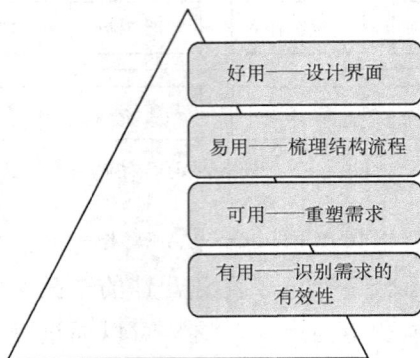

图 5-18　产品设计的步骤

3．梳理结构流程

在满足了产品"有用"并且"可用"的基础上，产品规划设计就应该充分考虑用户的使用习惯和使用场景。换句话说，"易用"就体现在产品给用户带来的体验。好的产品设计一定要为用户带来良好的用户体验，这样才能打开产品的市场。

4．设计界面

前三个条件都满足之后，产品规划的设计在此基础上进一步追求视觉感受，用视觉吸引用户的注意力，刺激用户的感官，激发用户的潜意识操作行为。

产品控制的目的在于为顾客提供符合质量要求的产品。电子商务产品控制主要体现在对网络经销商的控制上。如图 5-19 所示是网络经销商控制的主要内容。

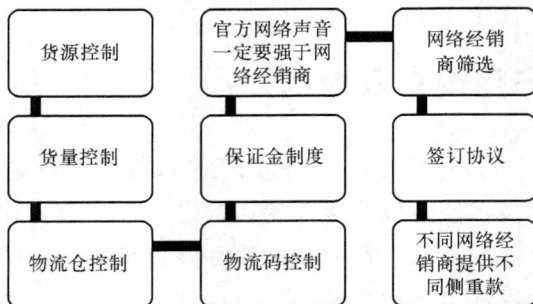

图 5-19　网络经销商控制

货源与货量控制是指应保证企业有足够的供货量，同时又不会使货物出现严重积压的情况。这就要求企业要时刻关注网上的流量与交易量情况，及时对货物进行调整。物流仓控制与物流码控制是指企业必须确保产品配送过程中的安全性。保证金制度可以树立企业在消费者心中的正面形象,如果是全额担保还可以起到区分竞争者的作用。最后,应对网络经销商进行适当的筛选。

三、SKU——电子商务时代的产品概念

SKU 原是指库存量单位,即库存进出的计量单位,可以以件或盒等为计量单位,是大型超市配送中心的一种物流管理方法,现在它已经衍生为产品统一编号的简称,每个产品对应一个 SKU 号。这样做便于电商品牌识别商品,同款商品可以有多个 SKU。例如,同款衣服有红色、白色、黑色等多种颜色,那么为了区别同款衣服的不同颜色,将每个颜色对应一个 SKU,这样就避免了货物混淆的情况。

单品属于特殊的一种 SKU 款。一种商品,当其品牌、型号、配置、等级、花色、包装容量、单位、生产日期、保质期、用途、价格、产地等属性与其他商品不同时,就可以被称为一个单品。

在企业营销过程中,可以利用 SKU 管理策略对产品的营销进行管理。SKU 管理的根本是建立一个完整的数据库,包括分城市、分渠道、分区域、分品类等各种条件。在此基础上,可以得出平均单价、品类销售增长趋势预测等内容。

SKU 管理在企业的产品营销中起到了品类分类管理的作用。它帮助企业建立了完整的数据库,企业可以根据数据库分析结果,有针对性地进行营销策略规划,达到事半功倍的效果。

【案例 5-1】西式家用电器的 SKU 管理

某主营西式家用电器的品牌在进入中国市场后,终端零售市场销量一直比较低靡,虽然该品牌扩大了宣传力度,但是情况并未有所改善。之后,市场总监提出在公司内部实行 SKU 的管理办法。他将现有的产品以单品、型号、颜色等作为最小的单位进行品类分类管理。经过统计分析后发现,烧烤类可以作为营销亮点。同时,结合南北方饮食习惯的差异,进行差异化营销。通过这样的方式,该企业的销售情况得以好转。

四、电子商务的产品结构和 SKU 规划

产品结构是指企业生产的产品中各类产品的比例关系。影响产品结构的因素有很多,而且产品结构会随着这些影响因素的变化而变化。其中生产力状况以及科学技术水平是决定产品结构的主要因素,随着科学技术水平的不断提高,产品结构也会越来越多样化。除此之外,生产关系的性质、宗教信仰、自然环境以及风俗习惯都是制约产品结构的因素。因此,企业必须根据实际情况进行合理的产品品类生产。

SKU 规划是指商品的动态规划,目的是更好地参与市场竞争,获得市场占有率。

在 SKU 规划中，最常用的策略是假想敌策略。所谓假想敌策略就是为每个单品寻找一个竞争假想敌，根据假想敌可能做出的市场战略来策划相应的应对策略。其中值得注意的是，每个假想敌并不是固定和唯一的，而是根据单品营销的地位变化而变化的。SKU 规划中通常包括如图 5-20 所示的 4 个部分内容。

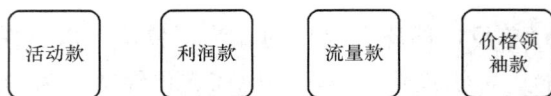

| 活动款 | 利润款 | 流量款 | 价格领袖款 |

图 5-20　SKU 规划

1．活动款

设置活动款的主要目的是利用低价引流，让大量的用户参与到企业的活动中，利用活动中的交易利润维持企业的生存。促销活动款、老顾客活动款以及 SNS 活动款都是常用的活动款设置。

（1）促销活动款

促销款的选择并非越多越好，企业必须结合市场现状纵观全局，通过准确的数据化，分析判断市场的价格取向，最终选择合适的促销产品参与到活动款的促销中。例如，企业选择淘宝作为自己的网络销售平台，那么不同的活动形式所代表的促销动机也不同，因而造成的产品的选款指标也不同。表 5-4 是促销活动款中对促销动机、活动形式以及选款指标的对比分析。

（2）老顾客活动款

针对老顾客设置活动的主要目的是管理和维护与老顾客之间的关系，让老顾客成为自己的长期客户源。据研究统计，企业开发一个新客户的成本是维护老顾客成本的5 倍。也就是说，老顾客为企业带来的利润远远大于新客户。以淘宝电商为例，其维系老顾客的方式如图 5-21 所示。

表 5-4　促销活动款中对促销动机、活动形式以及选款指标的对比

促销动机	活动形式	选款指标
快速打造爆款	新品特卖	市场潜力大、访问量高、转化率高
调整产品结构	极限秒杀	不畅销、跳失率高、转化率低
回笼资金	清仓甩卖	滞销品、库存较多、访问量低
追求高利润	终极团购	客单价高、访问量高、转化率高
打造明星爆款	镇店之宝	性价比高、卖点独特、成交额高、转化率高

统计客户资料可以帮助企业更深层次地了解用户需求，并且有针对性地进行营销。针对老顾客进行的商品降价和礼品赠送可以使老顾客感受到被重视、被尊重，这有助于与顾客建立长久的关系。

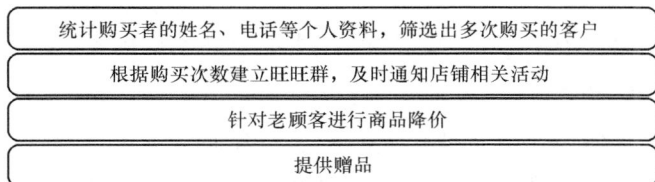

统计购买者的姓名、电话等个人资料，筛选出多次购买的客户

根据购买次数建立旺旺群，及时通知店铺相关活动

针对老顾客进行商品降价

提供赠品

图 5-21　维系老顾客的方法

【案例 5-2】淘宝某服装电商的反馈策略

某专营女装的淘宝电商的购买来源 80%来自老顾客，而且大多数的顾客都会给这家电商好评。经过研究发现，该店家与顾客的互动频率相当频繁。例如，该店家会在每次上新款之前以短信的方式通知客户；为客户提供个人微信，帮助客户解答有关衣服以及搭配等方面的问题；而且该店家还会在节日中为客户发送祝福短信等。这些看似简单的行为却加深了客户对该店家的好感度，从而促使很多消费者选择在该店进行购买。

（3）SNS 活动款

SNS（Social Network Services，社交性网络服务）是专为拥有共同兴趣爱好的网络用户提供的一种社会性的网络服务。SNS 作为一种网络服务平台，连接了人与人之间的社会关系。

随着互联网的发展，SNS 逐渐演变成一种社交营销的平台，企业可以在不同的社交平台中进行营销。SNS 活动款的设置就是利用社交平台对产品进行活动预热，由于互联网的用户数量规模庞大、传播范围广阔，因此，企业可以吸引大量用户，通过增加流量推动利润增加。

2．利润款

利润款，顾名思义就是企业实际销售中的最高比例，通常包含分销款、渠道款以及滞销款 3 个部分。分销款就是利用分销商对产品进行大范围的营销推广；渠道款就是根据产品自身的特点选择合适的销售渠道，如传统的营销渠道、网络渠道，或者是将线上与线下结合起来的销售渠道。大面积、多渠道的营销策略有助于企业获得更多利润。由于滞销款是企业产品中销量较低的一类产品，因此，滞销款既可以作为企业搭销或者捆销的产品，也可以作为拉拢客户关系的优惠产品进行销售。总之，设置利润款的目的就是使企业的利润达到最大化。

3．流量款

流量款意味着产品的高性价比和高市场占有率，并且该类产品被市场中绝大部分消费者所认可，对于淘宝电商而言就是爆款。流量款的打造与顾客的消费特点、消费需求有着直接的联系。企业应在掌握消费者的购买特点及需求之后，利用合适的营销策略将客户吸引过来并引导客户进行购买，如利用降低价格或者策划活动等方式。

4．价格领袖款

价格领袖款就是指企业通过使自己的产品达到质量最优化提供附加价值，将自己的产品打造成高端品牌产品，然后将价格定位成同行业同品类产品中的最高价格，使产品成为价格领袖。这样做是利用品牌效应对产品进行营销，从而获取利润。其中必须注意的是要确保产品的质量，否则，产品不仅不能成为价格领袖款，而且还会面临着被市场淘汰的风险。

【案例5-3】淘宝的产品策略设计

淘宝作为目前国内最大的网络交易平台和较早的电子商务平台，聚集了大量消费者以及电商。但是，有些电商在淘宝上取得了巨大的利润，有些却一直处于不盈利甚至是亏损的状态，造成这种差异化局面的主要原因之一就是产品策略不够完善。对于淘宝电商而言，产品策略规划是否完善直接影响着店铺的销量及利润。因此，我们结合淘宝的实际情况，将淘宝的产品策略设计总结为以下几点，但是这并不代表做到这几点就一定可以使店铺获得利润，店家还需根据自己的特点及市场变化及时地调整与完善。

① 有规划地进行产品上新，即确定好上新的周期性，如确定在每周的周几上新，或者是每月的具体哪天上新。

② 确保爆款的库存量，时刻关注销量，制订合理的产品增添或下架计划。

③ 淘宝店家应该经常开发活动专供款，并设置赠送的礼品。如针对新老顾客的礼品是否要有差别等问题，店家必须提前做好准备。

④ 产品的展示设计是淘宝店家营销中不可忽视的一环。因为消费者最先接触的就是店面设计，设计风格会直接影响消费者的第一感觉。因此，店铺设计必须要给消费者留下好的第一印象。

⑤ 为品牌打造一个有意境的品牌故事，描述一个场景。

⑥ 为了达到完美的视觉效果，可以对产品的照片进行加工，如聘请专业摄影师对细节图进行拍摄，或者是征集网友的拍摄稿以及真实的晒单。

⑦ 将宝贝细节图、质检报告、面料说明作为赢得品牌公信力的一种方式展现在店铺页面中。

📶 第三节　移动电子商务时代的价格策略

产品的定价策略在企业产品营销过程中是比较活跃的因素之一，带有强烈的竞争性。企业市场营销成功与否，与产品价格是否合理有着直接的联系。产品的价格除了以产品的价值为基础外，还受市场供求与市场环境的影响，它直接关系到企业获取利润的高低以及企业未来的发展状况。因此，在具体的营销过程中，如何制定合理的价格是企业以及营销人员必须掌握的。

一、电子商务的产品定价

价格策略实质上就是根据市场趋势以及用户需求，制定有助于产品营销的策略，并且确保其价格在消费者可接受的范围之内。价格策略主要是对消费者的消费能力以及产品成本进行分析，根据分析结果制定一种既在消费者承受范围内又可以实现企业盈利目标的价格。

企业在制定价格时，必须考虑定价目标、需求确定、成本估计、选择定价方法以及最终确定价格 5 个部分（详见第三章）。但是，由于市场供求关系与市场环境中存在着的不稳定因素，产品价格会随着市场情况的变化而变化。发生这种情况后，企业就必须及时对价格进行调整，以便适应市场变化。企业调整产品价格的方法一般包括如图 5-22 所示的 3 种。

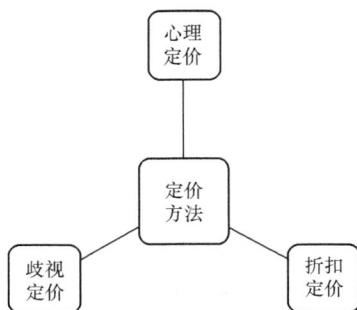

图 5-22　定价方法

1．心理定价

产品的价值与消费者的心智认知有着直接关系，所以企业通常会利用消费者心理对产品进行定价，我们称之为心理定价。消费者对产品价格的敏感度与认知度是心理定价的主要因素，企业会根据消费者需求的强烈程度以及对产品的心智认知的把握，适当将价格提高或者降低。心理定价包括 3 种定价方式，即尾数定价、声望性定价及习惯性定价。

（1）尾数定价

尾数定价就是利用消费者对价格数字的敏感度，是一种心理错觉的体现。例如，有些商品的价格为 9.8 元或者 9.9 元，而不是 10 元整，这样定价的目的就是让消费者产生一种产品"物美价廉"的错觉。消费者通常都希望获得既便宜又有质感的产品，这样的心理错觉会促使消费者做出购买行为。

（2）声望性定价

企业利用声望性定价的目的是提高产品的知名度，为产品树立一个高端品牌的形象，而且从另一方面也为希望显示身份地位的消费者提供了一种产品选择。

（3）习惯性定价

习惯性定价主要用于市场中同类产品较多的产品。因为消费者已经对某个品类的产品非常熟悉，如果企业擅自提价或者降价会打破消费者的认知，这样做并不利于产品的销售。所以，对这类产品进行定价的时候，最好的方法是与其他同品类产品保持一致。

2．折扣定价

折扣定价是企业为了获得用户流量、扩大销量采取的一种价格调整策略，通常包括现金折扣、数量折扣、功能折扣、季节折扣以及推广津贴5种定价策略。现金折扣是对一次性付清款项的消费者进行的一种价格折扣；数量折扣是对同时购买多件产品的消费者进行的价格折扣；功能折扣是制造商给予中间商的额外价格折扣；季节折扣是为了避免产品堆积，根据季节变化对产品的价格进行的调整，如常见的换季打折；推广津贴是为扩大产品销路，企业为中间商提供的促销津贴，如零售商为企业进行广告宣传，企业除了支付部分广告费用之外，还额外给予中间商价格折扣，这就是典型的推广津贴。

3．歧视定价

歧视定价是指根据不同顾客、不同时间、不同地点来调整价格，实行差别定价。也就是说，企业可以对同款产品根据实际的市场情况进行一种或多种定价。但是，并不是所有的产品都可以实行歧视定价，企业的产品只有在满足如图5-23所示的5个条件之后才能进行歧视定价策略。歧视定价策略虽然可以制定多个差别价格，但是这种差别并不反映产品成本的变化。

二、"271"价格组合策略与提升客单价策略

1．"271"价格组合策略

价格组合策略是企业进行市场营销过程中常用的一种营销策略，最常用的价格组合策略就是"271"价格组合策略。所谓"271"价格组合策略就是指利用20%的低价，通过活动或渠道的专供为引流，吸引大批用户，然后利用70%的中等价格产品保证主体的销售额，最后利用10%的高价产品塑造品牌的档次以及打造原创品牌的艺术效果。

市场必须是可细分的，并且每个细分市场的需求强度是有差异的

不引起顾客反感

市场中不会出现竞争者销价

产品不可能进行转手倒卖

在法律规定范围之内

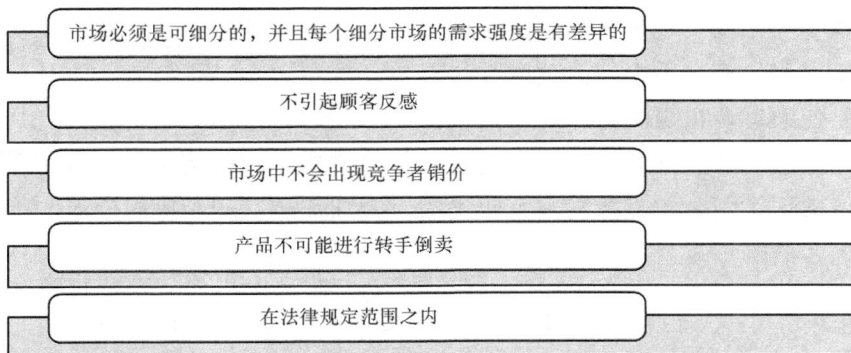

图 5-23　实施歧视定价策略需满足的条件

"271"价格组合策略的目的是，首先树立知名度与口碑，让消费者知道产品的存在并对产品有一定的认知程度；当产品达到广泛传播的目的后，通过一系列活动引导消费者进行消费；在拥有属于自己的数据库资产后，打造属于自己的品牌形象。当企业的品牌形象被建立，企业在市场中的定位就会趋于稳定，产品销量也会趋于稳定。

2．提升客单价策略

客单价是指每个顾客购买产品的金额，也就是平均交易额。提高客单价最大的作用就是扩大企业产品销量以及增加企业产品利润。每个企业都有着不同的产品定位，即使是品类相同的产品都有着不同的客单价，出现这种差异的最主要原因就是企业营销与运营方式的不同。对于单个产品而言，产品的购买数量与产品的价格成反比，也就是说，某个产品的价格越高，其被购买的数量就越少；某个产品的价格越低，其被购买的数量就会越多。由于企业必须考虑成本的影响因素，在保证可以获得利润的情况下，企业通常会选择如图 5-24 所示的 3 种方式。

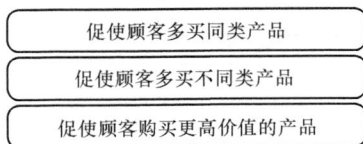

促使顾客多买同类产品

促使顾客多买不同类产品

促使顾客购买更高价值的产品

图 5-24　提升客单价的策略

（1）促使顾客多买同类产品

促使顾客增加同类型产品购买量的方法主要是降价销售、捆绑销售或进行买赠活动。通过一系列的活动让顾客产生一种"划算"的感觉，引导顾客产生购买行为。

（2）促使顾客多买不同类产品

促使顾客购买不同种类产品的最主要的方式是搭档销售，将两件或两件以上的产品合成一件新的产品，最终以新概念产品的形式将产品推销出去。其中值得注意的一点是产品之间的关联性，如果相互搭档的产品之间没有关联性，顾客会认为其没有价

值，这样就会导致购买行为失败。因此，如果企业选择用搭销促使顾客购买不同类型的产品，就需要保障产品之间的关联性。

（3）促使顾客购买更高价值的产品

如果顾客消费的量是固定的，提高客单价的最好办法就是引导顾客购买更高价值的产品。通常这类顾客的消费需求是明确的，企业需要以产品所能创造的价值为出发点来引导顾客的购买行为。

【案例5-4】女装电商提高客单价的方法

对于淘宝电商来说，提高客单价获得高额利润是每个店家追求的目标。某女装电商为了提高店铺的客单价、获得高额利润，制定了一系列提高客单价的方法。该卖家不仅设置优惠活动，如买5件包邮、满299送20元代金券、每天限时打折1小时等，还通过套餐搭配进行产品销售，通过活动抓住消费者心理，吸引了很多顾客购买。同时，该女装卖家还为消费者普及各种服装搭配、服装材质方面的知识。所以，购买产品后的消费者对该卖家也是好评不断。

通过案例我们不难发现，通过活动为消费者提供一种愉快的购买环境，然后通过后期服务让消费者感到被重视，可以有效地提高客单价。上述女装卖家所采用的提高客单价的具体方法如图5-25所示，这些方法对于其他电商企业同样具有参考价值。

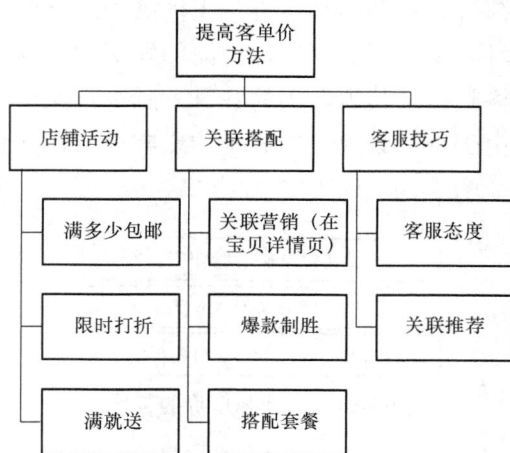

图5-25　淘宝提升客单价方法

三、电子商务产品的定价技巧

除了心理定价、折扣定价、歧视定价、提升客单价以及"271"价格组合策略外，企业还会根据市场变化及客观环境进行提价或者降价的调整。调整价格后，企业需要关注市场上的消费者以及竞争者的反映，以便预测该价格调整对于产品的销售是起到促进作用还是阻碍作用。

1．降价

企业降价通常有 3 种情况：一是企业自身由于生产力过剩，市场供过于求，导致产品积压情况严重，以至于企业必须降低产品价格获得市场销量；二是由于市场竞争者不断进行"销价策略"，导致企业产品销售量减少，企业为了缓解销量下降的情况，必须采取降低价格的策略来应对市场；三是因为生产技术的进步导致劳动生产率提高、企业生产成本下降，企业不得不选择降低价格来获得市场销量。

2．提价

消费者与经销商一般不会同意企业对产品进行提价，因为提价会导致产品销量降低，但是有两种情况企业不得不对产品进行提价，即市场通货膨胀以及市场供不应求，在这两种情况下对产品进行提价有助于企业保证利润及供求平衡的发展。

企业对产品价格进行调整之后，消费者和竞争者会快速做出反应，消费者针对降价和提价做出不同程度的购买行为，而竞争者主要是根据企业的价格调整策略来分析制定属于自己的价格策略。表 5-5 是消费者与竞争者对价格调整后的反应对比。

表 5-5　消费者与竞争者对价格调整后的反应

消费者		竞争者
降价	提价	
产品质量存在问题	产品畅销	相向式反应
企业财政困难	产品价值高	逆向式反应
还会继续下降	企业获取更多利润	交叉式反应

由表 5-5 我们可以发现，消费者对于企业降价通常持有怀疑态度，倾向于认为是产品本身出现了问题，而对于提价则认为产品提供了更高的价值。所以，企业在进行降价或提价的时候一定要向市场消费者适当说明降低或提价的原因，避免消费者因误会而放弃购买该产品。而对于竞争者，他们会根据企业的价格调整策略制定出相应的应对策略。相向式反应就是制定与企业相同的价格调整战略；逆向式反应就是制定与消费者相反的价格调整战略；交叉式反应是竞争者会根据自身的情况做出相应的价格调整，不会完全受限于企业的调整战略。

📶 本章总结

本章通过对企业营销过程中的商业计划、商业模式、管理模式、产品的价格策略以及产品经理的职能进行讲解，帮助企业以及产品经理在移动电子商务领域中制订出合适的产品营销计划。产品的营销策略和价格制定策略都是产品经理工作的一部分，学习中可以将市场情况与产品结合起来，这样有助于快速理解市场产品的营销及价格策略的制定。对本章主要内容的梳理和总结如图5-26所示。

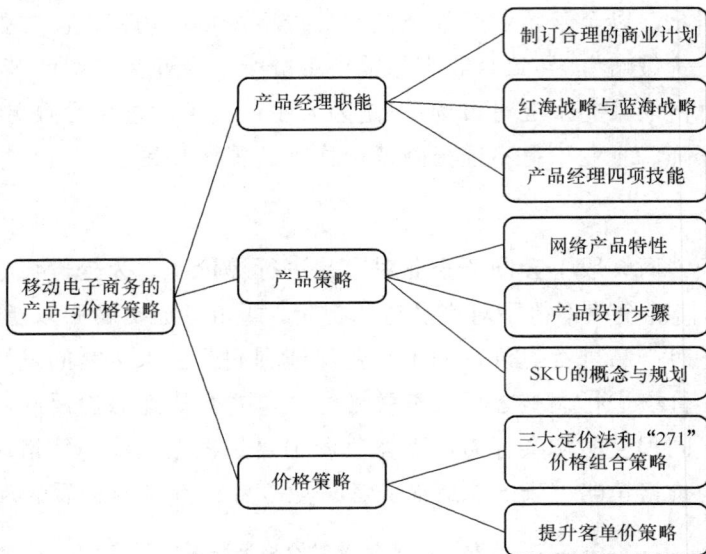

图 5-26　本章内容结构图

实操训练

一、单选题

（1）哪个不是电子商务时代的产品概念？（　　　）

　　A．入门产品　　　　　　　　　　B．利润产品

　　C．爆款产品　　　　　　　　　　D．赔钱产品

（2）一个成熟的市场，最后胜出的不包括下列哪种情况？（　　　）

　　A．成本领先战略　　　　　　　　B．细分市场战略

　　C．新品类战略　　　　　　　　　D．重点抓住高利润产品

（3）下列不属于活动款的是（　　　）。

　　A．低价　　　　B．引流　　　　C．入店门　　　　D．高价

二、多选题

（1）商业计划的影响因素包括（　　　）。

　　A．行业发展趋势　　　　　　　　B．业务方向与生意模式

　　C．文化基础　　　　　　　　　　D．竞争对手分析

（2）蓝海战略与红海战略的区别主要体现在（　　　　　）。

  A．打败竞争对手

  B．开创无人竞争的市场

  C．发掘新需求

  D．在价值与成本之间权衡取舍

（3）产品规划中，产品设计主要包括哪些步骤（　　　　　）。

  A．识别需求的有效性

  B．重塑需求

  C．梳理结构流程

  D．设计界面

三、判断题

（1）商业模式是企业管理采用的基本思想和方式。　　　　　　　　（　　　）

（2）红海战略是在击败现有竞争对手的基础上，开创新的市场。　　（　　　）

（3）"271"价格组合策略是指20%的低价产品、70%的中等价格产品以及10%的高价产品。　　　　　　　　　　　　　　　　　　　　　　　　　（　　　）

四、综合分析题

  假设你是一家淘宝电商的卖家，店铺专营文艺风、民族风女装，在"十一"黄金周，你会采取哪些方式来提高客单价？如何对你的产品进行规划？

第六章

移动电子商务营销常用的工具和方法

📖 学习目标及重点、难点

学习目标：

了解移动互联网营销中常用的工具、应用和方法，包括 APP 应用类、调研类、建站类、广告类、推广类、整合类、数据分析类以及微营销类等，能够在今后工作中很好地运用这些工具来提高工作效率。

学习重点：

了解移动营销的 7 种工具，熟悉微信个人号、公众号等相关媒介的使用，并掌握粉丝活动度的培养方法。

学习难点：

培养营销工具的积累意识及对微营销案例的观察与总结。

🔍【案例导入】

雀巢曾发起 "We will find you" 活动，将 GPS 追踪器放到旗下的巧克力产品中，这样的巧克力在全世界只有 6 枚。如果有顾客成为"幸运儿"，无需亲自去兑奖点兑奖。因为当包装被撕开后，GPS 会自动启动，主办方会在接受到消息后的 24 小时内追踪到获奖顾客并赠送礼物。

为了加大活动的宣传力度，雀巢将目标锁定在智能手机用户上，并在公共场所张贴印有二维码的海报，只要扫描二维码就可以登录雀巢有奖活动网站参与活动以及查看活动进程。

思考题：

在上述案例中，雀巢使用了哪些移动营销工具？其主要的营销手段有哪些？

◎第一节　移动网络营销工具——"七剑下天山"

随着移动互联网的快速崛起，网络营销已成为时下最受欢迎的营销方式，其最根本的原因就在于移动互联网是将移动通信与互联网结合在一起，既延续了互联网传播跨空间、跨地域的优点，又拥有了移动通信便携快捷的特点，满足了用户随时随地利用网络获取资讯的网络需求。有需求的地方就有营销，所以移动互联网同样成为了商家营销的工具和平台。

移动互联网的营销方式与网络营销方式相似，只是营销的平台由 PC 端转变为移动端，移动互联网常用的几种营销方式如图 6-1 所示。许多营销方式已经在前面几章进行过介绍，唯一不同于互联网营销的是，软文营销与视觉营销成为移动互联网营销比较受欢迎的两种营销方式，它们有什么特点呢？

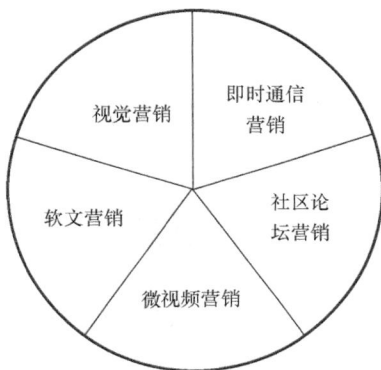

图 6-1　移动互联网的营销方式

1．即时通信营销

即时通信营销又称为 IM 营销，是企业利用即时通信工具对产品和品牌进行营销推广，以实现客户挖掘和将客户转化成忠实客户源的营销方式，腾讯 QQ、微信等都属于即时通信工具。其具有互动性强、营销效率高、成本低以及传播范围广等特点。目前，即时通信工具已经成为人们日常生活中除面对面交流之外主要的交流方式，它填补了人们的碎片化时间，让用户跨越时间和空间的限制，随时随地进行交流沟通。而且，即时通信工具中还添加了许多表情包，增加了用户之间交流的趣味性。

2．社区论坛营销

社区论坛营销指企业为了让目标用户更深刻地了解企业或产品形象，利用网络论坛这种聚集大量用户的网络平台发表关于企业或产品信息的营销推广方式。由于社区论坛具有强大的聚众能力，而且话题的开放度较高。所以，企业在论坛的营销内容可以被广泛传播。而且论坛的特点同样是用户根据兴趣爱好聚集在一起，因此，企业营销的目标人群比较确定，营销的精准度较高。

3．微视频营销

微视频指时长在 30 秒到 20 分钟之间的视频短片，其最大特点是"短、快、精"。微视频的大众参与性极强，能够使用户随时随地、随意化浏览，而且微视频可以让用户进行单向、双向甚至是多向的互动交流。互动性越强，表明该视频的关注度越高。2014 年数据显示，2011 年手机微视频的市场规模为 0.25 亿元，随着增长率不断上涨，2015 年的手机微视频的市场规模达到 7.65 亿元左右，图 6-2 是手机微视频 2011—2015 年的数据分析结果。

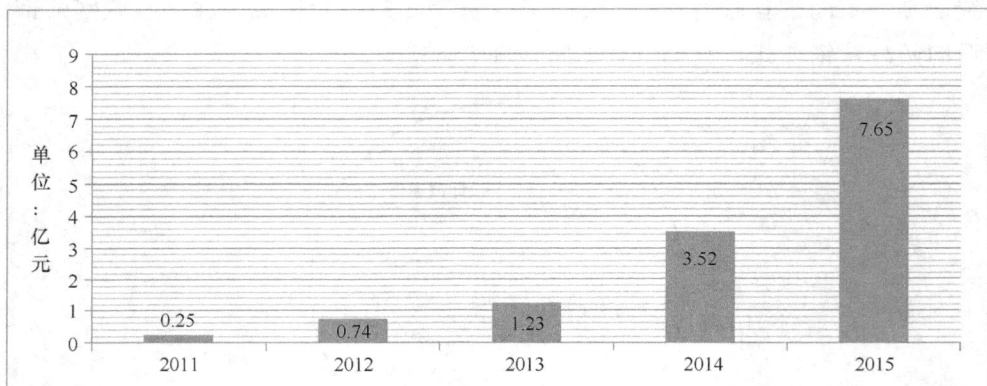

图 6-2　2011—2015 年中国手机微视频领域市场规模

4．软文营销

软文营销是指通过特定的概念诉求，利用讲道理或摆事实的方式将用户引入企业设置的"思维圈"，通过干预用户心理使之做出判断的一种营销方式。软文营销相对硬广告而言，是带有某种动机的文体表达，而软文营销的实质就是个人或者群体通过撰写软文，实现这种动机，进而实现交易。

软文营销的本质仍然是广告，目的是增加企业利益，但是不同于硬广告的主要原因是软文以"独特的文本"形式建立与用户之间的信任感，将产品特点完美穿插其中并表达清楚。这样的表达形式不容易引起用户反感，反而让用户觉得有趣，这样软文就达到了营销的目的。那么，实现"独特的文本"有哪些方式呢？常用的几种软文表达形式如图 6-3 所示。

（1）悬念式

悬念式软文的主要作用是激发用户好奇心，诱导用户继续浏览正文内容。脑白金的广告就是典型的悬疑式软文，还有如"宇航员如何睡觉？""你会睡觉吗？"等都是采用悬疑的形式诱导用户。

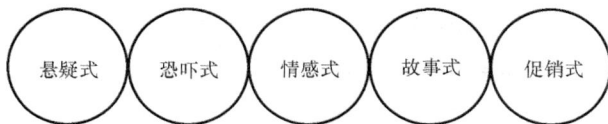

图 6-3　软文表达形式

（2）恐吓式

人们对未知事物通常存有恐惧感，面对这种恐惧，大多数人会采取预防、遏制等方式，而恐吓式软文就是利用人们想要避免恐惧的心理为主要营销出发点。例如，某保健品的软文营销标题为"高血脂，瘫痪的前兆"，这则软文直指患有高血脂的人群，而这类人群都希望避免由高血脂带来的各种病症，所以这样的软文很容易引起患有高血脂病症人群的关注。

（3）情感式

情感式是最容易引起用户情感共鸣的软文形方式，这种软文最容易打动用户走进用户内心。例如，中华电信推出的系列广告"只想让你听见我的思恋"，将居住在不同国家、不同城市的人用电话联系起来。这种软文形式就是典型的以情感为主要诉求点，通过引起情感共鸣加深用户对产品的记忆。

（4）故事式

故事式软文旨在为用户营造一种氛围，将用户带入这种意境中，从而产生共鸣。例如，左岸咖啡的广告文案"下雨喝一下午咖啡"就叙述了主人公为了躲雨恰巧进入左岸咖啡，而被环境吸引，喝了一下午咖啡的故事。这样的表达方式为用户呈现了一个安静舒适的环境氛围，容易引起有同类需求的用户的注意。

（5）促销式

促销式也是软文营销中最常用的一种表达方式，其形式是简单直接地将促销主题表达出来。如"某商品，一天断三次货"，这样的文案主要利用用户的从众心理等因素来促使用户产生购买行为。

然而，值得注意的是，不管采取哪种方式进行软文营销，都不能过于夸大现实，否则如果用户购买产品后发现产品没有达到预期效果，这不利于产品的后期宣传。

【案例 6-1】微信公众号的软文营销

顾爷是社交媒体平台上一个有名的自媒体人，在其微信平台中经常为各大品牌进行营销推广。但是不同于其他推广软文直接夸大产品特点，顾爷通过改变大家熟知的典故，将绘画与文字结合起来，用诙谐幽默的表达方式进行表达。例如，曾被疯狂转发的《一亿元》就是顾爷为阿里巴巴进行的软文营销，《一亿元》的软文营销节选如图6-4 所示。

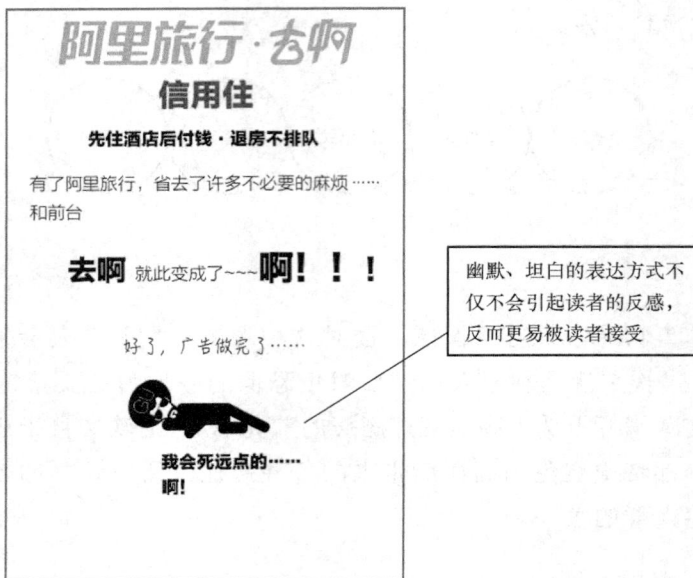

图 6-4 《一亿元》软文节选

5. 视觉营销

法国人有一句经商谚语："即使是卖蔬菜水果，也要把它们像一幅静物写生画那样艺术地排列，因为商品的美感能撩起顾客的购买欲。"换句话说，视觉决定着人们对产品的第一判断，影响着人们购买行为的产生，视觉营销就是将展示技术与视觉呈现技术相结合的营销手段。

视觉营销之所以成为时下流行的营销方式，被众多企业争相采用，主要原因就是视觉化的东西在信息爆炸、碎片化的时代里更能吸引用户眼球。例如，一段文字与一张图片同时出现时，大部分用户会下意识选择先看图片。一方面是因为图片会给人一种画面感，相比之下，文字显得很沉重；另一方面是因为人们对于有视觉感事物的记忆力远远超过对文字的记忆力，而且印象更深。研究表明，人们对视觉内容的处理比文字内容快 60 000 倍。这些事实都证明，在移动互联网时代，一图胜千言。

【案例 6-2】vivo 手机的视觉营销

vivo 于 2015 年新年伊始在微信朋友圈推送了一条"向音乐致敬"的主题广告，这条广告没有太多的文字表达，取而代之的是贝多芬、金色大厅、留声机、调音台、摇滚以及 vivo 6 幅极具视觉感的画面，分别对应天赋、梦想、经典、坚持、经典以及极致六大主题。vivo 这条突如其来的广告意外地抓住了很多用户的眼球，不仅成功塑造了自己的品牌形象，博得众多喝彩，更让用户记住了"乐享极致"vivo 智能手机。vivo 智能手机的微信推广如图 6-5 所示。

图 6-5　vivo 智能手机微信推广

以上 5 种营销形式是比较典型的适用于移动互联网的营销方式。那么，对于移动互联网来说，实施这些具体营销方式的载体或工具有哪些呢？下面我们将具体讨论。

一、APP——掌握所有电商类、微社交等应用

APP 是指智能手机的第三方应用程序，常用的 APP 下载商城包括 Apple Store、Google Play Store 等。随着智能手机的普及，APP 的市场竞争越来越激烈，很多互联网企业都推出了自己的 APP 商店，如百度手机助手、360 手机助手等。不仅如此，面对具有强大潜力的 APP 应用市场，许多创客们利用"互联网+"思维开发出了很具有创新意义的 APP 软件。足迹 APP、脸萌 APP 等都是被广泛应用的新型 APP。

由于市场竞争激烈、创客团队发展迅速，这类具有创新性的、供用户闲暇时消遣娱乐的 APP 更新速度迅速，而红极一时之后，可能就销声匿迹。但是，有两类 APP 应用却永远都不会过时，即电商类 APP 以及社交类 APP。

1. 电商类 APP

电商类 APP 的实质是提供平台使用户利用手机移动端进行购买支付行为，这一行为既可以是日常用品、服装配饰、图书等商品的选择购买，也可以是对美食、电影等娱乐项目进行团购预定。2013 年电商 APP 的下载量排行榜如图 6-6 所示。

从图 6-6 中可以看出，越来越多的用户选择利用移动互联网进行日常生活的购买行为。造成这种情况最大的原因就是移动互联网的发展方便了用户的生活，节省了用户的购买时间。因此，移动互联网在未来不管是对于用户还是对于企业商家，都将是一种主导力量。

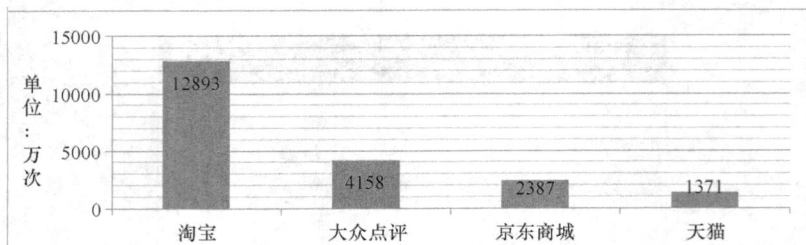

图 6-6　电商网站 APP 下载排行榜

2．社交类 APP

智能手机的出现丰富了社交类工具的种类，同时让人与人之间的社交渠道更多样化、更方便。全球智能手机十大社交应用软件排名如图 6-7 所示。其中微信排名第五，使用率占 27%。

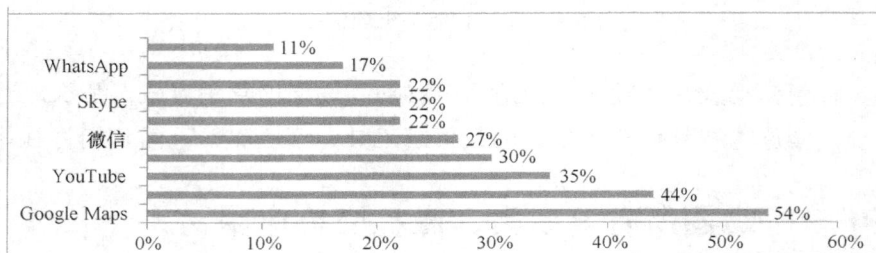

图 6-7　全球智能手机十大社交应用软件排名

用户可根据自己的兴趣、爱好、习惯、环境等选择不同的社交工具。社交网络具有包罗万象的特点，任何特征的用户都可以在其中找到符合自己需求特征的社交工具。这一点对于企业来说同样适用，企业可以根据由不同特征组成的社交群体筛选出符合自身的目标群体，从而进行销售。

二、调研——面向行业、竞品、情报的工具

调研指对市场状况进行的调查研究，行业动态、竞争对手分析等都属于企业调研的一部分。那么，市场调研属于哪个岗位的职责？为什么要做市场调研？市场调研有哪些程序？进行调研的常用工具又有哪些？下面将具体讨论。

1．市场调研

市场调研指为了提高产品销售决策的质量，解决产品销售过程中存在的问题，而进行的一项有目的的收集并统计分析市场情况的过程。它主要是通过收集并分析现阶段市场发展状况来预测未来市场情况，从而提前做好应对准备。因此，市场调研对于企业营销具有了解市场信息和提供决策信息的重要作用。市场调研的对象包括的四大

部分，即行业市场、消费者、产品以及竞争对手，如图 6-8 所示。

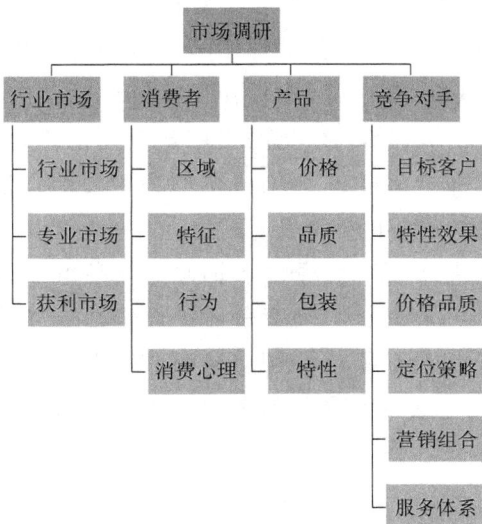

图 6-8　市场调研的内容

（1）行业市场

行业市场调研的对象包括行业市场、专业市场以及获利市场 3 个部分。行业市场，顾名思义就是指某产品所在行业的整体状况，范围相对广泛。专业市场指同类产品积聚于某一场所进行的交易、流通以及配送，其典型代表是专业店、专卖店等高度集中的特色商业场所，一般拥有特定顾客定位以及经营行业定位。专业市场的"专业"性主要体现在其特定的客户和经营行业的定位。获利市场就是在经过对前两个市场状况分析之后，选择出的适合产品销售并有利于企业获得利润的市场，也就是产品最后的投放市场。

（2）消费者

消费者是企业产品的最终购买者以及使用者，同时也是为企业提供利润的群体。消费者不同于生产者以及经营者的最大特点就是消费者购买行为的产生是出于自身或者家庭需要，而不是产品经营或者生产需要。影响消费者做出购买行为的因素有很多，如消费者购买心理、消费者所处环境等。因此，企业在进行产品营销之前的市场调研过程中需要对市场消费者进行详细的分析，包括地域、特征、行为以及消费心理等。

消费者区域调查实质就是对目标市场的细分调查，不同目标市场的消费者所形成的消费者习惯以及消费心理都不同，这与消费者所处的环境有密切关系。地域环境特征决定着消费者的购买习惯，从而影响企业的产品投放。因此，企业必须结合自身产品的具体特征、区域环境特点以及消费者行为习惯等综合情况对产品选择合适的投放区域。例如，王老吉作为茶饮品，最先投放的市场是江浙一带；老坛酸菜方便面最开始是在川渝一带进行销售。

企业的市场调研分析既需要消费者的特征分析，也需要消费者的行为分析。消费者的特征分析通常包括对消费者的性别、年龄、职业、收入情况、兴趣爱好等特征的分析，行为分析一般是指消费者所处的文化环境分析以及消费者接受企业信息传播的媒介渠道。在互联网+时代，网络消费者是消费者中一类特殊的消费群体。数据调查发现，截至 2015 年年初，社交网络用户利用网络进行购物的比例比之前增加了38%，且淘宝 2015 年"双十一"的成交额为 912.17 亿元，这些都说明网络消费已经成为现代消费者的一种主流消费方式。

市场调研的因素还包括产品与竞争对手调研。产品市场调研一般从产品的价格、品质、包装以及产品特性进行分析，而竞争对手调研则是从目标客户、定位策略、营销组合、服务体系等方面进行分析。了解市场调研的内容之后，企业需要确定合适的市场调研工具，什么工具是最佳的调研工具呢？在互联网及移动互联网时代，最方便快捷的调研工具是搜索引擎，图 6-9 列出了最实用的 3 种搜索引擎调研工具。

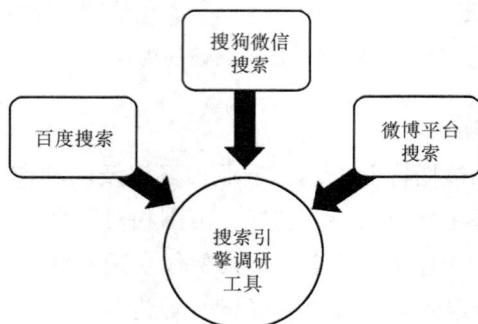

图 6-9　搜索引擎调研工具

2．百度搜索

百度搜索作为最大的搜索引擎之一，其强大的推广平台是企业营销推广的常见选择（详见第三章）。图 6-10 是中国搜索引擎近几年的市场营收份额统计结果，由图中可知，百度是中国搜索引擎市场中所占份额最高的，而且整体呈现平稳状态。

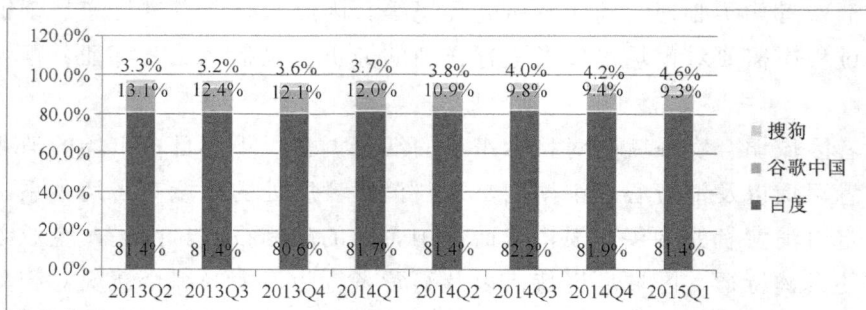

图 6-10　2013Q2—2015Q1 中国搜索引擎市场营收份额

百度搜索作为中国用户最常用的搜索引擎之一，不仅为用户提供了一个信息共享的平台，也为企业的市场调研提供了收集与分析数据的渠道。百度搜索主要包括网页、新闻、知道、视频、地图以及文档搜索，如图 6-11 所示。

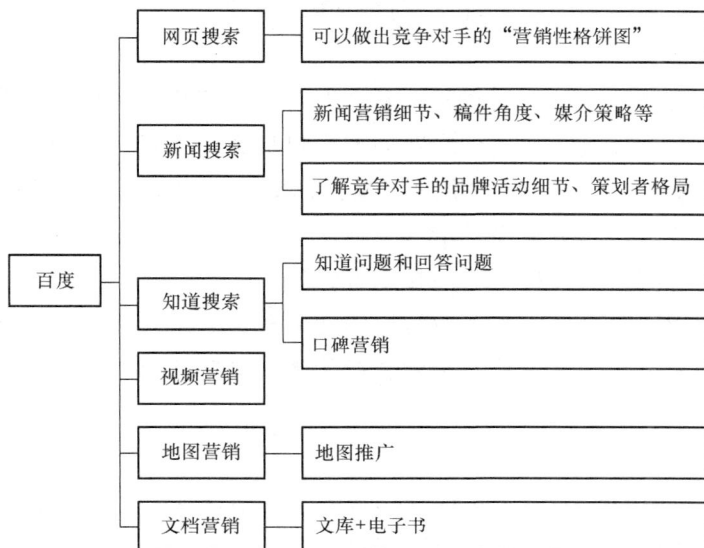

图 6-11　百度搜索内容分类及对应推广策略

（1）网页搜索

百度网页搜索包括搜索结果标题、搜索结果摘要、百度快照以及其他相关搜索等功能。百度网页搜索示例如图 6-12 所示。

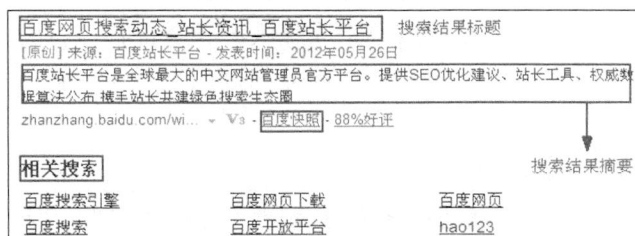

图 6-12　百度网页搜索

如图 6-12 所示，搜索结果标题是指搜索后出现的符合所搜索关键词的内容标题，点击标题就可以看到相关的具体内容；搜索结果摘要是对每个搜索标题所对应标题的内容概要，可以通过摘要部分内容判断该网页是否符合自身需求；百度快照是针对网络环境不佳等情况，为满足浏览内容而做出的快捷浏览方式；相关搜索是指其他用户搜索的与关键词相符合的内容信息，可以被作为用户信息收集的辅助通道。除以上四大功能之外，百度网页搜索还有拼音提示、错别字提示、英汉互译、计算器、飞机火车时刻表等特色功能，为用户提供了更为便捷的搜索渠道。

对于企业来说，网页搜索可以帮助企业做出竞争对手的"营销性格饼图"。营销性格饼图指根据通过搜索引擎获得的数据信息，整理分析得出竞争对手所采用的营销手段，以此绘制成的模型。营销性格饼图对于企业制定有效的营销策略具有重要意义，利用企业根据竞争对手的现状，进行有针对性的营销。

（2）新闻搜索

百度新闻搜索是百度推出的新闻搜索功能，在百度新闻中可以浏览国际、军事、体育、娱乐等十多种分类新闻。百度新闻搜索包括新闻搜索与新闻浏览两部分内容。新闻搜索包括搜索信息统计、新闻标题、新闻出处、新闻摘要、新闻评论、新闻图片、新闻显示方式等功能。其中新闻显示方式通常包括两种，即时间排列与焦点排列，用户可以根据自己的侧重点选择合适的显示方式。

目前，新闻营销也已经成为企业常用的搜索营销方式。其最大的特点就是帮助企业了解竞争对手的品牌活动细节，帮助企业从媒介策略的角度策划出有效的市场竞争策略。

（3）知道搜索

百度知道搜索是百度旗下推出的在线问答交流分享平台，用户在注册登录后可以对存有疑惑的问题进行提问，而来自互联网的其他用户可以进行回答。知道搜索就是指在搜索框中输入相关问题后搜索相似问题的有关回答，并从中找到所需信息的过程。知道搜索拥有大量的来自用户的问题与回答，它可以作为企业口碑营销的重要手段。

（4）视频搜索

百度视频是百度旗下的视频观看平台，它支持多方在线视频资源的播放。为了满足用户在移动端的相关体验，百度同样开发了百度视频APP。视频集声音、画面、色彩等众多感观元素于一身，可以给用户带来极大的视觉冲击。因此视频营销也成为企业所选择的一种营销方式，最常用的是前面提到过的微视频营销方式。

（5）地图搜索

百度地图是百度为用户提供的一项网络地图搜索服务，它为用户提供了方便的路线规划。图6-13列出了百度地图搜索的功能。百度地图的方便和准确使其成为许多用户手机中必备的APP之一。因此，百度地图也可以作为企业营销的手段之一，尤其是对于餐饮企业。

① 地点搜索

地点搜索是指对所要到达的地点或者周边的具体地理位置的查找。其中，普通搜索通常用于对某一个地方的查找，用户在搜索框中输入所要查找地点的名称或者地址，百度地图会自动显示相关的地理位置。周边搜索指在所处位置的附近查找某个具体的场所位置，如在周边查找银行，百度地图即会提供周边所有银行的具体地理位置。视野内搜索针对的是比周边搜索更近距离的场所位置信息。

地点搜索	公交搜索	驾车搜索
·普通搜索 ·周边搜索 ·视野内搜索	·公交线路查询 ·公交方案查询 ·地铁专题	·驾车方案搜索 ·跨城市驾车搜索 ·添加途经点

图 6-13　百度地图搜索内容

② 公交搜索

公交搜索功能为用户提供了两地之间的参考交通路线，其中包括用时最短、步行最少等各项选择方案，而且还为用户提供公交的到站提醒与票价预估。用户可以根据自身情况选择最佳的公交路线。

③ 驾车搜索

百度地图会为用户提供驾车的最佳路线，而且用户还可以在中途添加地点，百度地图会根据情况提供修改后的路径选择。

（6）文档搜索

百度文档又称百度文库，是一个在线文档资料分享平台，集合了大量的专业资料、教学资料以及各领域的专业知识分享。正是由于百度文库拥有专业知识资料，所以拥有大量的用户群，而且百度文库的资料分类明确，有着明显的共性特征，这也就使用户群拥有了各自的属性。企业可以结合自身产品的目标群体特征，有针对性地对用户进行产品营销推广。

3．搜狗微信搜索

微信作为移动互联网时代重要的社交平台之一，也是企业进行社交媒体营销必不可少的平台之一，尤其是以微信公众平台为首的微营销已经成为时下重要的营销手段。2014 年，搜狗推出了针对微信公众平台的搜狗微信搜索引擎，可以直接搜索到微信公众平台的公众号以及所推送的相关文章。

只要是搜索引擎，其搜索结果都有一定的排序规划，搜狗微信搜索也是如此。搜索微信公众号后，排名越靠前的公众号被点击阅读的可能性越大，也就是说其内容的传播范围更广。反之，如果排名越靠后，则该公众号的内容传播效果越弱。那么，影响搜狗微信搜索排名的因素有哪些？主要因素如图 6-14 所示。

（1）文本相关性

文本相关性是大多搜索引擎中至关重要的一个排序指标，但是对于搜狗微信搜索来说，微信公众号的文本相关性主要体现在微信公众号的名称以及功能介绍两个部分。也就是说，如果某微信公众号想要获得更多点击量，其名称以及功能介绍必须契合用户的搜索关键词。所以对于企业来说，最好的微信公众号名称就是企业名称，头像也应采用企业 Logo，功能介绍应能足够表现企业自身的主营业务。

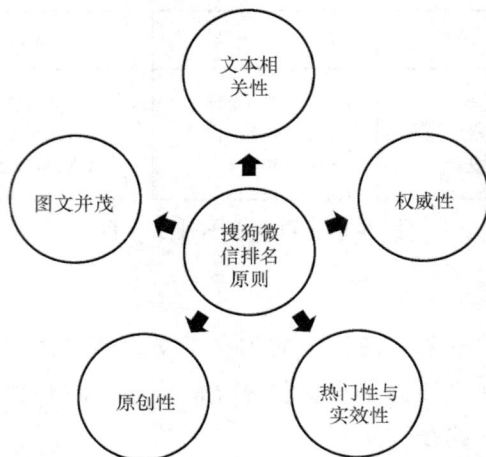

图 6-14 影响搜狗微信搜索排名的因素

（2）权威性

权威性主要是指微信公众号的认证权限，一般情况下，权限最高的为微信认证，其次是腾讯微博认证，权限最低的是未被认证的微信公众号。一般，被认证的微信公众号的阅读量要超过未被认证的公众号，造成这种情况的原因主要是用户心理。大部分用户认为被认证的公众号相对正规，相较于未被认证的公众号更容易让人信任。因此，企业可以对自身微信公众号进行信息认证，这有助于提供公众号的关注量，从而扩大传播推广范围。

（3）热门性与实效性

移动互联网造成信息爆炸式更新，这使很多信息在短时间内就被淹没。每天人们接收的信息数以亿计，如果信息做不到更新及时、追逐热点，信息内容很容易被忽略。搜狗微信搜索中某公众号的实效性与热门性主要取决于微信公众号所推送文章的阅读量与转发量。这二者的比例越高，搜狗微信搜索排名越靠前。

（4）原创性

目前，微信公众平台加强了对原创内容的保护，因为原创不仅可以树立品牌形象，而且能吸引稳定的关注群。原创内容最重要的因素之一就是内容的创造性，它拥有独特的创意表达，代表了企业的一种内在精神。

（5）图文并茂

移动互联网时代实质上是一个"读图时代"，在快节奏、碎片化的生活中，图片比文字更能引起用户注意。而微信平台正好是以"图片为主，文字为辅"的一个信息分享平台。

4．微博搜索引擎

微博即微型博客，是分享简短、实时信息的社交网络平台，也是基于用户关系信息分享、传播以及获取的平台。微博之所以成为热门的社交平台，主要原因在于微博简单易用、进入门槛低，不论是 PC 端还是移动端用户，都可以随时随地浏览并发布信息。同时，微博满足了用户对信息获取与传播的欲望，使用户可以与名人进行互动，扩大了用户的交际圈。因此，微博具有如图 6-15 所示的三大特性。

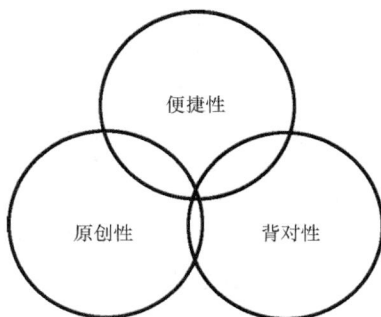

图 6-15　微博搜索引擎特性

（1）便捷性

虽然微博的信息发布被限制在 140 字之内，但其允许用户既作为发布者进行内容发布，又作为关注者查看感兴趣的话题。微博可以使用户浏览各领域的知识信息，而且可以对信息内容发表个人观点。再加上移动互联网的发展，微博更是为用户提供了一种方便快捷的信息获取通道。因此，微博标志着个人互联网时代的带来。

（2）背对性

背对性是指创新式的用户交流方式。例如，用户可以选择一对一的信息交流，也可以选择一对多的信息分享。既可以有针对性，也可以让信息大众化。

（3）原创性

不同于博客的长篇幅，微博的原创性主要体现在 140 字的内容限制，这就要求用户精简自己的信息内容。对于大多数用户来说，内容限制反而为其记录琐碎的生活状态提供了可能，可以随意发表自己的心情、想法，而且微博的图片、短视频功能更体现了信息的原创特点。

目前常用微博主要是新浪微博与腾讯微博。正因为微博扩大了用户获取信息的渠道，网罗了全球各大重要信息咨讯，而且涉及领域广泛。所以，微博成为企业塑造形象、宣传产品的新媒体渠道。可以说，在这两大媒体平台搜索相关信息，就会诊断出企业对未来新媒体营销的态度。

三、建站——各平台、APP、微站的建设工具

建站也称自助建站，实质就是网站建设。随着移动互联网的快速普及和手机、平板电脑等移动端的广泛应用，网站建设也由传统的 PC 端转向移动端，即云建设。所

谓云建设，就是网络移动化平台网站通过网络适配将 PC 端网站转化为适用于移动端浏览的网站。现阶段被广泛用于建设网站的工具包括如图 6-16 所示的 4 种。这 4 种网站建设工具的主要特点是可以低成本地建设移动网站，具体功能如下介绍。

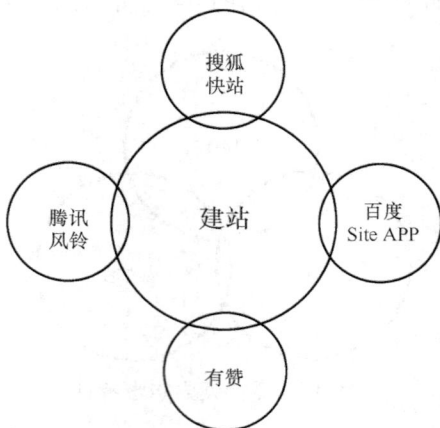

图 6-16　常用建站工具

（1）搜狐快站

搜狐快站是搜狐推出的一款可视化快速建站工具，利用该工具，站长可以编辑生成简单的移动端站点。快站建站工具无需技术支持、简单易用，且拥有丰富的模板功能和强大的功能组件，包括组图、视频、文章列表、地图、二维码等，支持多屏幕预览以及全网高速访问，可以一键生成 iOS/Android APP。快站的建站操作流程如图 6-17 所示。

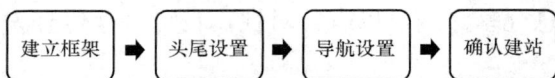

图 6-17　快站建站流程

建立框架指选择合适的框架架构、模板样式以及配色方案。当框架被确定好之后，就可以进行站点名称、Logo、域名、底部信息等设置，这一过程被称为头尾设置。头尾设置之后就可以对站点的导航进行设置，导航设置的目的是方便用户浏览网站的内容，主要方式包括对重要的文章进行分栏归类。在前面 3 步都被设置好之后，站点会生成预览页面，如果整体设计效果符合所预期的主题，点击确认就成功地建立了移动网站。

【案例 6-3】雅马哈钢琴移动网站设计

雅马哈是最受欢迎的钢琴品牌之一，该企业在为手机及平板电脑设计移动端网站时就是利用搜狐快站进行设计，如图 6-18 所示。图中左边部分的雅马哈品牌 Logo 以及底部的电话设置都属于快站中的头尾设置；"新海贝、乐器展示、促销活动、联系我们"属于导航条设置，起到了将内容分类的作用，用户可以根据具体需求操作；左边整幅图片是雅马哈钢琴移动端的主页设计，右边图中的新闻中心是雅马哈在移动端添加的新闻信息。

图 6-18 雅马哈钢琴移动网站设计

（2）百度 Site APP

百度 Site APP 是致力于为开发者提供从生产 Web APP 到流量、用户引入再到变现的综合服务平台，主要用于将已有 PC 站点转化为移动站点。该平台最大的特点是可以获取由百度提供的专业数据统计，具体的操作流程如图 6-19 所示。

图 6-19 百度 Site APP 建站流程

添加站点是指将已有的且需要生成移动网站的网址添加到转换框，验证成功之后，就可以选择样式，一般包括 APP 风格、网页风格以及官网网页风格 3 种类型，3 种类型最主要如图 6-20 所示。确定样式风格之后，可以对其站点进行导航条设置。设置完成，百度 Site APP 会自动根据内容进行结构化提取以及展示。高级设置也叫 Web APP 设置，目的是让移动网站体验更好添加的特殊功能，一般包括名称、电脑连接、电话等功能。最后，为手机网站添加二级域名，然后将域名解析到百度 Site APP 的二级域名。

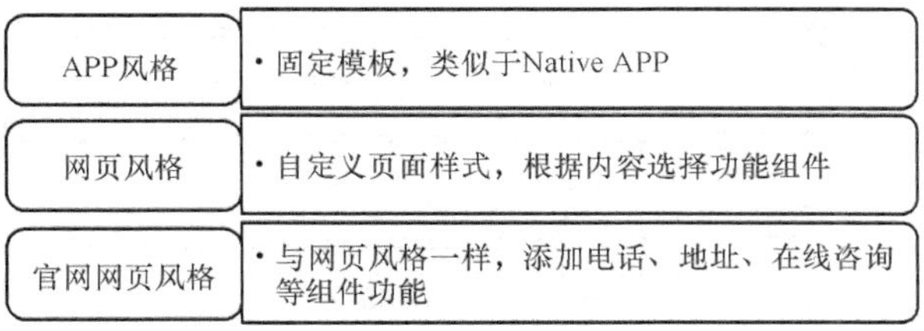

图 6-20 百度 Site APP 的 3 种样式

（3）有赞

"有赞"原名叫"口袋通"，宗旨是为用户提供微店铺以及微电商解决方案，是免费的微商城平台。有赞为用户提供了完整的商品管理、订单管理、交易系统、会员系统以及营销系统。有赞的注册系统相较于前面两种更加简单，只需通过填写基本信息、进行注册即可免费拥有开店资格。

有赞建站的整个过程包括注册、创建公司和店铺、认证店铺、店铺设置4步。创建公司和店铺是指填写公司以及店铺的基本信息，包括店铺名称、Logo、主营项目、联系方式等，之后通过上传店铺联系的身份证明对店铺进行认证，认证通过后就可以对店铺进行设计。店铺的设计一定要具有视觉冲击效果，这样才能吸引顾客。

（4）腾讯风铃

腾讯风铃系统是腾讯官方推出的首款微信开发工具，是基于微信的网站建设。腾讯风铃的最大特色在于模块组合的选择，并快速生成微信APP。腾讯风铃主要包括如图 6-21 所示的四大功能。

图 6-21　腾讯风铃的四大功能

信息推送包括图文、视频等，主要用来满足企业信息大量曝光的需求；网上服务主要指企业的客服系统，如留言等形式；互动是通过社交分享、在线交流等方式满足企业与顾客的互动交流；而销售是为企业添加优惠券、积分等有利于企业产品销售的线上活动。

以上4种建站工具有其各自不同的侧重点，用户可以根据自身需求选择合适的建站工具，图 6-22 是对4种建站工具侧重点的对比。

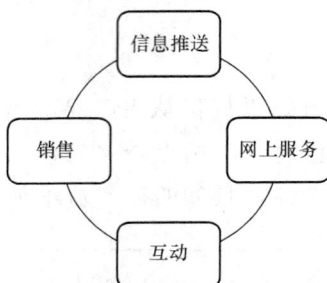

搜狐快站	·快速简洁，可打通微信，也可用搜索引擎捕捉
百度Site APP	·PC端转化为移动端，转化率较低
有赞	·微商城建立
腾讯风铃	·适用于微信网站建立

图 6-22　4 种建站工具对比

四、广告——各种付费媒介、移动广告平台等工具

广告已经成为企业营销宣传必不可少的手段之一，是信息传播的重要渠道。现在的广告不再局限于简单的产品推销，而是形成了一种集设计、文案、创意于一身的文化形式。社会科技的不断发展，使广告载体也相应地发生了变化，互联网的兴起将广告由传统的纸媒、广播电视引向了网络，移动互联网的发展更是让移动应用成为广告的新载体。

移动应用广告指企业将产品广告投放到移动设备中的一种移动营销方式。移动应用广告具有流量大、集中性、互动强等优点。正如第一章所述，移动端的用户流量已经超出 PC 端，由于手机本身的屏幕设计，用户在观看手机时的注意力要大于电脑，而且手机功能插件比较丰富，加强了用户对广告的参与性与互动性。据艾瑞咨询统计，2014 年移动广告的市场规模已经达到 296.9 亿，在过去 3 年中均保持 100%增速。图6-23 和图 6-24 分别是中国互联网广告市场规模以及中国移动应用广告平台市场规模的发展与预测。

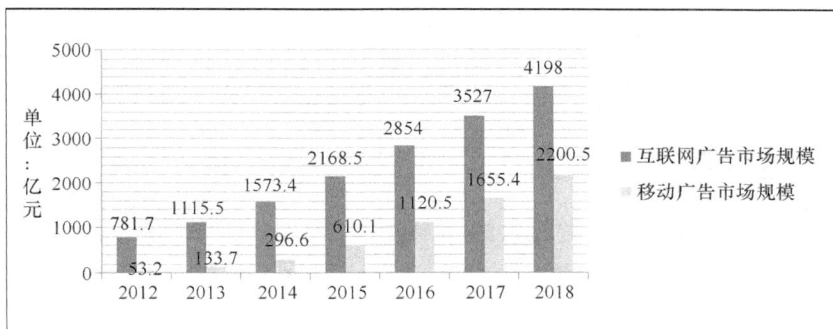

图 6-23　2012—2018 年中国互联网广告及移动广告市场规模发展与预测

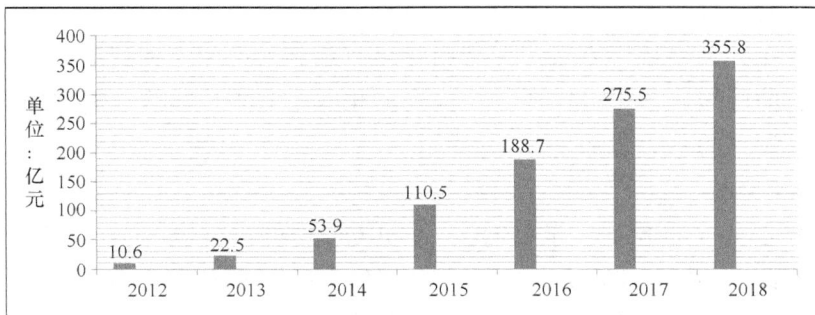

图 6-24　2012—2018 年中国移动应用广告平台市场规模发展与预测

由图 6-24 可知，移动广告的市场规模逐年增长，预计在 2018 年达到 2 200.5 亿元，而移动应用广告平台市场规模会从 2015 年的基础上持续增长，并预计在 2018 年达到

355.8 亿元。下面分别对具有代表性的移动应用广告企业进行分析。

1．百度移动应用联盟

百度移动应用联盟作为百度旗下的手机互联网营销平台，拥有最大的中文搜索引擎资源，致力于为企业提供长期、稳定并具竞争力的移动广告服务，以及精准的移动互联网新媒体营销解决方案。百度移动联盟的广告布局包括媒体解决方案、流量服务平台、交易解决方案、百度流量交易服务、广告主投放解决方案、广告投放服务以及百度数据服务。

除此之外，百度移动搜索也是百度移动应用广告推广中的重要一环。移动搜索以移动设备为终端，利用互联网进行搜索，从而获取准确的信息资源。随着科技的发展与信息的膨胀，手机已成为使用频率最高的一种移动终端，利用手机进行的信息搜索已经超过了 PC 端。百度是用户最常使用的搜索引擎终端，据研究统计，百度移动搜索的市场份额已经达到 68%，而且数据流量依然在上升。百度搜索客户端的搜索功能如图 6-25 所示。

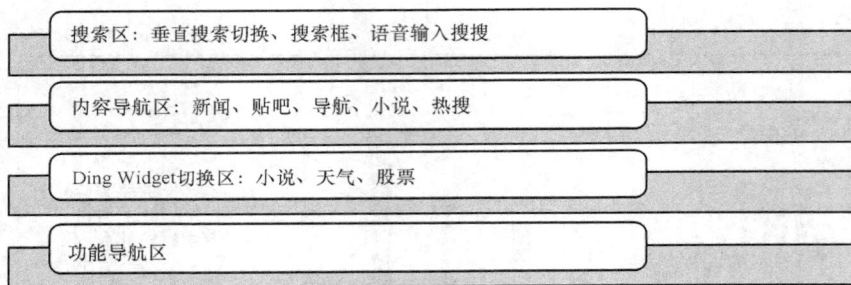

图 6-25　百度搜索客户端的搜索功能

2．腾讯广点通

广点通是腾讯推出的效果广告系统，依托于腾讯海量的流量资源，为广告主提供跨平台、跨终端的网络推广方案，并利用腾讯大数据为广告主实现成本可控、效益可观、智能投放的网络广告平台。所以，广点通相较于其他广告推广具有海量用户、精准定向、数据洞察的三大优势。

（1）海量用户

腾讯拥有 QQ、QQ 空间、手机 QQ、手机 QQ 空间、微信、QQ 音乐等大量用户，据腾讯官方统计，QQ 的月活跃用户数为 8.2 亿，QQ 空间的月活跃用户数为 6.29 亿，这些拥有海量用户的平台都可以为企业提供优质的广告展示位。不仅如此，腾讯与众多外部网站的聚合流量触及总用户数超过 8 亿，日均广告曝光量过百亿。

（2）精准定向

腾讯拥有自己的大数据库，可以根据数据精准地为企业定向潜在用户，实现有针对性的高效营销。

（3）数据洞察

广点通拥有先进的实时竞价技术、全面的数据实时分析能力，可以随时随地帮助企业进行数据的有效分析与管理，进行数据投放，为企业提供及时有效的推广方案。其中，实时竞价是一种新型的以技术为王的营销手段，是通过利用第三方技术在网站或者移动网站对每一位用户进行分析评估以及出价的竞价技术营销手段。

3．微信广告主

微信公众平台的推广功能是微信官方唯一指定的广告系统，拥有公众号的企业可以通过开通广告主功能向不同地区、不同年龄、不同性别的用户进行精准推广，从而获得属于自己的潜在用户，表 6-1 是四大模块的功能与特点汇总表。

表 6-1　微信推广功能

	报表统计	广告管理	推广页管理	财务管理
特点	实时精准	精准投放	集中管理	核算准确、数据详细
功能	按时间查询统计数据、对比分析结果	创建修改广告、设置精准定向及价格	查看、编辑、新增、删除广告页	按时间查询充值支出明细、发票申请管理

微信广告主同样具有海量资源、精准定位群体以及服务闭环的优势。微信用户活跃数达 4.68 亿，优质公众号 200 多万个，覆盖电商、游戏、教育等各个领域，而且微信可以准确地统计用户性别、年龄层、区域信息，这为企业针对性、精准化推广提供了有力条件。由于微信的在线支付功能满足了企业的闭环服务营销，这也是企业网络营销中的一种。由此可见，微信公众平台的使用对于企业营销的重要性不言而喻。

【案例 6-4】多盟移动应用广告

除了前面提到的 3 种移动应用广告之外，还有很多独立的移动广告平台，如多盟就是一家拥有国内最大规模、日覆盖超过 4 000 万独立用户的 APP 广告网络。多盟的数据来源主要为第一方、第二方以及第三方的设备量级，实现了对人群、时间、地域、运营商、操作系统以及网络环境的精准定向。

多盟是中国最早的智能手机广告平台之一，长时间的经营积累以及技术创新，使得多盟在广告主数量、媒体数量以及服务体验上相较于其他移动应用广告存在极大的优势，具体优势如图 6-26 所示。

对开发者	技术能力	对广告主
·高额收入回报 ·丰富的广告资源	·强大的技术力量 ·多样化的广告展现形式	·富有创意的表现力 ·优质的服务体验 ·流量保障

图 6-26 多盟移动应用广告的优势

多盟对于开发者主要采用的是动态分成机制，即对具有价值的或者具有高转化率的优质流量给予更高的回报。同时，多盟严格确保广告质量以及用户体验，保证了广告点击率也提升了开发者的收入。除此之外，多盟支持如插屏广告、开屏广告、文字链等多样化的广告展现形式，充分强调了广告内容与媒体属性的匹配度，而且多盟的移动广告都是基于手机特性而量身打造，表现力创意十足。

五、推广——移动电商营销线上、线下的工具和方法

推广的最终目的是让用户认识企业以及促使用户购买产品，推广的方式多种多样，前面章节中提到过很多种推广方式，如"BAT"三大互联网巨头的推广体系，由微信衍生出的照片打印推广、二维码推广、整合营销推广等，这些推广方式大都是以互联网为主要营销载体的网络推广方式，属于线上推广。然而，现在很多企业以及移动电商交易都属于 O2O 交易模式，将线上与线下完美结合。因此，本节对常见的几种线下营销方式进行讲解，有利于在实际的营销推广操作中实现完美的线上线下闭环营销。图 6-27 是常见的几种线下营销方式。

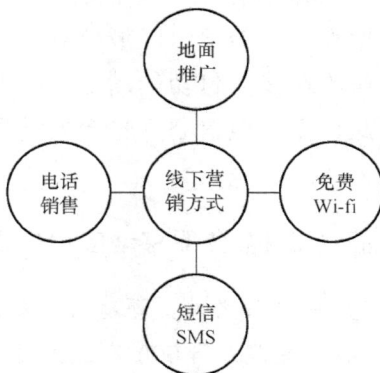

图 6-27 线下营销方式

1．地面推广

前面提到，地面广告是六大宣传媒体之一。地面推广是属于地面广告形式中的一种，除了之前提到的多种广告方式之外，还有最常见的一种广告推广方式，即传单。

154

传单广告就是被印制成单张宣传页的广告宣传形式。传单广告之所以成为企业必选的广告宣传方式，主要原因在于传单广告具有如图 6-28 所示的四大优势。

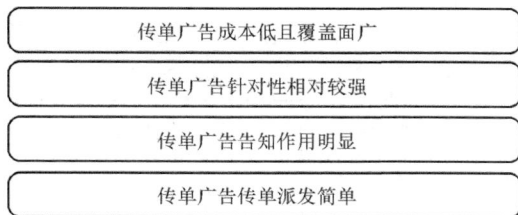

传单广告成本低且覆盖面广

传单广告针对性相对较强

传单广告告知作用明显

传单广告传单派发简单

图 6-28　传单广告的四大优势

（1）传单广告成本低且覆盖面广

传单广告的制作相较于其他形式的广告推广形式成本要低很多，只需要基本的纸张及印刷费用。传单的覆盖率广主要体现在传单既可以集中在某区域派发，也可以采取随报纸杂志以夹页的形式进行派发。

（2）传单广告针对性较强

传单广告的内容通常具有实时性，也就是说不管任何企业的传单广告制作都是依据企业现有市场进行的推广，拥有固定的、有针对性的目标群体。例如，一家主营针对小学英语的教育机构，它的传单派发对象只是小学生；如果某企业的活动对象主要是女性群体，那么传单派发的对象就是女性群体。

（3）传单广告具有明显的告知作用

传单广告一般是由专门的传单派发人员在某一特定区域进行派发，传单的内容通常简单直接，并使传单接收者清楚地了解其目的。例如，传单会直接表明某一段时间内该店的打折信息或者是某店开张优惠等信息。

（4）传单广告派发简单

由于主要是纸张广告，传单广告在派发过程中只需保证足够的数量即可，而且传单携带简单，可以根据具体情况进行灵活的地点变更。

2. 免费 Wi-fi

我们对于 Wi-fi 并不陌生，可以说它已经成为我们生活中不可缺少的一部分，甚至有人夸张地认为 Wi-fi 已经成为人类需求层次中基本需求中的一种。虽然夸张，但是这也侧面反映出 Wi-fi 对于现代社会的重要性。

随着智能手机以及平板电脑的普及，人们对于网络的需求与日俱增。工信部数据显示，截至 2013 年年底，中国用户平均 46%的时间选择利用 Wi-fi 上网。但是由于目前我们的流量资费相对昂贵，免费 Wi-fi 覆盖面积小，所以使免费 Wi-fi 成为新型的线下营销手段。免费 Wi-fi 的核心是将平台流量转化为现金流量，它主要为消费者、商家以及平台运营方 3 个方面分别提供了有效的利益，如图 6-29 所示。

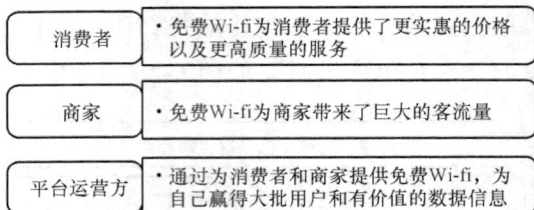

图 6-29　免费 Wi-fi 的作用

3．短信 SMS

SMS 是最早的短信息业务，也是普及率最高的短信息业务。目前，短信息被限定在 140 个字节之内，SMS 短信以简单直接的功能成为众多企业的推广方式之一。短信 SMS 的最大优点在于将企业活动信息准确地传达给用户，用户可以根据需求选择是否参与活动或者参与其中的某项活动。同时 SMS 短信不会对用户的日常生活造成太大的困扰，也不会引起用户的反感。但是由于 SMS 短信仍属于第一代无线数据服务，技术水平应用于内容整合方面存在较大的限制。因此，SMS 短信多用于老顾客的维系或者筛选目标用户等情况下，配合线上的营销推广同时进行。

4．电话销售

电话营销主要是一种依托于电话，以公司名义与用户进行交流的营销方式。如未特别说明，这里所指的电话包括家庭电话以及手机两类。电话是最为快捷方便的一种沟通工具，被用户广泛使用。最新调查表明，现在的电话除用于与他人进行联系之外，更多地被用于咨询或者购物方面，65%的用户利用电话查询或咨询过业务，20%的用户通过电话预定或购物。数据表明，电话为用户提供了一种高效便捷的生活方式。

电话销售要求销售人员有良好的交流技巧及表达能力，并且拥有专业的产品知识。在进行电话销售的过程中，电话销售并不是单纯"打电话"，而是有一定的技巧与规律。图 6-30 是电话销售的一般流程，在具体的销售过程中，企业可以结合自身情况进行相应的调整。

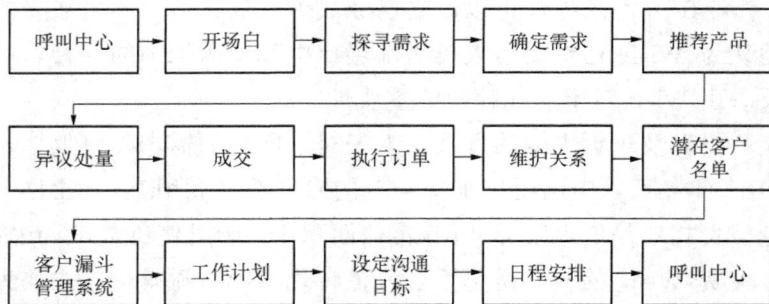

图 6-30　电话销售的过程

六、整合——整合营销需要了解和掌握的方法

第三章对整合营销方式进行过系统的介绍，我们知道整合营销是通过获取用户信息，进而达到产品销售的目的。当企业获取获得一定的用户信息时，需要对其进行分类整合，筛选出符合企业自身特征并且能成为潜在顾客的用户信息。这一过程也被称为访客数据采集整合过程。在网络时代，企业最常获取用户的哪些信息呢？社交媒体中留存的信息其实就是企业获得用户的最基本信息，能被用于营销的信息一般趋向于联系方式，如手机号、身份证号、QQ号以及邮箱等信息。

社交媒体要求用户进行注册成为会员，注册后的用户可以享有评论、转发、下载等特殊功能，注册一般要求填写用户信息，而这一过程就是企业获得用户联系信息的渠道。除了客户信息采集，群数据提取与数据库群发都是整合营销需要掌握的方法。

数据库群发通常是指企业利用QQ群或者其他社交媒体建立的群体进行信息发送，这样信息可以同时送达该群体中的所有用户。群数据提取是指利用软件对发送信息后的用户信息进行提取，筛选出符合企业目标群体的用户进行再营销。例如，赛思QQ群软件就是一款可以用于群发、数据提取的软件。

七、数据分析——分析电商数据、监测营销效果

数据分析指将与产品相关的数据信息进行整理分析，从中发现一定的规律与结论。数据分析为产品而服务，最终目的是获得用户并增加收益。数据分析包括4个阶段，如图6-31所示。

确定分析目标 ➡ 收集有效数据 ➡ 整理分析数据 ➡ 得出结论

图 6-31　数据分析的 4 个阶段

1．确定分析目标

确定分析目标的过程也是识别需求的过程。企业在进行数据分析之前，要确定本次数据分析的目标是什么，因为目标不同，数据收集及分析的侧重点也不同。

2．收集有效数据

在明确目标之后，企业可以根据具体的目标进行系统化的、有针对性的数据收集。收集过程中一般包括对目标对象、使用时间、使用频率等具体的数据统计。很多时候，数据的收集是相当烦琐的一个过程，而且数据众多，但是，只有详尽地收集相关数据，才能更有效地为企业提供数据支持，制定出有利于企业市场发展的策略。

3. 整理分析数据

整理分析数据是指对有效数据收集之后的分析过程，通过排除干扰因素，从影响因素的数据中找出共性，结合市场动向，最后得出结论。根据结论适当地调整企业的营销策略，这种方式可以加大企业的产品销量，帮助企业获得高额利润。

【案例6-5】"啤酒与尿布"

"啤酒与尿布"指商家将啤酒与尿布摆放在同一区域，最早出现于美国沃尔玛超市中。

之所以将两件看似毫无关联的商品摆放在一起，是因为沃尔玛超市的市场人员在进行销售数据分析的时候发现一个有趣的现象，即这两件商品大多数情况下会出现在同一个购物篮。经过调查发现，在美国，年轻的父亲通常承担任购买尿布的任务，而大多数人又都喜欢喝啤酒，所以在购物过程中选择同时购买啤酒和尿布。因此，沃尔玛根据这一数据分析，将啤酒与尿布摆放在统一区域，容易引起购买尿布的父亲进行啤酒的选择购买行为。

在这个案例中，大家可以思考一下，沃尔玛最开始进行数据分析的目标是什么？又做出了怎样的市场策略改变？

在电商营销效果检测中，有具体的数据分析工具，如百度指数、淘宝指数等，具体的操作流程将在第七章进行详细讲解。

第二节　专业微营销的工具和方法

微营销以营销战略转型为基础，通过将传统的营销策略与互联网思维相结合，创造出一种新的营销方式。微营销相较于传统网络营销方式具有如图6-32所示的三大优势。

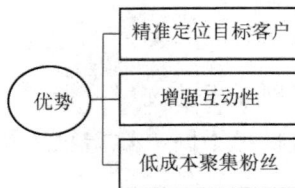

图6-32　网络营销三大优势

1. 微营销帮助企业精准定位目标客户

目前，微营销是指常用的微信、微博等社会化媒体上的营销。正如前面所讲，社会化媒体可以通过用户的自主注册获取用户的大量信息，包括性别、年龄、职业、爱好兴趣等。企业可以根据这些信息属性对其进行分类，进而筛选出适合企业的目标客户。而且随着移动互联网的不断发展，对于地理位置的定向也越来越精确，这有利于企业实行区域营销推广。

2．微营销增强了企业与用户之间的互动性

社会化媒体最大的特点是加强了企业与用户之间的互动性，例如，企业可以利用官方微信号或者微博发布消息，关注该企业的用户可以对企业发布的信息进行评论。企业根据用户评论可以更方便地了解用户需求，这有利于企业及时对营销策略做出调整。

3．微营销为企业低成本聚集粉丝提供了有效渠道

社会化媒体拥有庞大的用户群体，这些用户会根据相同的兴趣爱好自动聚集在一起，形成具有共性的小团体。企业通过寻找符合自身推广需求的社交群体，并对群体中的意见领袖进行宣传攻势，这样有助于企业融入该社交群体中。当企业成功成为社交群体中的一分子，群体成员会主动对企业以及产品进行宣传，由于这些群体带有明显的属性标签，因此更容易吸引具有共同特征的用户，这样企业的传播范围会逐渐扩大。

一、微信营销工具及公众平台

微信及微信公众平台是由腾讯推出的基于智能手机等移动客户端的社会化媒体应用。前面曾分析过，目前的微信用户数已经达到 4.68 亿，据不完全统计，截至 2014年年底，微信公众号也已经达到 800 万。这样的数据说明微信已经成为企业社会化媒体营销的主要载体之一。微信营销主要包括两部分，即微信特色功能营销与微信公众平台营销。本节将对这两部分进行系统介绍。

1．微信特色功能营销

微信拥有很多特色功能，如朋友圈、扫一扫、摇一摇、附近的人以及漂流瓶等。微信的朋友圈是为用户设置的分享图片、视频、文字等信息状态的网络平台。不同于其他社交平台，朋友圈具有一定的私密性，主要体现在两方面，一是朋友圈状态只对关注的联系人开放，二是评论是不开放的，只有共同关注的联系人才能看到。朋友圈营销主要被用于电商、微商企业的营销。

不管是个人还是企业，每个微信号都有一个独有的二维码，"扫一扫"功能就是针对二维码开发的。通过扫描二维码可以获得企业的相关信息，同时在扫描二维码之后，用户就会变成企业的关注者，是企业获得企业潜在顾客的途径。摇一摇、附近的人以

及漂流瓶与扫一扫功能相似，都是获得企业潜在用户的途径。因此，企业要善于利用微信的各项功能，扩大自己的用户数据库。

2．微信公共公众平台

微信公众平台是一种自媒体活动，简单来说就是进行"一对多"的媒体性行为活动，不管是个人还是企业，都可以通过注册公众平台进行自身的微名片、微活动等内容的推送，形成一种线上、线下的微信互动营销平台。微信公众平台一般包括服务号、订阅号及企业号，3 种公众账号有着各自不同的功能，它们的对比如图 6-33 所示。

订阅号
- 为个人和媒体提供信息的传播方式，建立与读者沟通互动的管理模式。
- 注重互动
- 适用群体——个人、媒体、企业、政府、其他组织
- 消息推送——1条/天
- 消息显示——订阅号文件

服务号
- 为企业提供强大的服务和管理功能，如微支付、微店等，为企业实现公众号的拓展平台。
- 注重服务及管理功能
- 适用群体——媒体、企业、政府、其他组织
- 消息推送——4条/月
- 消息显示——好友列表

企业号
- 通过微信连接企业应用，为企业提供移动端办公入口，只有企业通讯录成员才能关注。
- 注重企业应用
- 使用群体——媒体、企业、事业单位、其他组织
- 消息推送——无限制
- 消息显示——好友列表

图 6-33　3 种微信账号功能对比

由于企业号是针对企业内部使用，在此不做介绍。不管是订阅号还是服务号，其推送信息都分为单图文与多图文两种形式，本节均以订阅号为例进行说明。单图文形式与多图文形式最大的区别就在于发布图文消息的数量，消息数应根据企业自身的需求进行选择。单图文虽然只能发布 1 条消息，但是单图文形式会显示文摘、突出重点内容；多图文最多能发布 8 条信息，优点是信息的多样性表达，缺点是不显示文摘、重点内容不突出。

微信公众平台虽然可以作为企业的社会化营销工具，但是如果一味地推送企业产品的营销信息，会引起关注者的反感，容易被取消关注，也就是说面临着失去潜在用户的风险。因此，微信公众平台所推送的内容必须满足如图 6-34 所示的三大原则。

图 6-34　微信公众平台内容推送原则

　　一般情况下，企业所推送的微信公众号内容是想被用户看到并记住的，通过前面章节的分析，我们知道视觉是引起记忆的最有效手段。因此，内容编辑一定要重视整体视觉效果，切忌纯文字表达且重点不突出，最好多采用图片为主、文字为铺的编辑方式。如果所表达的内容必须是文字形式，要突出内容中的重点，即你最想让用户看到的信息，可以通过改变文字的字体、大小、颜色等方式达到吸引用户眼球的视觉效果，同样可以增加时下的热点话题、流行元素作为内容的编辑素材。

二、利用微营销工具增加粉丝

　　微营销的载体是微信、微博等社会化媒体，通过这些社会化媒体进行营销的主要目的在于获得粉丝、扩大企业的用户数据库、增加企业的潜在用户。那么，微营销中有哪些重要的营销工具或技巧可以帮助企业获得大量粉丝呢？下面以微信和微博为例来讲解如何利用微营销工具增加粉丝。

1．微信硬件营销工具

　　微信硬件营销工具指将微信与某些设备连接起来，诱导用户通过扫描二维码关注微信号从而获得免费参与某项活动的机会或者获得某奖品。主要包括微信照片打印机、微信可穿戴设备、微信二维码会议签到、微信名片墙系统等多种微信营销工具。

　　微信照片打印机是现在生活中最为常见的微信营销工具，主要用于商场、书店、咖啡店等场所。主要的操作流程是通过扫描二维码关注商场或所在场所的微信号，就可以将要打印的照片发送至微信号后台打印照片。微信可穿戴设备是指将可穿戴设备与微信接口连接起来，实现微信与设备的同步应用。微信二维码会议签到是指利用扫描二维码代替传统的签到方式，节省了会议签到的时间。微信墙又称为企业版摇一摇，是用于峰会、婚礼及其他活动现场的展示特定主题的微信大屏幕，屏幕会显示摇一摇的用户信息。

【案例 6-6】iHealth 智能腕表

　　iHealth 智能腕表是商家与微信合作的可穿戴设备之一，具体的操作过程是通过扫描 iHealth 智能腕表包装内的二维码关注微信公众号，自动完成云端注册与设备连接，同时自动上传接收到的用户的运动数据，而且只要晃动一下智能腕表，屏幕会自动切换。

除以上营销工具可以增加粉丝之外，企业还可以通过扫描二维码赠送礼物、建立VIP用户群或发红包等多种活动形式吸引用户关注，从而获得粉丝量。

2. 微博矩阵营销

微博矩阵是指在一个大的企业品牌之下开设不同功能定位的微博，与各个层次的网络用户进行沟通，达到全面宣传企业及产品的目的。微博矩阵是PRAC理论的方法论，是指2个必选项及4个选择项。其中品牌微博与客户微博是必选项，员工微博、产品微博、粉丝微博以及活动微博是选择项。微博矩阵之所以可以被用于企业产品营销，主要因为微博矩阵具有如图6-35所示的三大特点。

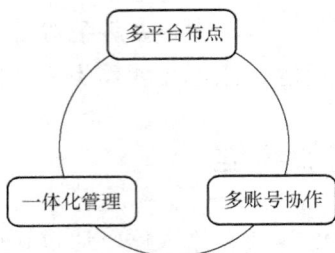

图 6-35　微博矩阵的三大特点

（1）多平台布点

很多门户网站都有开设相应的微博平台，如新浪微博、腾讯微博等，多平台布点可以最大限度地聚集目标受众，为企业的广泛传播做铺垫。

（2）多账号协作

企业通过开通不同功能定位的微博账号，与不同层次的目标受众进行沟通交流，不仅可以扩大企业的传播范围，还可以建立企业在不同层次受众间的信任感，对企业产品营销起到积极的推动作用。

（3）一体化管理

一体化管理主要体现在企业的统一形象及宣传主题上，不管企业是以哪个微博账号、针对哪个目标受众进行宣传，尽管宣传过程中会根据不同类型的受众在宣传表达上采用不同的方式，但是，企业的形象及产品特征不会发生变化。这样一体化的宣传管理可以达到"共振"的效果，加强企业在市场中的整体效果。

在了解微博矩阵的概念及特点之后，我们需要知道企业营销为什么要建立微博矩阵，以及建立微博矩阵之后该如何运营。

企业之所以要建立微博矩阵营销模式，主要是因为如果所有的营销推广在同一个微博中进行会造成内容混乱、定位不明确的错觉，这样会影响用户对于企业和产品的正确认识和判断，并影响最终的购买行为。微博具有即时营销、品牌宣传、公关传播、客户管理等功能，不同的功能传播意味着建立不同的内容宣传策略，而微博矩阵的建立恰好有效地分散了企业发布的内容。根据相应的用户有针对性进行内容宣传，不仅可以精准的辐射用户群体，还避免了用户因内容杂乱而取消关注的情况。

微博矩阵的建立为企业信息发布提供了明确的分工标准，让企业更有目的性和针对性地进行内容发布，如企业可以按品牌需求、业务需求、地域进行划分，甚至可以根据高管职务来建立微博矩阵。每个企业旗下都不止有一个品牌产品，如可口可乐旗下包括可乐、芬达、雪碧、冰露、水动乐等多种品牌，在微博矩阵中可以根据不同品牌设立不同的微博账号。地域划分在银行、团购等领域应用比较广泛，由于在不同的地区均设有企业服务点，所以可以建立以不同地域的微博账号，为不同地域的用户提供相应的服务。例如，招商银行除了企业大号之外，还设有北京、上海、广州等子微博。业务需求就是指企业根据不同的业务功能开通不同的微博账号，如淘宝就开通了淘宝商城、淘宝聚划算等子微博。有时候，企业为了加强自身形象，企业高管会以企业管理者身份与企业官方微博进行互动，以此建立良好的企业形象，扩大企业的传播效果。

建立微博矩阵只是企业营销的开始，微博矩阵的核心因素是运营。也就是说，如果微博矩阵建立完善之后不能完美地进行运营，对于企业来说，微博矩阵就没有发挥作用，其为企业带来的营销效果等于零。那么。如何运营微博矩阵，让其产生完美的宣传效果呢？主要应围绕如图 6-36 所示的三原则进行微博矩阵的运营。

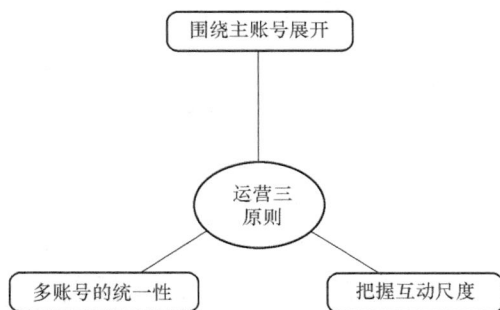

图 6-36　微博矩阵运营三原则

（1）围绕主账号展开

主账号指企业的官方统一账号，它的传播范围覆盖整个市场，所指向的目标用户包括现有用户与潜在用户。因此，主账号的营销宣传内容通常是企业理念以及企业活动、产品的介绍，不具有特定性，不针对某个市场群体或者目标受众。而具体的有针对性的内容是通过微博矩阵中其他的账号进行发布的，企业通过主账号与子账号的互动达到广泛传播的目的。

（2）把握互动尺度

微博矩阵之间的内容互动需要把握一定的分寸，要做到"适可而止"与"随机应变"。所谓"适可而止"，是指企业不同账号之间的互动不能太过频繁，不是主账号发布的每条内容都要进行互动，太过频繁的互动会引起用户的反感。每天的微博都会产生热门话题，企业可以根据热门话题或者用户的讨论热点适当为内容添加趣味性。灵活地调整微博内容既可以提高企业微博的话题度，也可以吸引更多的关注者，间接地达到宣传的效果，这就是所谓的"随机应变"。

（3）多账号的统一性

统一性主要体现在企业不同微博账号之间的头像、昵称、页面装饰风格等容易让用户产生视觉感的事物应保持一致。这种一致性容易让用户识别并记忆，使用户对企业形成一种统一的企业形象认知感，影响用户的心智认知，为之后用户的购买行为做铺垫。

﹚ 本章总结

本章主要内容包括两部分，一是移动网络的营销工具与方法，二是微营销的工具与方法。学习过程中可以将移动网络营销工具和使用方法理论结合身边的实际案例进行思考，这样有助于理解各个营销工具与方法的应用。对本章主要内容的梳理和总结如图 6-37 所示。

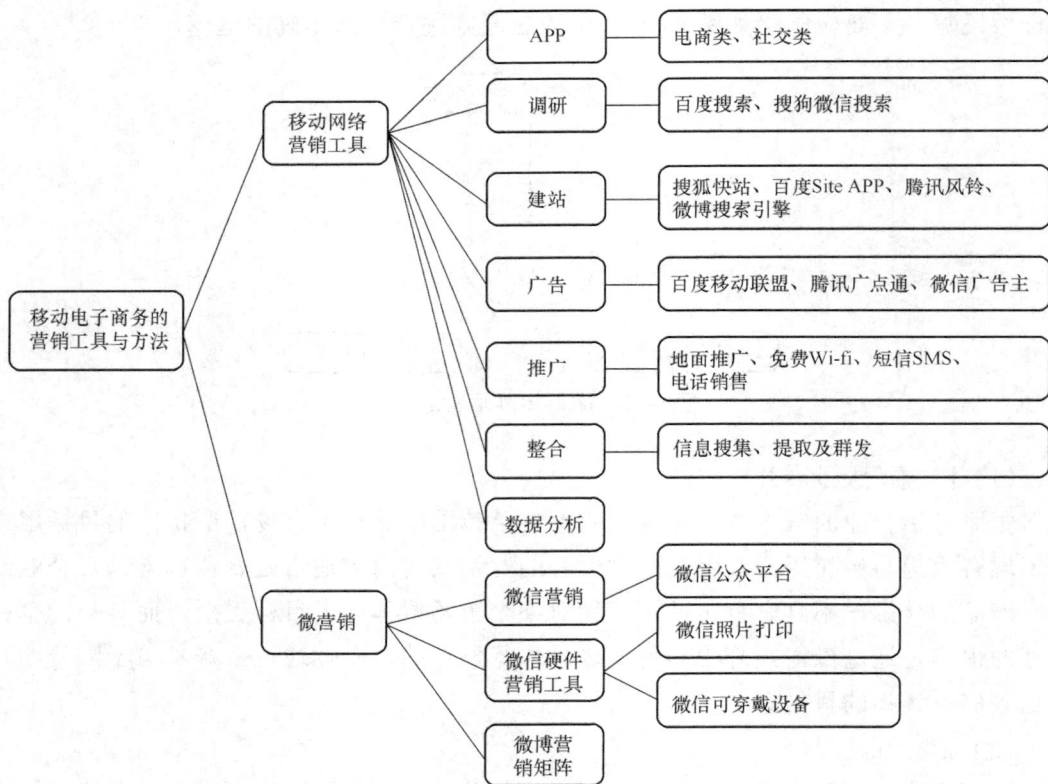

图 6-37　本章内容结构图

实操训练

一、单选题

（1）下列哪一项不是微建站程序？（　　　）

A．快站　　　　　B．口袋通　　　　　C．百度 Site App　　　D．微博认证

（2）下列哪项不属于移动端搜索？（　　　）

A．微信搜索　　　B．微博搜索　　　　C．搜索引擎　　　　　D．应用商店

（3）搜索引擎调研工具包括百度搜索、微博平台搜索以及（　　　）。

A．网易新闻搜索　　　　　　　　　　B．腾讯搜索

C．搜索搜索　　　　　　　　　　　　D．搜狗微信搜索

二、多选题

（1）软文营销作为目前主要的营销方式之一，相较于硬广告而言尤其独特性，主要体现在（　　　）。

A．悬疑式　　　　B．恐吓式　　　　　C．情感式　　　　　　D．故事式

（2）下列属于百度搜索引擎的是（　　　）。

A．搜狗微信搜索　　　　　　　　　　B．新闻搜索

C．知道搜索　　　　　　　　　　　　D．地图搜索

（3）微信公众平台包括以下功能平台（　　　）。

A．订阅号　　　　B．个人号　　　　　C．服务号　　　　　　D．企业号

三、判断题

（1）自媒体时代企业只要粉丝多就有销量，就是未来的赢家。　　　　　（　　　）

（2）微信公众平台推送内容必须满足图文结合、重点突出、特色表达三大原则。

（　　　）

（3）软文就是广告语，是移动互联网的一种营销方式。　　　　　　　　（　　　）

四、综合分析题

果壳网作为一个开放、多元的泛科技兴趣社区，其成功的微博矩阵营销主要体现在集企业、网站、科技媒体于一身的运营效果中。果壳网除了主题官微之外，还设立了谣言粉碎机、果壳爱宠、果壳问答等多个子账号。每个账号有专属的内容主题，同时又与主账号的企业形象保持一致。果壳网微博矩阵运营成功主要体现在以下几点。

（1）果壳网的所有账号的页面设置都统一使用自定义模板，整体设计简单清新，主要色彩采用和企业 Logo 颜色相近的蓝绿色系。

（2）果壳网微博发布的内容紧随热点新闻和科技媒体报道，有助于为网站引入用户流量。

（3）内容资讯发布及时、图文并茂，为内容增加了说服力，而且微博中经常使用"网络体"语言，更容易引起网络用户的讨论。

（4）充分利用 UGC，常与粉丝互动。UGC（User Generated Content）是指用户原创内容。

（本案例节选自 Social Beta，原创作者为"叶落孤舟"）

通过对果壳网的微博矩阵营销分析，大家可以思考一下果壳网在微博矩阵营销中还用到了哪些营销元素，并留心其他企业是否有同样的营销方式。

第七章

移动电子商务的营销效果监测与数据分析

📖 学习目标及重点、难点

学习目标：

了解移动电子商务营销效果监控的关键点，掌握常见的一些移动电子商务数据分析工具。

学习重点：

掌握电商必备的数据分析工具。

学习难点：

理解数据分析图表的含义。

🔍 【案例导入】

2013 年，微软纽约研究院经济学家大卫·罗斯柴尔德利用大数据成功预测出 24 个奥斯卡奖项中的 19 个。2014 年，他通过收集好莱坞证券交易所、用户自动生成信息等大量公开的数据建立预测模型，最终成功预测 2014 年 24 个奥斯卡奖项中的 21 个奖项。2014 年比 2013 年的预测更接近准确结果，最大的原因就在于数据收集更全面。

思考题：

结合案例，试分析大数据使我们的生活发生了怎样的改变。

📶第一节　移动电商数据分析工具

当用户在电子商务平台产生购买行为后，对于企业来说，该用户已由潜在客户转变为价值客户。企业为了将价值客户进一步转化为忠实客户或者永久客户，就会对该用户的购买交易行为进行详细的数据分析，分析的数据对象包括购买时间、购买数量、购买类型、支付金额等。最后，根据分析结果得出相关结论，估计每位客户的价值，并确定有无扩展营销的可能性。整个过程就是电子商务的数据分析过程。

电子商务数据分析过程中，除了数据的收集、整理与分析外，企业还应具备敏感的商业洞察力。这样，数据分析结果才有助于企业制定市场战略调整。企业在对电子商务数据的分析过程中，应将数据分析的结果与市场现状以及造成这种情况的原因结合起来，策划出能够改变或者完善现有市场状况的策略。例如，某超市通过分析销售数据发现婴儿推车的销量增加，那么企业应该将与婴儿相关的物品，如奶粉、纸尿裤等摆放在同一区域，供消费者选择。这种方式无形中增加了消费者的购买选择，促使消费者产生多种产品的消费欲望，从而使得企业获得更大利润。

数据分析的最终目的是为企业增加价值客户和获得利润，企业可以制定完善的市场策略，帮助企业更有效地进行产品营销。在这个过程中，最重要的一点是要保证数据的真实性和有效性，数据真实才能确保分析结果的准确。那么，通过什么工具获得真实有效的数据信息呢？本节将对常用的数据分析工具进行讲解。

一、百度指数

百度指数是以百度海量网络用户行为数据为基础的数据分析平台。百度指数呈现的信息主要包括某个关键词在30天内的网络曝光率与用户关注度，在百度搜索市场中的规模大小，一段时间内的涨跌态势、市场舆论变化，搜索该关键词的用户属性，包括性别、分布区域等，以及与该关键词相关的其他关键词搜索情况。百度指数可以帮助企业分析用户特征，并制定有效的市场营销策略。百度指数包括图7-1所示的四大功能。

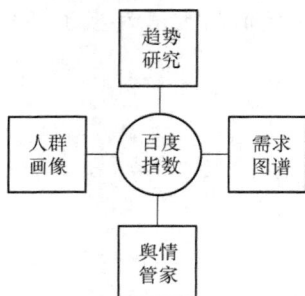

图 7-1　百度指数四大功能

1．趋势研究

趋势研究反映了用户在互联网上对某个特定关键词的关注程度及其持续变化情况。趋势研究主要以百度网页搜索和百度新闻搜索的搜索量数据为基础，以搜索关键词为统计对象，系统科学分析某关键词在百度整体市场中的搜索频次。特别要说明的是，百度指数与搜索量有关，但是百度指数并不等于搜索量。趋势研究包含指数概况与热点趋势两部分内容，具体如图 7-2 所示。

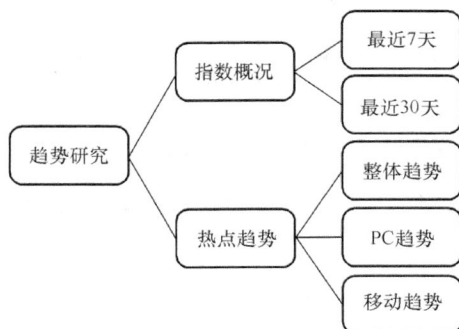

图 7-2 趋势研究

从图 7-2 可知，指数概况包括最近 7 天和 30 天指数状况，该指数包含 6 个部分数据，即整体搜索指数与移动搜索指数、整体同比与整体环比、移动同比与移动环比。这些数据清晰地显示出固定时间段内的搜索量以及搜索变化情况。热点趋势包含整体趋势、PC 趋势以及移动趋势，这部分数据显示了该关键词被搜索的情况和媒体指数，企业可以根据实际情况分地区进行数据统计。

2．需求图谱

用户利用百度进行关键词搜索的行为属于用户自主意愿行为，每个搜索行为背后都可能产生购买行为。因此，企业利用百度指数统计用户的搜索情况可以发现用户隐藏的购买需求与欲望。需求图谱包含图 7-3 所示的内容。

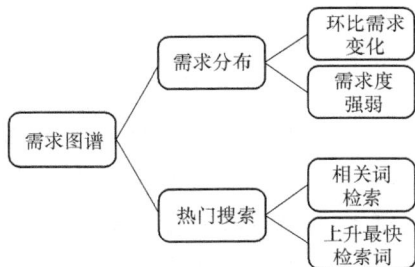

图 7-3 需求图谱

从图 7-3 中可以发现，需求图谱包含需求分布与热门搜索两部分内容。其中环比需求变化以及需求度属于需求分布内容，是指对同属一个关键词条件下其他关键词的需求对比分析；而热门搜索中的相关词检索是指与所搜索相关词同类型的其他关键词的搜索量分析，上升最快关键词是指在一段时间内搜索量发生明显上升的关键词。

3．舆情管家

舆情管家是指百度指数对关键词在特定时间段内被新闻媒体报道的数据或者与该关键词有关的问题、帖子的数据进行的统计。舆情管家包括新闻检测与百度知道两部分内容，根据数据可以看到具体的某个时间点媒体对该关键词的报道消息数量。

4．人群画像

人群画像是指百度指数对关键词搜索用户属性进行的数据统计，统计对象包括用户的性别、年龄、区域、兴趣等，人群画像具体内容如图7-4所示。

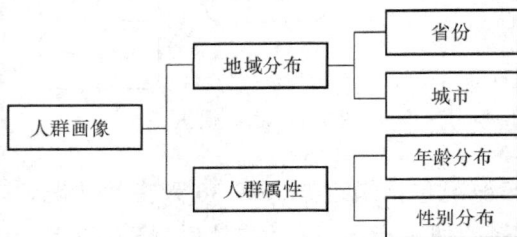

图7-4　人群画像

精确的区域数据以及搜索群体的年龄与性别数据都为企业确定目标市场提供了有利依据，帮助企业有效地制定细分目标市场的营销策略。

【案例7-1】通过百度指数对比分析韩都衣舍与裂帛发展状况

韩都衣舍与裂帛都是淘宝买家耳熟能详的电商名字，它们已经形成了一种电商品牌，拥有了固定的消费群体。这两家淘品牌的消费者在消费等级以及消费爱好方面都非常相似，因此，本案例通过百度指数从趋势分析、需求图谱、舆情管家以及人群画像来对比分析两家淘品牌的发展状况。

1．趋势分析

以30天为周期对韩都衣舍及裂帛的整体趋势、PC趋势及移动趋势3个方面对比来分析市场消费者对两家淘品牌的搜索量，两家淘品牌30天内的趋势图如图7-5所示。从图中不难看出韩都衣舍30天内的平均搜索量达到5 165次，高于裂帛1 132次的平均搜索量，媒体指数同样高于裂帛，而且韩都衣舍在30天内的新闻头条次数也多于裂帛。这些数据对比说明在6月到7月这一个月的时间里，消费者对韩都衣舍的关注度要超过裂帛。

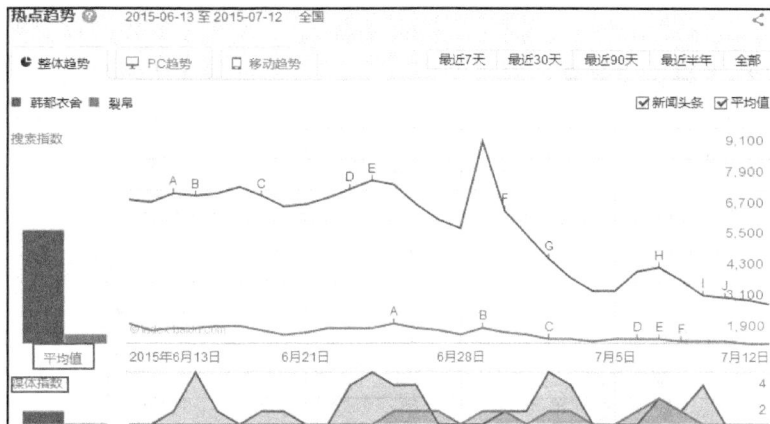

图 7-5　韩都衣舍与裂帛 30 天整体发展趋势

　　既然趋势包括整体趋势、PC 趋势与移动趋势，前面我们分析了两家淘品牌的整体趋势情况，而 PC 趋势及移动趋势走向如图 7-6 所示，大家可以根据图示对比分析说明二者的发展变化并得出结论。

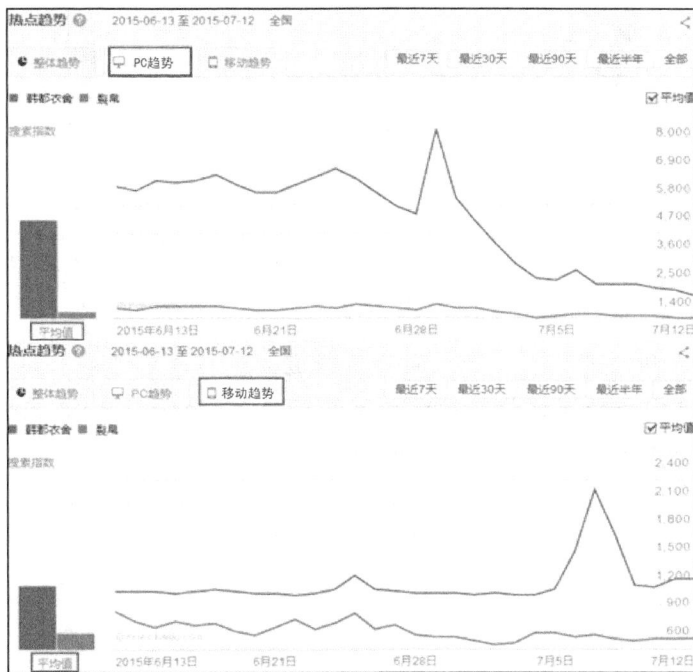

图 7-6　韩都衣舍与裂帛 30 天发展的 PC 趋势及移动趋势

2. 需求图谱

　　消费者自愿搜索的关键词在一定程度上反映了消费者需求，关注消费者需求图谱不仅能更准确地掌握消费者对于产品的需求，企业还可以根据需求相应地改变营销策略。图7-7展示了韩都衣舍以及裂帛两家淘品牌的需求图谱对比。以"秋装"这一关键词为例，搜索韩都衣舍秋装的需求虽然减弱，但是依然属于消费者关注的需求范围之内，而对于关注裂帛的消费者来说，秋装已经不是消费者的主要需求。大家可以根据消费者对二者搜索的其他关键词对消费者的需求进行分析对比。

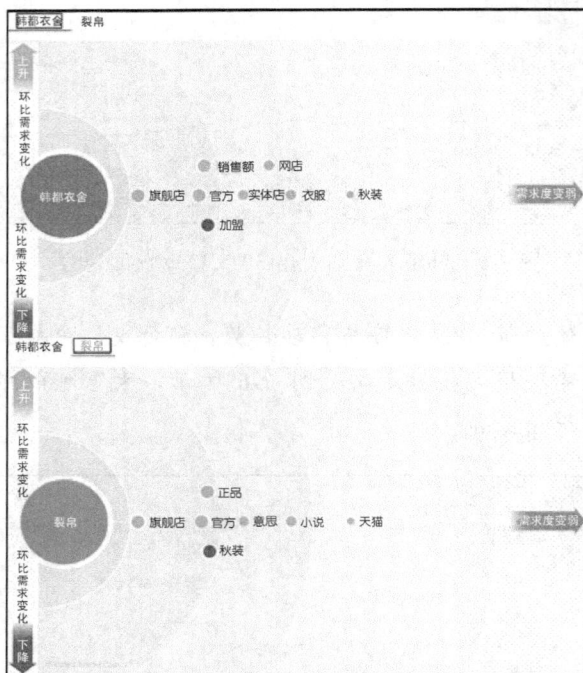

图7-7　韩都衣舍与裂帛的需求对比

3．舆情管家

趋势分析中提到，韩都衣舍的新闻头条报道数量超过裂帛，而舆情管家指媒体的报道次数，两家淘宝店的媒体指数对比如图7-8所示。很明显30天内消费者对于韩都衣舍的关注度高于裂帛。

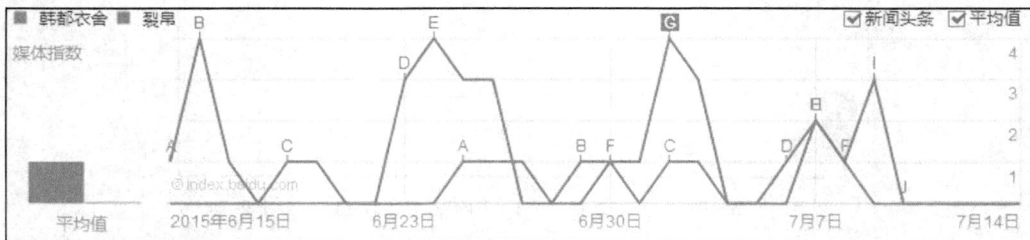

图7-8　韩都衣舍与裂帛的媒体指数对比

4．人群图像

人群图像是对消费者属性的详细分析，韩都衣舍在各省市的总体搜索趋势大于裂帛。在北京地区裂帛的搜索量是最多的，但都没有达到韩都衣舍的一半多，所以韩都衣舍的搜索量在全国范围内都是超过裂帛的。

图 7-9 所示的是两家网店的用户属性对比图。从图中不难看出，两家电商用户年龄段都集中在 20～39 岁之间。其中裂帛 30～39 岁的用户比例超过韩都衣舍，而韩都衣舍 20～29 岁的用户比例大于裂帛。不论是男性用户还是女性用户，韩都衣舍的比例都超过裂帛。从性别比例图示中可以看出男性搜索比例大于女性，请大家试分析造成这种情况的原因是什么。如果是你，根据这种情况会对营销策略进行怎样的改变？

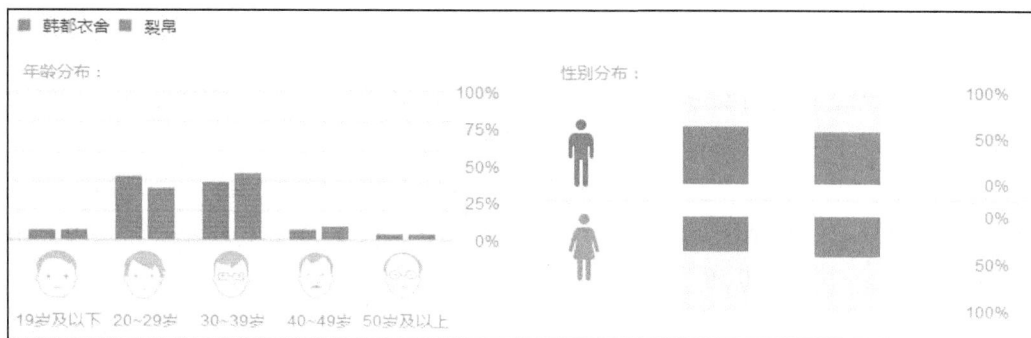

图 7-9   韩都衣舍与裂帛的用户属性对比

二、淘宝指数

淘宝指数是淘宝官方推出的免费数据分享平台，用户可以通过查看淘宝购物数据了解淘宝购物趋势。淘宝数据不同于其他数据平台，不仅针对淘宝卖家开放，而且对于广大买家和第三方用户同样免费开放，充分体现了淘宝指数的官方性、免费性。淘宝指数的搜索数据来自于淘宝、天猫的搜索行为，而成交数据来自于淘宝与天猫的后台成交数据。

1. 淘宝指数的特色

淘宝指数除了其官方性、免费性以及广泛性，还具有趣味性的特点。淘宝指数的趣味性主要体现在淘宝指数增加了星座、爱好等标签，避免了用户在搜索过程中总是面对枯燥的数据，为用户在搜索过程中增添了更多乐趣。既然淘宝指数涵盖了包含卖家、买家、第三方等各行各业的数据，说明淘宝指数为卖家、买家以及第三方提供了不同的功能，满足了各行各业对数据分析的需求。从卖家、买家及第三方的角度分析，淘宝指数具有以下特色。

（1）卖家

对于卖家来说，淘宝指数扮演着市场行业参谋的角色。它可以向卖家展示市场中哪类产品销量最好、哪一类消费群体比例最高，而且它可以告诉卖家哪款产品最受欢迎，消费者年龄、性别、购买区域甚至是星座爱好等，以及竞争对手的市场情况等一系列相关的影响数据。卖家可以根据这些数据显示的消费者特征适当调整营销策略、产品定位店铺装修等，制定出更加详细的、有针对性的营销策略，从而扩大自己的销量，获得利润。

（2）买家

淘宝指数可以分析产品的购买情况、当下的流行趋势，以及具有同类特点的购买人群的消费情况。相对精确的数据分析为买家提供了良好的市场情况，有助于买家做出正确的购买决策。

（3）第三方平台

第三方平台通常是指媒体、行业分析专家、数据爱好者等人群借助淘宝指数的数据对某个行业或者某个产品做详细的市场研究报告。

综上所述，淘宝指数是对市场中某个特定行业的市场情况分析，卖家和买家都可以根据淘宝指数的具体数据结果做出市场营销策略以及市场产品购买决策。淘宝指数包含的具体内容如图 7-10 所示。

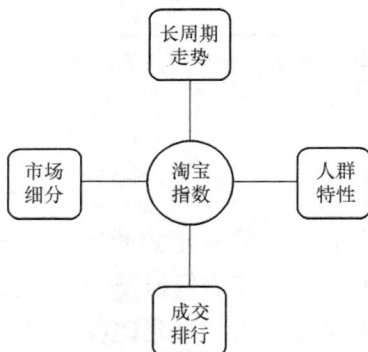

图 7-10　淘宝指数

2．淘宝指数的功能

长周期走势是指某个关键词，如商品、行业、事件等的长期走势，从中可以看出搜索与成交走势。人群特征是指所查找的关键词对应的消费者特征，如年龄层次、男女比例、星座爱好等。成交排行是基于淘宝搜索和成交排行榜的清晰数据显示。市场细分是指不同特征的消费者购买的产品属性以及卖家特征。淘宝指数除了以上四部分内容之外，还有两大功能，即排行榜与搜索框。

（1）排行榜

淘宝指数的排行榜包括搜索排行和成交排行两部分内容。搜索排行统计了淘宝的热搜排行 Top20，每个类目下又有其子类目。从搜索排行中可以明显发现哪一类产品是市场热销产品，哪一类产品具有市场潜力。假如女装为热搜榜第一名，女装类目下又有外套、连衣裙、打底裤等多个子类目，而外套又分为短外套、中长外套、风衣等类目。搜索排行即精确到每个子类目的 7 天之内的排行。成交排行包括品类、品牌以及行业排行 3 个部分，都是按照成交量对一周之内热门品类、品牌以及行业进行的排行。

（2）搜索框

搜索框为用户提供了关键词的搜索指数、成交指数以及市场细分状况。搜索指数指在最近一周之内搜索某关键字的趋势，企业电商在分析过商品的搜索趋势之后，可以做好相应的清货或者备货事宜。成交指数会显示一周内每日的成交变化情况。而市场细分则是将产品成交后的人群进行准确定位。如对购买某产品人群的年龄、地域、性别比例等都会有一个详细的数据定位。企业根据数据可以轻松判断出哪类的目标群体是固定顾客、哪类是潜在顾客，然后有针对性地进行营销策略的完善。

三、淘宝量子恒道

淘宝量子恒道是淘宝官方的数据产品，致力于为电商与卖家提供精准、实时的数据统计、数据分析以及数据方案，目前已经与生意参谋合并升级。量子恒道的数据统计分为两方面的内容，即量子恒道网站统计和量子恒道店铺统计。

1．量子恒道网站统计

量子恒道网站统计是一套免费的网站流量统计分析系统，包括对个人站长、博主、网络用户以及第三方等用户提供的网站流量监控、统计以及分析。量子恒道网站统计提供全部站点的流量统计、管理站点的统计等数据，而且还具有查看与删除留言板以及解读报表、导出数据的功能。

2．量子恒道店铺统计

量子恒道店铺统计是为淘宝旺铺量身打造的店铺数据统计系统，通过统计访问者的用户特征和行为特点，帮助淘宝电商更好地了解消费者喜好，为营销推广提供有效的数据支持。量子恒道店铺统计根据不同业务情况被分为不同功能，常用功能如图7-11 所示。

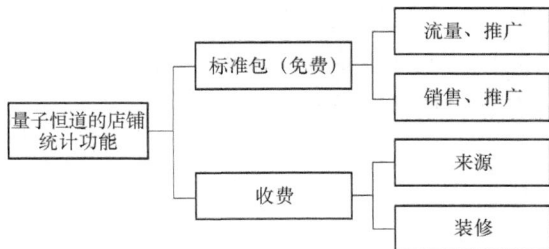

图 7-11　量子恒道的店铺统计功能

（1）流量分析

流量分析包括两方面内容，即淘宝店铺流量以及手机淘宝店铺流量。量子恒道会对这两部分内容的访客量以及浏览量进行实时更新，包括访问时间、入店来源、访问页面、是否是回头客等数据信息，淘宝电商可以根据需求选择"按天"或者"按小时"对数据查看与分析。"按天"查看数据有助于帮助卖家分析哪一段时间适合做活动，或者分析活动期间中的哪段时间更受欢迎。"按小时"查看可以帮助淘宝卖家根据当天时间段的浏览量与访客量进行宝贝及人手的调整。

流量分析中还包括对宝贝被访详情，即分类页被访、首页被访以及店内关键词搜索流量的分析。宝贝被访详情是指淘宝店家商品被查看的次数，次数高说明该商品在消费者眼中有可能成为畅销品，而且淘宝电商的爆款也有可能包含在此数据中。分类页数据显示了用户的商品需求，商家根据分类页数据对商品进行分类，这也说明按照消费者的喜好进行归类更有助于商品的销售。首页被访可以帮助商家判断用户从首页开始的访问路径变化，商家可以根据数据进行店铺设置的调整或者首页的优化。店内关键词搜索可以反映用户的需求属性，根据搜索的数据统计，商家可以重新优化宝贝名称，从而提高被搜索的可能性。

（2）销售分析

销售分析数据为淘宝商家提供了客观分析自身经营状况以及类目产品的销售情况，有助于店家及时进行营销推广策略改善以及对商品上下架的调整。其中客单价均值与全店转化率均值值得特别注意。客单价均值是指所选择的某个时间段的客单价日数据平均值；全店转化率均值是指所选择的某个时间段的全店成交日数据的平均值。这两个数据指标对于店家设置促销活动有重要影响。

（3）推广分析

推广数据直接检验买家的推广活动或者手段是否成功，是否为店铺带来流量，是否对商品的销量产生效果。根据数据分析的结果，商家可以相应地加强或者改变某些推广手段，让店铺达到更高的曝光率，增加产品的销售量。

（4）客户分析

客户分析数据为商家显示了用户浏览产品的时间、产品类型、停留时间等数据，这部分数据综合反映了消费者喜好，也为商家有针对性地对用户销售提供了有力依据。

来源分析与装修分析属于付费功能，淘宝商家可以根据自己的实际情况决定是否开通此类功能，在开通此项功能之前商家必须对自身的发展状况、用户群体进行详细的分析调研，这样才可有针对性地改善现状。

四、淘宝数据魔方

如果说淘宝量子恒道分析是针对每天数据进行的统计分析，那么淘宝数据魔方则是对行业进行的数据统计分析。淘宝数据魔方是基于淘宝海量信息的商业数据分析产品，它可以分析淘宝中全行业的浏览、交易、收藏、搜索，以及消费者特征、市场发展状况等数据，为企业或卖家提供有力的数据支持。淘宝数据魔方包括专业版与标准版两部分，其对比如表 7-1 所示。

表 7-1　淘宝数据魔方标准版与专业版对比

	专业版	标准版
订购条件	按年起订	按季起订
权限管理	最多可查看 1 年数据	最多可查看 30 天数据
	可添加其他店铺查看对方数据	
	可授权 3 个子账号，同一 IP 下可多方登录	—
实时数据	第一时间提供行业及自身店铺的实时成交数据	—
行业数据	行业整体情况，子行业成交占比，行业热销店铺和宝贝排行，飙升宝贝排行，买家来访时段、地域分布，卖家规模、信誉、地域分布	
	商品标价、客单价分布，买家购买频次	—
品牌数据	热销品牌、飙升品牌排行，品牌下热销宝贝排行，买家、卖家地域分布	
	品牌成交、关注、竞争规模，品牌在行业下的成交分布，品牌下的热销店铺排行，商品标价、客单价分布，买家购买频次、时段、性别年龄分布，卖家规模、信誉分布	—
产品数据	热销产品排行，产品下的热销宝贝排行，买家、卖家地域分布	
	产品成交、关注、竞争规模，商品标价、客单价分布，买家购买频次、时段、性别年龄分布，卖家规模、信誉分布	—
属性	单个、多维属性热销排行，属性下的销售情况，属性下的热销宝贝、热销店铺排行	—
淘词数据	行业热词榜，全网关键词查询	
	宝贝关键词诊断	—
自由店铺数据	店铺成交概况，店铺在各行业的经营排行，店铺热销品牌、热销宝贝、飙升宝贝排行，店铺买家购买频次分布，店铺客单价分布，店铺买家性别年龄分布	
	—	挑好货，货源推荐
顾客流失数据	店铺热销宝贝浏览来源，顾客流失情况，流失顾客去其他店买了什么	—

由表 7-1 可以看出，无论是专业版还是标准版，淘宝数据魔方分析的内容都主要包括市场、买家、卖家、淘词以及店铺 5 部分内容。

市场是对整个行业及子行业的销售状况、新增行业及飙升行业、成交比例、店铺和宝贝的排名情况等进行的综合评估。对行业市场的分析对于想要进入线上市场的企业来说是非常重要的。它将为企业呈现市场中哪个行业的发展潜力较大、哪个子行业可以快速发展，帮助企业结合自身发展情况找到合适的发展资源以及市场机会。

企业可以通过买家对产品的浏览、购买，飙升品牌与产品的状况，对品牌的关注度等数据分析产品被市场消费者接受或者认可的程度，然后根据买家属性，如性别比例、年龄层级等，根据数据分析结果相应地制定或者调整市场营销策略。

企业在进入线上市场的时候同样要对现有市场中卖家进行数据分析。卖家规模及排行反映了对应行业的竞争与发展趋势。如果卖家规模较大，销量持续增长，说明该卖家所在的行业发展趋势递增，相应的市场竞争也会越来越激烈；相反，如果卖家的整体趋势呈下降趋势，那么就意味着该行业的整体发展趋势缓慢甚至会出现被市场淘汰的情况。

淘词是淘宝数据魔方推出的关键词查询功能。淘词的行业热词搜索与宝贝关键词搜索会为企业提供市场流行趋势指南，而且这种趋势结果是由消费者创造的。所以企业可以根据热搜词排行榜选择行业类型。

当企业根据市场、买卖家以及淘词等数据确定好行业及子行业类型之后，店铺的装修就成为实际营销中重要的一环。前文视觉营销中我们曾讲过，店铺是吸引顾客的第一元素，店铺是否美观决定着消费者对店铺第一印象的好坏。尤其是对于移动客户端的店铺页面设计，在有限的屏幕限制下，如何让消费者感觉到美感，或者说如何让消费者注意到店铺，并产生购买欲望，这些都是店铺设计需要考虑的重要因素。例如，店铺模板类型、店铺整体色彩首先要与产品相匹配，其次是商品的展示图片要符合模板要求，切记不要从 PC 端直接导入，最后是设计要有创意，也就是要足够吸引消费者的注意。

【案例 7-2】女装移动端淘宝店铺设计

随着移动互联网的发展应用，手机购物已经成为一种趋势。数据显示，网络用户中有接近 6 成的用户选择使用手机进行购物，这也是各大电商纷纷推出手机客户端的原因。以淘宝天猫为例，大多数 PC 端卖家都会开通移动端。同样，想要在移动端夺人眼球、第一时间达到吸引用户的目的，最快捷、最关键的因素就是店铺设计。

图 7-12 是两家女装电商的移动端店铺设计对比。由图中不难发现，如果单纯从店铺首页设计风格判断衣服属性的话，左图很容易被认为是男装，但实质上该店铺是专营女装的店铺。相比之下，右图对于服装属性及主题的表达更加清晰明确。左图的服装风格为文艺摇滚风格，它的店铺设计虽然引用了摇滚传奇"披头士"横穿马路的经典照片，并配有"活动专区"字样，下面同样设有店铺的活动专区，整体色调看似都

与摇滚这一主题色彩相呼应，但是卖家并没有将主打的服装呈现出来。右图中卖家利用模特将服装展示出来，图片以及大小图的搭配都让买家会第一时间对该店铺的服装有整体的判断。而且右图中，卖家通过模特的不同姿势展现服装不同角度所呈现的样式，进一步加深了买家对服装的了解认识，更有助于买家做出购买决定。

因此，店铺的设计同样影响着买家的购买行为，也是营销推广中的重要环节。通过上面的讲解，大家可以对熟悉的移动端电商的店铺设计进行分析，试想如果是自己设计店铺，会添加怎样的创意表达。

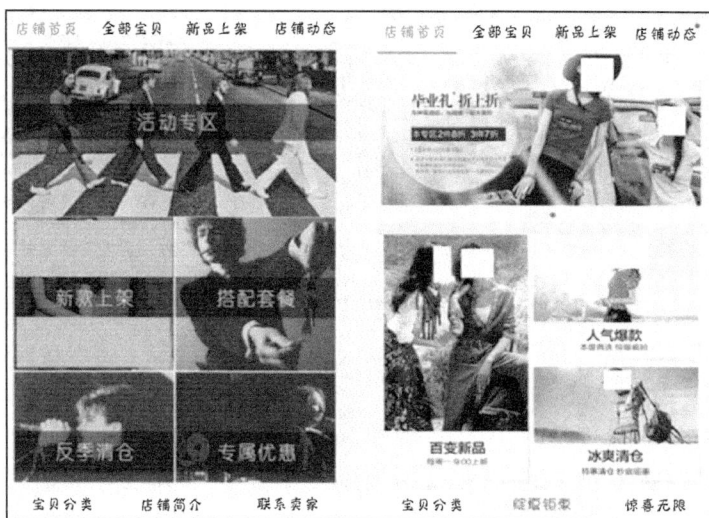

图 7-12　两家女装电商的店铺设计对比

五、卖家工具箱

淘宝卖家工具箱主要用于卖家对买家的信誉查询，为淘宝用户提供了准确有效的数据分析，为卖家买家的选择提供更好的参考依据。换句话说，淘宝卖家工具更偏向于竞品分析，买家可以通过数据分析选择合适的卖家，卖家同样可以根据数据查看某买家的信用度来决定是否选择发货。淘宝卖家工具箱的具体功能如图 7-13 所示。

淘宝信用/中差评查询

淘宝动态评分查询

隐形降权查询

淘宝店铺综合查询

淘宝关键词查询

全国快递查询

图 7-13　淘宝卖家工具箱功能

1．淘宝信用/中差评查询

淘宝信用查询的对象通常是买家，它可以为卖家评估买家的信用度情况，帮助卖家判断该买家是否是出于真实意图进行产品购买。淘宝中差评查询主要是针对卖家而言，淘宝店铺评价决定着该店铺的信用度，信用度越高，成交的机会就会越大，同样获取的利润就越多；相反，信用度低就意味着该店铺的综合评价偏低，这会影响消费者的购买行为。淘宝信用及中差评查询的主要作用体现在如图 7-14 所示的两方面。

避免卖家出现降权风险
- 当买家一周之内的点数超过20点，该账号有可能被淘宝拉黑，因此该账号买家再次拍下的商品有可能属于炒作，这时候卖家有被降权的风险。但是如果该卖家对买家进行了数据分析，就会避免该种情况的发生。

避免无效交易
- 如果买家账号开通时间少于30天，而且频繁给其他卖家产品中差评，则该买家有可能是骗子或者其他恶意竞争者。
- 如果某买家经常并且随意给卖家中差评，为了避免出现无效交易，卖家应尽量避免与此类买家进行交易。

图 7-14　淘宝信用及中差评查询

2．淘宝动态评分查询

淘宝的动态评分直接影响卖家店铺商品的搜索排名，也就是说，如果某卖家店铺评分较高，即意味着该店铺及商品的搜索排名靠前，被搜索到的可能性就越大，交易的可能性就越大；反之，如果评分不高，则该店铺及商品被搜索到的可能性低，导致成交量偏少。通常情况下，影响评分的因素有宝贝实际情况与描述是否一致、卖家客服态度、卖家发货速度等。那么，为了提高淘宝店铺评分，让卖家获得更多交易，我们提出如图 7-15 所示的几大方法。在实际应用中，卖家可以结合自身情况进行调整应用。

提高自身的服务态度、商品质量、发货速度等客观因素

商品发货后和商品被签收后主动联系买家，增加好感、获得好评

通过赠送优惠券或现金返还诱导用户好评

图 7-15　提高店铺评分的方法

3．隐形降权查询

隐形降权查询是针对商家查询宝贝是否被降权，并根据查询结果采取相应措施的功能设置。之所以被称之为隐形降权是因为淘宝工作人员通过一定规则判断某商品是否该被降权，而这一过程中卖家并不会接到任何消息。造成宝贝隐形降权的因素主要有图 7-16 所示的 3 点。

如果某账号已被淘宝监控，而该账号所购买的宝贝被淘宝认为有刷单风险的宝贝会被隐形降权

浏览量和收藏量与销售量不成比例，转化率偏低的情况下容易被隐形降权

买家购买某宝贝的时候经常出现改价或者退换货的情况，该宝贝容易被降权

图 7-16　隐形降权原因

4．淘宝店铺综合查询

店铺综合查询，顾名思义就是对店铺综合实力排名的查询。查询店铺的综合排名对于卖家有什么作用呢？图 7-17 列出了淘宝店铺综合查询的几大好处。

帮助卖家分析店铺的整体运营情况，包括销量、营业额等，卖家可以根据分析结果进行店铺运营及营销策略的改进

帮助卖家分析同行店铺的运营情况，取长补短，制定出相应的应对策略

帮助卖家查询每一个宝贝的上架及销售情况，根据分析结果对宝贝进行调整

图 7-17　淘宝店铺综合查询的好处

5．淘宝关键词查询

淘宝关键词查询也就是淘宝店铺宝贝的排名。如果该宝贝标题中含有买家搜索的关键词，那么该宝贝被搜索到的次数以及被交易的可能性就会增加，相反则会减少。因此，对于卖家来说，提高宝贝的搜索量，即设置关键词查询至关重要，图 7-18 是提高宝贝排名的 3 种方法。

图 7-18　提高宝贝排名的方法

宝贝标题匹配度是指店铺卖家为某宝贝制定的标题与买家搜索的关键词的重合度。如果重合度高、标题与关键词匹配度高，说明该宝贝的排名靠前，成交的机会相对来说就更大，反之则更小。影响宝贝排名的因素还有收藏量与宝贝描述。宝贝的收

藏量越高，反映该宝贝的人气越高，买家购买的可能性就越高。宝贝描述同样要符合关键词搜索，而且宝贝描述越符合买家需求，被购买的可能性就越高。

6．全国快递查询

快递查询就是指买家对所购买的商品进行物流查询。物流影响着店铺的评分高低，因此店铺在物流选择、安全性等服务中要合格到位，这样才能促使买家给卖家店铺好评，提高店铺的总体评分。

六、生 e 经

生 e 经是通过数据统计分析商业规律，为企业或者淘宝卖家提供更科学、更准确、更合理的经营策略与方法。生 e 经通过深度的数据统计和精确的数据分析，帮助淘宝卖家实时了解自己店铺的经营状况，并掌握竞争对手的运营情况以及整个行业的市场情况，促使淘宝卖家有针对性地进行营销策略的改革和创新，提升店铺的整体销量。生 e 经主要包含流量统计和行业分析两方面的功能应用。

1．流量统计

流量统计可以帮助淘宝卖家全方位掌握店铺的各模块流量信息、时段走势、推广流量、访客属性等多方面的数据统计。卖家对数据显示的流量统计信息，可以有针对性地加强或者改变某方面的表达方式。流量统计又分为流量分析、宝贝受访分析、店铺受访分析、访客分析以及推广分析 5 个部分，如图 7-19 所示。

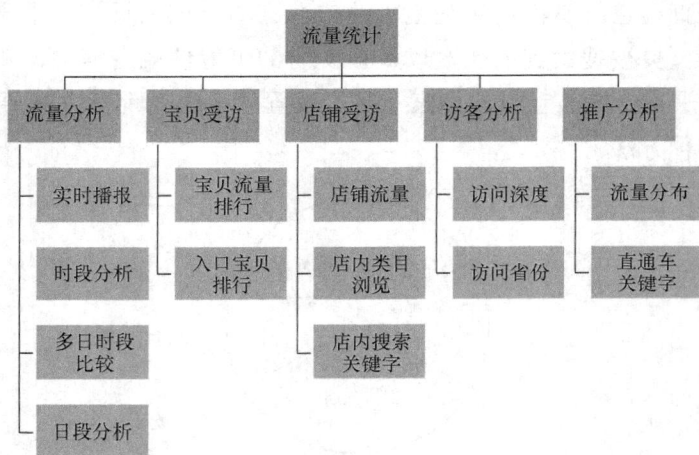

图 7-19　流量统计

由图 7-19 可知，流量分析主要是根据时间为卖家提供的数据统计，此类数据可以帮助卖家分析哪一个时间段是用户流量的高峰期。高峰期意味着这个时间段卖家店铺及产品的曝光率是最高的，因此，卖家可以在此时间段增加客服人员或者设置店铺活动、新品上架等，这样可以间接吸引更多用户。宝贝与店铺的受访分析是指该店铺及宝贝被浏览的次数，卖家可以根据对不同宝贝的浏览量决定重点营销的对象。访客分析是对用户属性，包括性别、年龄、地域等特征的统计，此类数据有助于店家进行市场细分，并有针对性地进行营销推广。

2．行业分析

行业分析包括淘宝类目关注行情以及关键词关注行情两方面内容，如图7-20所示。该功能可以为卖家提供很多信息，如平均价格、宝贝数量、买家数量、行业销量、买家属性等一系列信息。其中淘宝类目为淘宝卖家提供热销宝贝与热销店铺排名、子行业销量、品牌销量等，卖家可以根据排名为自己的店铺及产品进行准确的定位，从而更好地进行营销。

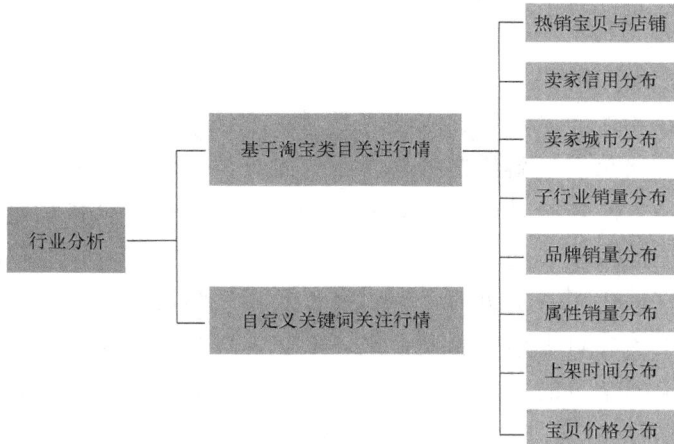

图 7-20　行业分析

根据上面对生 e 经功能内容的介绍，我们不难看出，生 e 经可以为淘宝卖家提供多方面的数据信息，帮助卖家在店铺、产品以及营销推广方面做出精确的数据统计，并根据分析结果做出合理有效的应对方法。生 e 经对淘宝卖家在经营过程中起到的作用如图 7-21 所示。

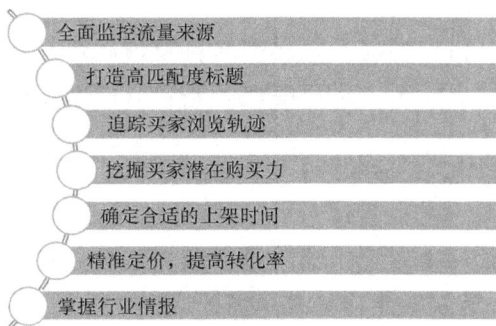

图 7-21　生 e 经对淘宝卖家的作用

（1）全面监控流量来源

生 e 经提供了多种获取流量的渠道，如直通车、钻石展位、淘宝搜索等，并且清楚地显示了每种渠道获得的访客数、销售量、跳失率等数据。淘宝卖家通过各个渠道的数据对比，可以更加精准地进行渠道营销推广。

（2）打造高匹配度标题

宝贝标题与宝贝浏览量有着直接的联系，标题的作用是让宝贝被搜索，如果标题与买家搜索时的关键词相匹配的话，宝贝的曝光度就会增加。

（3）追踪买家浏览轨迹

追踪买家的浏览轨迹的目的在于对买家进行二次营销。只要是买家浏览过的商品，即使目前并没有成交，但是浏览行为在一定程度上说明买家对该商品有兴趣。卖家可以抓住这一亮点对买家进行特定销售，或者利用活动吸引买家，促使买家产生购买行为。

（4）挖掘买家潜在购买力

挖掘买家潜在购买力最常用的方法就是对买家进行搭配销售，通过给搭配的产品进行低于搭配前价格总和的新价格销售，给买家一种"划算"的感觉，促使买家进行购买。搭配销售最大的好处是产品品类的销售提高了店铺的整体销量。

（5）确定合适的上架时间

生 e 经为卖家提供了各宝贝的上架时间以及销售情况，而且卖家还可以收集到行业中其他竞争对手的宝贝上架时间及销量。卖家通过分析自身情况与竞争对手，可以确定哪个时间段上架宝贝的被关注度最高，通过确定具体上架时间来增加宝贝的购买情况。

（6）精准定价，提高转化率

生 e 经中关于价格有一项重要的设计就是"区间价格查看"，即卖家可以选择价格区间查看产品的销售情况。通过各价格区间销量的对比可以发现哪个价位段是买家接受度最高的，卖家可以结合产品的成本、质量适当对现有价格进行调整，加大该产品在行业市场中的销量。

（7）掌握行业情报

生 e 经中的"行业分析"功能系统化地对行业情况进行数据统计，卖家根据数据分析可以随时掌握行业发展状况，进而随时调整自身的市场战略。

七、淘宝知己知彼

淘宝知己知彼是一款透视淘宝店铺流量来源的工具，它可以帮助淘宝卖家进行关于对手流量来源的查询，监控对手店铺及单品的成交额以及对手各种店铺活动的效果。"知己知彼"特别适合想要了解同行间竞争对手状况、提高店铺业绩的卖家使用。也就是说，知己知彼既解决了卖家获取行业信息的需求，又为自身提高店铺业绩提供了数据支持。淘宝知己知彼为卖家具体提供了如图 7-22 所示的功能。

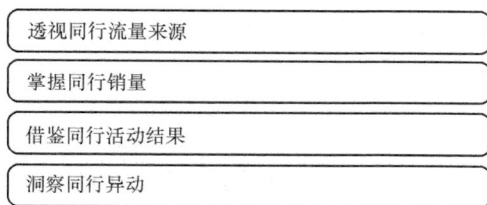

> 透视同行流量来源
>
> 掌握同行销量
>
> 借鉴同行活动结果
>
> 洞察同行异动

图 7-22　淘宝知己知彼的功能

1．透视同行流量来源

淘宝知己知彼会记录和跟踪店铺每日的流量来源，提供店铺和宝贝流量的历史查询功能，随时掌握每个宝贝的历史流量组成情况。企业可以通过"知己知彼"充分了解对手的流量状况，拓宽自己的流量来源。流量来源一般包括站内活动、钻石展位、淘宝 U 站、直通车，以及自然搜索流量几部分。站内活动是指淘宝为卖家提供的活动形式，卖家可以根据需求选择合适的活动形式进行推广，聚划算、淘金币、天天特价等都属于站内活动。自然搜索流量其实就是宝贝关键词的搜索量，搜索量高就意味着该宝贝人气比较高，相应的成交概率就会比较高。而钻石展位、淘宝 U 站、直通车在前面的章节我们曾详细讲解过，大家可以回忆一下各个来源渠道具有哪些特点。

2．掌握同行销量

淘宝知己知彼为卖家详细提供了同行竞争对手的宝贝销量。销量数据让卖家更清楚地了解竞争对手市场销售状况，同时帮助卖家吸取成功的销售经验，提高自身的宝贝销量。获取销量数据的渠道包括整体销售额、单品销售额、整体销售结构、买家旺旺号提取、虚拟交易查询等。

3．借鉴同行活动效果

淘宝卖家设置店铺活动的目的在于获得流量，增加利润。具体的活动形式包括站内活动、店铺活动及站外活动 3 个部分，如图 7-23 所示。这些活动都是卖家可以选择设置的活动形式。卖家可以根据分析同行店铺的活动效果，借鉴成功之处，为自身的店铺活动增添获取流量及利润的砝码。

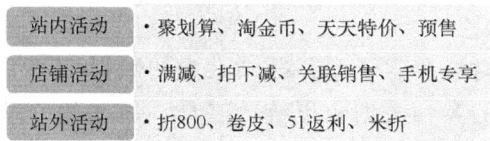

站内活动	·聚划算、淘金币、天天特价、预售
店铺活动	·满减、拍下减、关联销售、手机专享
站外活动	·折800、卷皮、51返利、米折

图 7-23　店铺活动形式

4．洞察同行异动

卖家通过淘宝知己知彼的数据分析，实时了解同行竞争对手的异动，如新品上架、标题改动、隐形降权、潜在爆款、价格变动等一系列情况。根据竞争对手动态策划相应的应对策略，防止竞争者独霸市场的局面。

第二节　移动电商营销效果监测

移动电商营销效果的监测实质上就是对网络营销效果的监测。随着社交媒体的不断发展，网络营销方式呈现多样化发展，而且由于网络自身跨地域跨空间的特点，使得企业或者电商营销达到广泛传播的效果。尤其对于电商来说，对用户怎样进入网站、在哪个时间段进入网站、在网站页面停留了多久、产生了多少成交额等一系列数据都可以进行效果监测，获得准确的数据分析，制定更完善的营销策略。那么，如何系统地进行营销效果监测，获得有效的数据呢？通常网络营销效果监测包括确定营销目标、评估网站目标价值、统计网站流量三部分，具体内容如下。

一、监测电商营销效果的三种方式

1．确定营销目标

不管是电商还是移动电商，营销的最终目的是产生销售、获得成交额。所以对于电商网站来说，判断是否实现营销目标的标准就是消费者，即买家是否进行付款。如果网站显示买家付款成功，那么就意味着电商的营销目标已经实现。

2．评估网站目标价值

价格是价值的外在体现，价格并不能代表商品的价值，但是在一定程度上可以反映商品价值的高低。也就是说，对于电子商务网站，价值是由商品价格体现的。价格中又包含了商品的成本，对于以获得利润为最终目的的企业或电商来说，价格中除去成本所剩余的部分才是企业或电商获得的利润，也就是价值。因此，对于电商来说，目标价值就是企业或电商所获得的利润，评估电子商务网站的目标价值就是评估该电商商品获得的利润是多少。

3．统计网站流量

统计网站流量就是对浏览电子商务网站人数的数据统计，这就需要统计人员能够熟练应用上一节中提到的各种数据分析统计工具。通过各个时间段的流量人数、浏览者属性及倾向，对照营销策略判断企业是否达到营销预期。

以上 3 个部分内容是监测电商营销效果的 3 种方式，通过营销目标、目标价值以及流量来检验企业或者电商的网络营销效果的目的就在于确定现有的市场营销策略是否符合目前所处的市场状态，同时可以预测企业或电商在现阶段的盈利情况。随着监测结果的不同，企业或电商可以随时调整市场策略来适应市场变化，并最大化地达到预期目标，获得利润的最大化。除了营销效果监测的 3 种方式之外，在监测移动电商营销效果的过程中还需要把握五大关键点，确保监测效果的准确性和有效性，如图 7-24 所示。

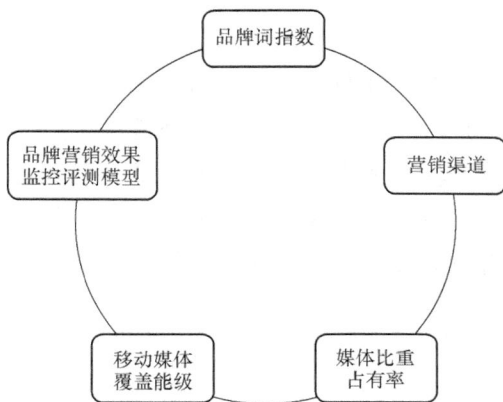

图 7-24 移动电商营销效果检测的五大关键点

二、监测电商营销效果的五大关键点

1. 品牌词指数

品牌词，顾名思义就是具有品牌特征的某个关键词，如阿里巴巴、京东商城。我们在前面提到过，品牌是企业的无形资产，如果一个企业的品牌被市场消费者认可，那么该品牌会为企业创造很多价值，如可口可乐公司具有接近 800 亿元的品牌估值。品牌知名度越高，熟知该品牌词的市场消费者就越多，其在搜索中排名就越靠前。而品牌词指数就是指品牌词被搜索的次数，企业可以利用百度指数对某品牌词进行特定时间段内的搜索数据统计。

品牌词的熟知度与品牌词指数的上升与否同样反映了企业对自身品牌营销宣传的力度，宣传推广的力度越大，被市场消费者熟知的可能性就越大，这在一定程度上会影响消费者的心智认知，尤其是在互联网时代，社交媒体都可以作为企业宣传推广的渠道。

对于电商来说，如果电商充分利用互联网进行营销，扩大品牌的市场知名度，让买家对店铺及产品宝贝有一定的印象，当买家有需求的时候就会想到该品牌，进而促使买家对该品牌词进行搜索，进而提高品牌词指数的搜索量。

2．营销渠道

营销渠道之所以成为衡量营销效果的关键点，主要是因为营销渠道可以为企业或电商带来大量的流量，进而提高产品销量。不同的营销渠道产生的营销效果不同，产生的浏览量也有所差异。企业可以根据对营销渠道流量多少的分析，根据实际的市场效果选择适合现阶段的营销渠道。但是，更多时候企业或电商会采取多渠道共同营销的方式，不同的渠道拥有的消费者属性可能不同，多渠道共同作用会扩大企业营销宣传的传播氛围。

3．媒体比重占有率

媒体比重占有率又称为声音份额（Share of Voice），是指某品牌在同类品牌中所投放的广告比例，其声音份额越大，说明该品牌传播范围越广，品牌形象的树立就越明显。换句话说，声音份额代表了企业与竞争对手在社会化媒体上被提及的比例。媒体占有率揭示了传播份额与市场份额的联系，通常情况下，品牌的声音份额与市场份额成正比，声音份额越大就说明该品牌的市场份额越大，对消费者的熟知度就越高，产品的成交率就越高。

4．移动媒体覆盖能级

移动媒体覆盖能级指企业或电商利用如微信、微博等移动化社交媒体进行宣传，消费者有效接收其信息的比例。覆盖能级越广，说明该移动媒体的到达率越高，接收该信息的消费者越多，促进产品销售的可能性就会增大。因此，企业在营销宣传的过程中应尽量选择多种社交媒体进行宣传，扩大自己的传播面积，确保更多的消费者接收到信息。

5．品牌营销效果监控评测模型

"品牌漏斗"是市场营销中的一种销售模型,其目的在于促使消费者产生购买行为,通常包含"看、见、行、动"4个环节，如图7-25所示。

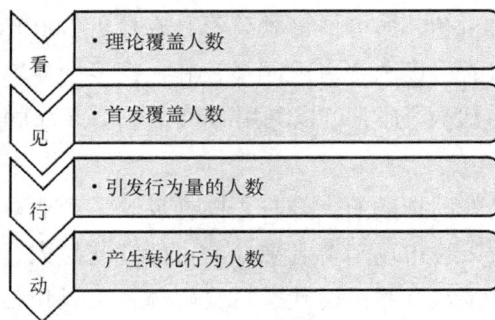

图 7-25　品牌营销效果的监控评测模型

由上图可知，品牌漏斗中的"看"指企业或电商利用移动媒体进行传播的范围；在所有接收信息的消费者中，表现出有明显兴趣或有意向了解的人群就是所谓的

"见";在有明显意向的消费者中再次营销宣传,诱导一部分消费者产生购买欲望的这一过程就是"行";而"动"则是指最终做出购买交易行为的过程。也就是说,品牌漏斗是通过一系列的营销让消费者从认识到认知到产生购买欲望并最终完成购买行为的过程。

本章总结

本章从七大常用数据工具的特征及使用方法着手,讲解如何分析电商及移动电商流量,并根据分析结果制定合理的市场策略。读者在学习各个工具的理论知识时,可以自己搜索各个电商数据,并对自己感兴趣的店铺进行数据分析,得出相关理论,同样可以将自己设想为是卖家,提出自己的营销策略。对本章主要内容的梳理和总结如图 7-26 所示。

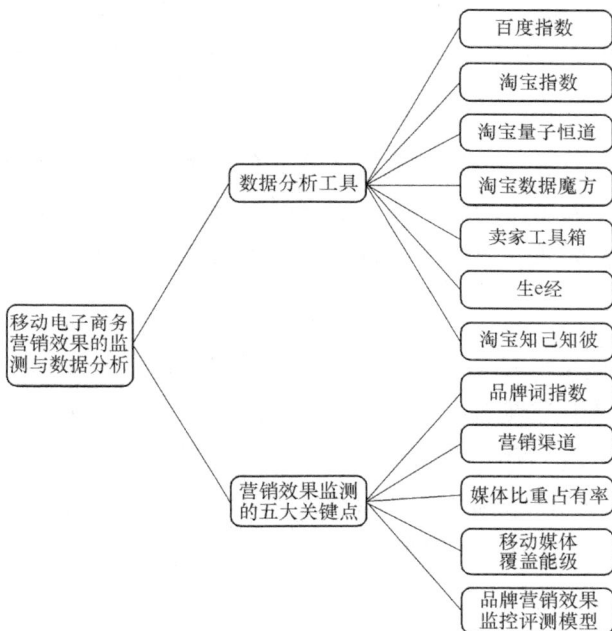

图 7-26 本章内容结构图

实操训练

一、单选题

(1)下列不属于需求图谱相关内容的是( )。

    A.热点趋势   B.需求度强弱

    C.相关词检索   D.环比需求变化

（2）行业数据分析应用的工具是（　　　　）。

  A．淘宝数据魔方   B．百度指数

  C．淘宝指数   D．知己知彼

（3）下列属于市场调研要研究的指数是（　　　　）。

  A．谷歌指数   B．百度指数   C．微信指数   D．微博指数

二、多选题

（1）市场调研要研究哪两个指数？（　　　　）

  A．百度指数   B．淘宝指数   C．谷歌指数   D．微信指数

（2）下列属于百度指数功能的是（　　　　）。

  A．趋势研究   B．成交排行   C．需求图谱   D．人群画像

（3）下列属于移动电商营销效果监测的关键点的是（　　　　）。

  A．品牌词指数   B．营销渠道

  C．媒体比重占有率   D．移动媒体覆盖能级

三、判断题

（1）产业链各方应进一步开拓新的增值业务，增加增值分配效益。   （　　　）

（2）品牌漏斗作为一种销售模型，包括看、行、动3个步骤。   （　　　）

（3）淘宝电商只需要利用淘宝指数进行市场营销的数据分析。   （　　　）

四、综合分析题

Zara作为世界四大时装连锁机构之一，以"快时尚"为自己的主要特色，以关注消费者喜好作为主要生产理念，越来越受到国内消费者的追捧。Zara同样采用了"互联网思维"的营销方式，它的新货构成中，65%来自计划生产，35%来自机动调整，而这35%就是依靠互联网实现的，是通过分析社交媒体用户喜好来设计产品。试利用数据分析工具分析Zara 2012—2015年的市场数据。

第八章
移动电子商务营销案例分析

📖 **学习目标及重点、难点**

学习目标：

深入了解未来的营销趋势以及电商数字化营销趋势，并了解代表性的案例。

学习重点：

掌握 5 种未来营销趋势及代表案例。

学习难点：

掌握数据时代精准一对一营销的技巧。

🔍 **【案例导入】**

京东在 2015 年 9 月 16 日正式开启"京东男装节"，并在微信朋友圈投放广告，广告的男主角便是谢霆锋。京东结合谢霆锋的演艺生涯，推出"成功，绝不在别人眼里；自信，不靠装，靠的是商务装""拼命，全当是玩乐而已；激情，不靠装；靠的是运动装""男人，该活出真实的自己；从容，不靠装，靠的是休闲装"的文案，旨在通过"品质男装，'锋'潮来袭"的主题，表达出现代男性对生活、品质、着装的追求。活动期间，为加大宣传推广力度，京东还推出 10 万件免单的营销策略。

思考题：

通过上述案例，试分析京东在男装节活动当中主要用到了哪些营销工具，分别采取了哪些营销策略。

第一节　互联网和电商的未来趋势

通过前面几章的介绍我们了解到，互联网发展带动了电商的发展，移动互联网同样将电商引向了移动电商领域。网络的产生与发展开启了许多商机，带动了许多新型产业的出现，如电子商务就是由网络发展而产生的。互联网不仅开启创业风潮、带动就业机会，更刺激了市场消费。面对互联网发展越来越快的脚步，未来互联网与电商将会发生怎样的变化？本节将通过对互联网发展状况的分析预测未来互联网与电商的发展趋势。

一、新的营销革命正在改变我们的生活

"大数据"成为近年来被人们提及最多的词语之一，人们通常利用大数据来定义和描述互联网信息爆炸时代所产生的海量数据信息以及由此衍生出的技术发展与创新。"大数据"最先是由知名咨询公司麦肯锡提出的，他们认为大数据已经渗透到各个行业以及业务职能领域的应用中，对海量数据的挖掘与运用预示着生产率的增长和消费者盈余的到来。

消费者盈余就是指消费者利益与消费者所付出的成本或价格的差值。在大数据时代，用户可以轻松获得大量信息，这些信息为用户带来了巨大利益，而且大多数信息几乎不花费任何成本，所以用户的盈余就会增加。

1．大数据的特点

"大数据"已经降临，它影响着商业、经济以及日常生活中的各个领域，现在的决策都是基于数据和分析而做出的。"大数据"之所以能渗透到各个领域，主要是因为大数据具有如图 8-1 所示的特点，正是由于这些特点，大数据才成为决策依据。

图 8-1　大数据的特点

（1）数据量大

据统计，现在的数据量单位已经从 TB 级别跃升到 PB、EB 乃至 ZB 级。IBM 研究表明，截至 2012 年，整个人类文明所获得的全部数据中，有 90%是过去 2 年内产

生的。而到 2020 年，全世界所产生的数据规模将达到当今的 44 倍。这就表明，数据量越大，所分析结果的准确性就越高，不论对于哪个行业或企业，这样的分析都会是一次精准的营销定位。

（2）类型多样化

数据类型多种多样，包括文字、图片、视频音频等。类型的多样性为获得数据提供了更多的渠道，可以帮助企业从多角度获取数据，数据涵盖的范围越广，综合分析的结果就越准确。

（3）速度快、实效高

大数据时代的到来，在依托于互联网的条件下，使信息更新的速度越来越快，且实效性越来越高，用户可以在事件发生的几秒后就获取大量的信息资讯。基于这样的特点，企业可以在获取信息的第一时间做出市场反应，这是大数据与传统数据最显著的区别。

案例分析——阿迪达斯的数据变革

阿迪达斯最开始为了解决库存较多的严重问题，经常对产品采用"降价""打折"等手段进行清仓处理，但这只是治标不治本。后来，阿迪达斯与某贸易公司合作，修整战略，开始收集每天每个门店的销售数据，并将该数据传回阿迪达斯总部。阿迪达斯通过对数据进行整合分析，发现不同地域的消费者对价位、款式、颜色、功能的喜好都不相同，阿迪达斯根据分析结果相应的调整市场战略，结果库存的问题迎刃而解。例如，阿迪达斯通过对数据的分析发现，一、二线城市对品牌、款式及时尚感更为明显，而三线城市等更注重产品的功能与价格，这样的结论让阿迪达斯根据地域对产品添加不同作用的属性。而这些变革都是由数据分析得出的结论，所以说数据正在逐渐改变生活的方方面面。

2．大数据的盈利规律

阿迪达斯的案例说明数据分析不仅解决了企业原有的问题，同时还为企业提供了新的市场战略依据，这些最终都为企业带来了利润。也就是说，数据最终会帮助企业获得利润，那么企业依据大数据盈利有什么规律呢？图 8-2 是利用大数据调整市场战略获得利润的两个方面内容，当然在实际的数据分析中依然要以企业现状及自身特点为参考依据。

图 8-2　大数据的盈利规律

（1）全方位数据收集

数据收集要多渠道、全方位才能获得大量相关数据，从而增加数据分析的准确性。全方位数据收集是指企业能够获得的全部数据，包括产品营销过程中的销量数据、成本花费以及一切销售有关的数据、消费者群体属性相关数据等。

（2）制定市场战略

企业根据获得的大量数据分析其中的共性并得出结论，通过结论制定市场战略。通过对消费者数据统计分析，找出不同地域的消费特点，以及产品与性别、年龄之间的关系，制定市场策略。

在制定市场战略的过程中，企业还要了解消费者的消费行为及心理，这样才能更好地结合数据分析结论制定市场战略。消费者购买行为一般包括了解、调研和购买三个阶段。了解是指消费者看到或者听到感兴趣的话题，在这一阶段中，企业要充分利用社交媒体让信息传播达到最大化。如果某消费者对该信息产生兴趣，会主动通过搜索引擎或者企业官网获得更多信息，这时候企业必须尽可能多地提供符合消费者兴趣的话题信息，让消费者的兴趣转变为购买欲望。

如果企业在宣传过程中发现有些消费者对接收的信息既不感兴趣也不排斥，那么企业就要对这类消费者进行二次推广，让消费者对企业发布的信息留有印象。消费者在获得了足够多的信息之后会产生购买意向，这个阶段企业可以利用活动等方式促使消费者购买行为的产生。

二、互联网与电商的发展趋势

大数据既然已经成为互联网和电商未来发展中不可或缺的一部分，那么利用大数据进行准确的市场营销也是必然趋势。大数据营销就是依托于互联网收集到的海量数据，对市场进行细分，根据细分结果有针对性地进行营销的一种方式，其具有如图 8-3 所示的特点。

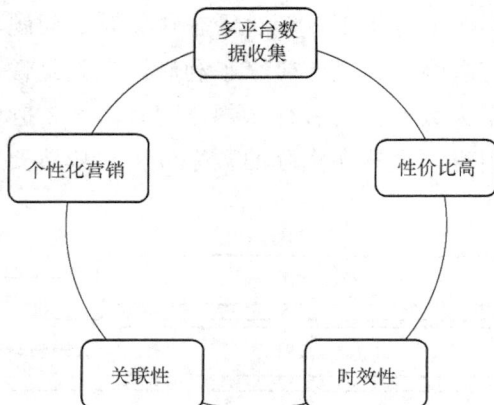

图 8-3　大数据营销的特点

正如我们前面所提到的，互联网的发展催生了大量社交媒体的产生，而这些社交媒体也最终成为企业数据收集的平台，而且由于互联网信息数量大、获取成本低廉，所以使得通过大数据进行营销的性价比较高。这些数据信息会掌握目标用户所关注的内容，然后让营销与用户关注点形成一定的关联性，从而使企业进行个性化的、有针对性的营销。在大数据时代，有 5 种营销方式是未来企业与电商必须掌握的，如图 8-4 所示。

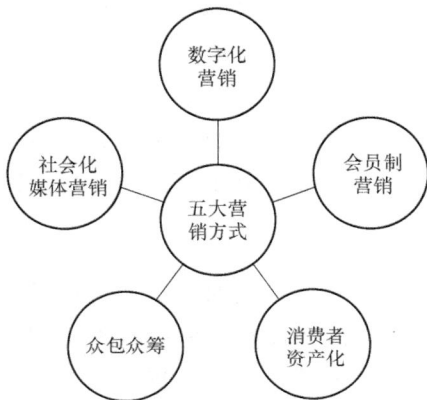

图 8-4 大数据时代的五大营销方式

1．数字化营销

数字化营销是使用数字传播渠道来推广产品和服务的一种实践活动，以定制、及时和节省成本的方式与消费者交流沟通。数字营销最大的优势是可以实现更精准的营销，如一对一营销。数字化营销之所以会拥有这种优势，主要是因为它具有图 8-5 所示的六大特点。

图 8-5 数字化营销的特点

（1）集成性

数字化营销可以将前台与后台精密地连接起来，这种快速连接的特性使得企业可以快速回应用户的个性化需求，实现商品从信息、交易到售后的整体流程。

（2）个性化服务

数据可以精准地分析用户的消费特点及关注点，企业可以利用这种特点对用户实行有针对性的个性化营销服务，让用户感觉到被重视，这样更有利于产品的销售。

（3）更丰富的产品信息

大数据时代为用户提供了海量信息，而且网络发展让用户可以自由地在网络查找、发布信息，对于想要获得信息的用户来说，网络提供了更多的选择性。

（4）更大的选择空间

大数据时代，产品突破了货存与库存的限制，网络数字通道为产品的展示与推广提供了更大的空间。

（5）更低廉的成本优势

网络信息的获取及发布大大缩减了企业营销宣传的成本，同时企业可以精准定位目标受众，假如某用户对企业发布的信息感兴趣会自主进行搜索，这样企业就可以获得该用户的个人信息，然后进行一对一营销。

（6）更灵活的市场

大数据时代为企业提供了一个更灵活的市场，企业可以随时根据市场动态选择增加或是减少产品信息的发布，避免传统市场由市场不稳定带来的产品堆积等问题。

2．会员制营销

会员制营销就是将用户发展成为企业的会员，通过提供差异化服务与精准营销，提高顾客忠诚度。企业设置会员制的最终目的是获得长期利润。会员制营销是通过将利益关系由无数个关系网站链接起来，将分销渠道分散在各个角落，企业将产品通过各个网站分散在互联网的各个覆盖范围。进行会员制营销的一般步骤如图8-6所示。

目前，各企业之所以采用会员制营销，主要是因为会员制对于企业来说具有培养忠实顾客、吸引新顾客以及加强企业与顾客之间双向沟通等作用。企业对会员一般具有低价以及其他优惠政策，会员通常会有一定的时间期限，所以在这一段时间内，企业可以拥有稳定的顾客群体及市场，同时还可以提高企业的市场竞争力。企业在会员制期间价格低于同行业其他竞争者，因此容易吸引大部分新顾客的注意。由于企业为会员提供了更多的优惠政策，这一过程中企业与会员的沟通就会增加。企业通过交流沟通了解更多的顾客需求，从而进一步为顾客提供有针对性的服务。如果会员对企业的服务满意，有可能会延长这种会员期限，同时为企业进行宣传，从而帮助企业实现口碑营销。

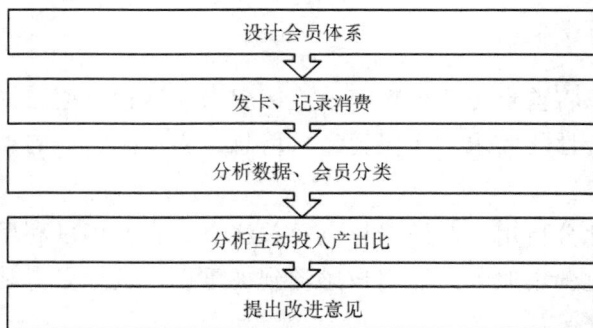

```
┌─────────────────────────┐
│      设计会员体系         │
└─────────────────────────┘
            ↓
┌─────────────────────────┐
│      发卡、记录消费        │
└─────────────────────────┘
            ↓
┌─────────────────────────┐
│    分析数据、会员分类      │
└─────────────────────────┘
            ↓
┌─────────────────────────┐
│    分析互动投入产出比      │
└─────────────────────────┘
            ↓
┌─────────────────────────┐
│      提出改进意见          │
└─────────────────────────┘
```

图8-6　会员制营销步骤

3．消费者资产化

消费者资产化又称为消费资本化，是指消费者在进行消费购买的过程中，企业将消费者的消费行为视为对企业的投资，在一定时间间隔之后，企业以某种活动或者其他方式将该利润归还给消费者，这样消费者的消费行为就等于是对企业的一种投资行为，这一过程中消费者就实现了资产化。消费者资产化也就是说消费者既是股东也是资产的拥有者。例如，某消费者在淘宝买一件衣服，消费者为购买该衣服所支付的费用就是消费者对该电商的资产投资，消费者以拥有衣服这一实物的形式享有同等价格的资产。

消费资产化可以为企业扩大消费者需求提供理论支持，所以利用消费者资产化作为营销方式，可以满足消费者需求、增加销售量，进而提高利润。

4．众包众筹

众包的概念最早由美国《连线》杂志的记者提出，是指企业将过去由员工执行的任务，以自由自愿的形式外包给其他非特定的大众网络的做法。但是，众包的概念并不等于是外包，外包是单纯的雇佣关系，而众包的核心理念是与用户共创。所以众包的两大特点就是对外包的颠覆以及与用户协同创新。

众筹实质上是一种大众筹资，是一种"预消费"模式，是用"团购+预购"的形式向大众募集资金。相对于传统资金募集，商业价值不再是唯一判断企业是否可以获得资金的标准，只要是大众喜欢的项目，企业都可以通过众筹获得第一笔启动资金。最开始募集到的众筹资金不会太多，但是为小本经营或创业型企业提供了无限可能。众筹是基于互联网而衍生出的一种资金募集形式，其优点如图8-7所示。

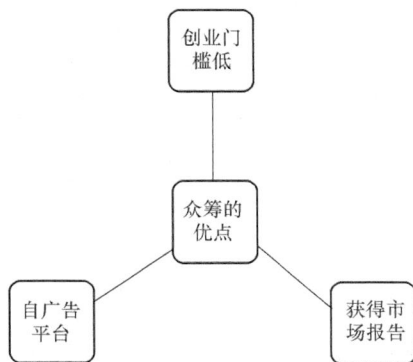

图 8-7　众筹的优点

创业门槛低体现在众筹打破了人们对传统创业的认知，鼓励更多的人去创业，为创业者提供创业资金，使很多有想法、有创意的草根创业者实现创业梦想。企业在募集资金的过程中会获得一份市场报告，因为众筹的资金来自于消费者，在这一过程中，企业会清楚地了解消费者喜好。也就是说，众筹的另一个特点就是先募集资金再生产产品，相当于企业生产的产品都是根据消费者喜好而量身定制的，那么这些产品在市场中的接受度就会增大，这有利于企业以及产品在市场中的发展壮大。

如果众筹成功，那么大众就会知道该企业的存在，相当于免费为自己的企业做了一次广告。从另一个角度来说，无论众筹成不成功，该项目都被展示给了潜在的投资人，发展的机会也会更大。

5．社会化媒体营销

社会化媒体营销在前面的章节介绍过，是指利用社会化网络、在线媒体、社区等多平台互动的一种网络营销方式。社会化媒体影响下，每个人都可以是记者、电视台、评论员，都可以成为自媒体。移动互联网让我们更加深入企业内核，互动传播。

第二节　移动电商营销案例分析

在本节中，我们将结合理论知识对热门营销案例进行全面分析，帮助读者更深刻地理解移动电商的营销方式。

一、小米模式

众所周知，小米的营销模式让小米成为国内最具价值的初创企业之一，小米的营销渠道主要有 2 个，即小米网与运营商，但是不同于传统企业的营销模式，小米将 70%投入用于小米网，只将 30%用于运营商营销。小米营销的几大营销关键词如图 8-8 所示。

图 8-8　小米营销关键词

1．粉丝经济

小米副总裁在 2013 年移动互联网论坛中曾提到过，小米选择的第一个社区运营品牌是社交论坛。之所以选择社交论坛，是因为该社交平台拥有大量的网络用户，而且这些网络用户代表了现今年轻一代的消费群体，与小米的用户群体相一致。而且在小米互联网论坛中还提到了几组数据，即论坛的注册用户达到 1 000 万、10 万日发帖量、每日 100 万用户讨论，微博的用户规模也达到 200 多万、微信接近 256 万，QQ 空间的转发评论量同样过万，这些数据都表明小米是以粉丝参与为宣传推广的着力点。

粉丝经济指在社交网络时代架构在粉丝与被关注者之间的一种营销方式。粉丝经济是以情绪资本为核心，以营销社区为营销手段，不断增值情绪营销资本。粉丝是一群对特定话题有浓厚兴趣的群体，而且他们对该领域有一定的了解并愿意为了自己的兴趣而付诸于各种各样的支持性活动，例如，"米粉"为小米自发地进行网络宣传，促使更多的粉丝加入。在目前的网络发展状况下，粉丝经济大致分为如图8-9所示的3个阶段。

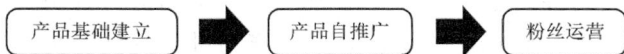

图8-9　粉丝经济

（1）产品基础建立

粉丝是指对某一特定品牌拥有固定兴趣爱好的用户群体，这一群体通常对该品牌的拥护度较高，即比较忠诚。如果企业想要拥有大量忠诚度高的粉丝，就必须让产品符合粉丝需求。例如，在保证产品质量的基础上让产品拥有一定的特色与个性，没有特色的产品是不能吸引大量用户关注的。

（2）产品自推广

粉丝经济建立在产品的基础上，产品的自推广形式与病毒营销相似，用户群体越大，传播效果越广。由于粉丝又分为核心用户和潜在用户两种，因此在有足够的核心粉丝的支持下，企业必须通过产品品质与创新来吸引更多的潜在用户，让潜在用户成为自己新的粉丝。

（3）粉丝运营

纵观大多数成功的粉丝营销案例，我们不难发现，不论是利用哪一种社交媒体营销，都应以粉丝感受为核心。他们以粉丝长期价值为目标，以粉丝需求为出发点，注重粉丝反应。

2．饥饿营销

饥饿营销是指产品提供者通过降低产品产量，以期达到调控市场供求关系、造成市场供不应求的"假象"，从而维持产品较高售价和利润率的目的。饥饿营销表面上是通过惊喜价吸引顾客，然后通过限制商品数量，达到扩大销量或提高价格的目的。实际上，饥饿营销的终极目标不仅仅是提高价格或者扩大销量，而是提高商品的附加值，从而为产品树立高价值、高性价比的形象。

饥饿营销成为现在许多企业营销时采用的一种营销手段，但并不是所有的企业都适合这种营销方式。饥饿营销的成功与否与市场竞争力、消费者成熟度、产品替代性三大因素有关。也就是说，只有当一个市场处于竞争不激烈、消费者成熟度较低和产品替代性不强的时期时，饥饿营销才能成功发挥作用，吸引更多顾客进行购买行为。在这一过程中，参与饥饿营销的产品必须保证产品质量，同时前期宣传手段的选择都是影响饥饿营销能否顺利进行的因素。只有保证了这一系列因素的准确、合格才能让某产品在饥饿营销中脱颖而出。

　　饥饿营销的实施通常包括四大步骤，如图 8-10 所示。第一步就是要引起用户的注意，只有让更多的顾客注意在产品的存在、对产品产生兴趣，用户才有可能做出进一步的选择。例如，企业可以利用大型互动活动或者赠送等方式吸引用户注意。成功引起关注后，企业必须建立用户需求与用户期望值，激发用户的购买欲望。最后，设立所需要的条件，限制购买数量，给用户形成"如果不购买将会错过机会"的错觉。这样，饥饿营销就产生了，而且用户还会自主对产品进行宣传，扩大其传播范围。

引起关注 〉 建立需求 〉 建立期望值 〉 设产条件

图 8-10　饥饿营销步骤

　　任何一种营销方式都是一把双刃剑，都会有或大或小的风险存在，饥饿营销同样如此，表 8-1 是饥饿营销的优、劣势对比。从表中不难发现，饥饿营销虽然维护了品牌形象，但是如果企业过于利用品牌造势，会对品牌形象形成一定的负面影响，同时会影响顾客对品牌的印象，引起顾客反感，这样就会造成客户流失，最终导致产品销量下降，附加值降低。

表 8-1　饥饿营销的优、劣势对比

优势	劣势
强化消费者购买欲望	客户流失
放大品牌与产品号召力	品牌损害
有利于企业获得稳定收益	排斥顾客
有利于维护品牌形象	顾客反感

　　对于小米来说，饥饿营销的主要目的不是提高价格，而是获得更大的附加值及销量。小米进行营销的步骤如图 8-11 所示，与饥饿营销步骤对比有共同点，但同时也存在差异。我们不难发现，小米在饥饿营销中多添加了一项"米粉活动"，其实就是前面提到的"粉丝经济"。小米的粉丝经济已经成为小米营销中重要的宣传力量，这也说明了培养忠实顾客的重要性。

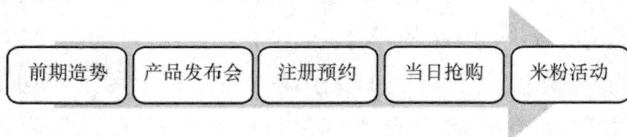

前期造势　产品发布会　注册预约　当日抢购　米粉活动

图 8-11　小米饥饿营销的步骤

3. 众包众筹

传统的产品研发遵循的原则是上传下达，例如，市场将调查数据传达给产品经理，产品经理再上报到高层管理者，然后按部就班进行产品的研发生产。这样生产最大的风险来自于产品进入市场后消费者的反应。如果消费者反应良好，该产品可以继续在市场中进行销售，相反，如果消费者形成负面市场反应，则该产品在市场中的销售时间可能缩短，造成企业损失。

互联网及移动互联网颠覆了传统的产品的研发流程，使营销人员直接面向市场消费者。企业可以利用社交媒体真实地了解消费者需求，针对消费者需求对产品进行适当调整。小米在 MIUI 系统研发期间就是通过微博等社交媒体与用户进行沟通，通过采纳用户建议，最终设计出受广大用户喜欢的小米手机。例如，小米手机的无锁刷机功能与输入法都是在用户的提议下进行设计的，这样做不仅成功俘获大批忠实粉丝，同时也让小米手机更贴近用户的真实需求，加大了小米手机销量。

小米众筹是小米公司旗下的众筹模式平台，为智能硬件产品项目发起者提供筹资、投资、孵化、运营一站式综合众筹服务。小米众筹包括四部分内容，如图 8-12 所示。最具代表性的例子就是小米在 2015 年 7 月上线的首个众筹期 14 天的 2 000 个的"万能遥控器"的众筹项目。

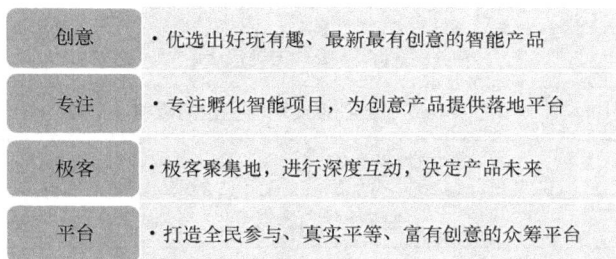

创意	·优选出好玩有趣、最新最有创意的智能产品
专注	·专注孵化智能项目，为创意产品提供落地平台
极客	·极客聚集地，进行深度互动，决定产品未来
平台	·打造全民参与、真实平等、富有创意的众筹平台

图 8-12　小米众筹

二、京东商城

京东作为中国最大的自营式电商企业，于 2015 年第一季度在中国自营式电商市场中的占有率达 56.3%。移动互联网时代，京东商城的营销方式同样与时俱进，创造了全新的营销方式。京东商城的营销中有两大事件是京东创新营销模式中不得不重点讲述的，即腾讯入股京东与"618 购物节"。

1. 腾讯入股京东

2014 年 3 月，腾讯与京东共同宣布，腾讯入股京东 15%股份，京东仍保持独立经营。腾讯将 QQ 购物、拍拍电商及物流并入京东，并向京东提供微信、手机 QQ 客户端一级入口位置和其他平台支持。京东与腾讯在移动端、流量、电商业务方面的合作，有利于京东更好地进行移动端网络营销，覆盖移动端用户。

京东可以在微信公众号文章底部进行广告展示，用户可以直接点击广告进入商品详情页，如果用户决定购买某商品，用户可以选择微信支付或者货到付款。利用微信庞大的用户群，这种镶嵌在微信文章中的广告增加了广告的传播覆盖率。

手机 QQ 空间信息流广告被展示在好友动态中，由于其类似与空间动态的表现方式，故易于被用户接受。目前手机 QQ 空间信息流的日均曝光量已经达到 3 亿，广告点击率已超过 4.5 亿。因此，手机 QQ 空间同样为京东打开了移动客户端的传播范围。

除此之外，腾讯广点通移动广告联盟的日均曝光量已突破 10 亿，日覆盖独立用户 6000 万，广点通不仅能提供腾讯内部的流量资源，还能充分整合外部流量资源。也就是说，京东可以利用腾讯的各大社交媒体平台进行宣传推广，腾讯的广大用户群都可以发展成为京东的潜在客户群体。

2．"618 购物节"

"618"是京东店庆日，从 2010 年开始，京东每年都会举办"618 购物节"活动。2015 年京东周年庆的"618 party on"成功掀起一阵电商狂潮。2015 年的京东"618 购物节"将线上、线下巧妙地结合起来，形成了一种全民覆盖的闭环营销，其营销活动总汇如图 8-13 所示。

"初心不变"主题广告
与《我变了，我没变》同主题的歌曲
"要庆祝总要有理由"视频广告
地铁手绘百人长图
"全民寻找618"互动游戏
"618号列车"车厢广告
明星宣传
京东音乐节

图 8-13　京东"618 购物节"营销方式

（1）"初心不变"主题广告

京东商城在"618"活动预热期，携手李娜、谢霆锋、刘强东推出"初心不变"系列广告，以"我变了，我没变"为主要情感诉求点。通过对每个人物 12 年来的变化进行简短的文案阐述，与消费者进行了一场关于"变与没变"的心灵对话，最终得出初心并未改变的结论。文案也是营销的一部分，通过文字激发用户的情感共鸣，以下文字为"初心不变"广告文案。

谢霆锋："有人说我变了，变得不再叛逆，变得褪尽锋芒，变得被时间抹去棱角；我变了，我没变；初心，未曾改变。12 年，从心出征。"

　　刘强东："有人说我变了，变得冒犯传统，变得异常强硬，变得把坚持成为固执；我变了，我没变；初心，未曾改变。12 年，从心出征。"

　　李娜："有人说我变了，变得平顺温和，变得失去'娜威'，变得不与这个世界争吵；我变了，我没变；初心，未曾改变。12 年，从心出征。"

　　（2）与《我变了，我没变》同主题的歌曲

　　京东在推出"初心不变"系列广告的同时推出了由小柯作词、杨宗纬演唱的同主题歌曲《我变了，我没变》，歌曲在发布当天就占据流行歌曲排行榜第一名。京东利用走入用户内心、激起共鸣的创意方式提高了其品牌形象，同时也获得了巨大关注。

　　（3）"要庆祝总要有理由"视频广告

　　京东 2015 年"618 party on"以"欢乐""庆祝"为主要营销点，推出"要庆祝总要有理由"视频广告，视频中以主人公面对逆境时的乐观精神，用勇往直前点燃更多希望来表达"欢乐"的情绪。

　　（4）地铁手绘百人长图

　　京东在北京青年路地铁张贴了长约 60 米的海报，海报欢乐的表达方式让路过地铁的顾客感受到了购物节的气氛，增加了用户体验感，促使用户拍照甚至是上传到社交媒体，间接加大了京东"618 购物节"的宣传推广。

　　（5）"全民寻找 618"互动游戏

　　京东为了继续吸引用户，推出"全民寻找 618"互动游戏。只要在规定时间内找到指定"618"数量就算挑战成功。互动游戏的设置成功吸引了更多的网络用户。

　　（6）"618 号列车"车厢广告

　　京东包下宁波地铁，将"618 购物节"广告贴满车厢，利用色彩鲜明的红色让地铁乘客感受到购物节的欢快气氛。

　　（7）明星宣传

　　京东同样利用明星效应，请出李小鹏、李晨等众多明星为全国 7 大城市送上惊喜包裹。

　　（8）京东音乐节

　　京东在成都举办了首届以自己品牌命名的"京东音乐节"，邀请了陶喆、郑钧、蔡健雅等众多明星为音乐节助力，使自己的品牌形象深入消费者内心。

三、微商

　　微商是指利用社会化媒体的社交网络开展的一系列电商活动。前面我们曾提到过，现在 PC 互联网已经逐渐过渡到移动互联网，电商也由 PC 端发展成为移动电商，而微商就是最典型的移动电商。微商具有的特点如图 8-14 所示。

既然微商是在社交媒体上进行的电商活动，哪些社交平台常被用于进行微商活动呢？不同的社交媒体平台之间微商的营销方式有什么差别？图 8-15 展示了常见的几种微商营销模式，从这些模式中我们不难发现，微商并不是通常意义上的只在微信上进行的电商活动。

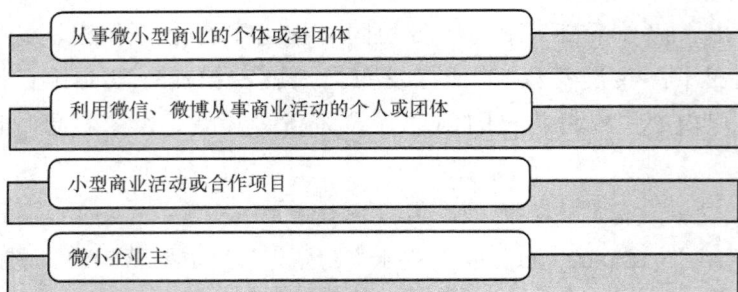

图 8-14　微商的特点

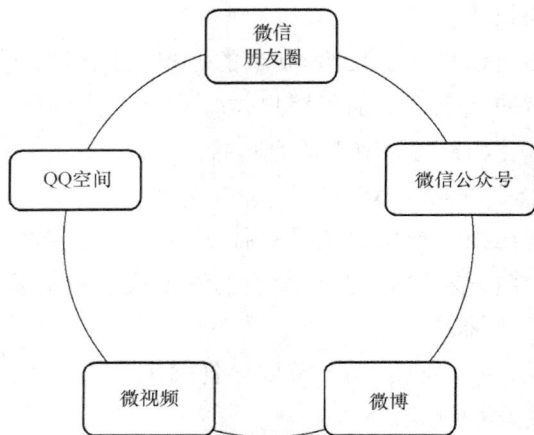

图 8-15　微商营销模式

1．微信朋友圈

微信朋友圈应该是比较常见的一种营销平台，如微信好友利用朋友圈发布商品信息。这种方式虽然最常见，但是直接在朋友圈发布销售广告会引起其他好友反感，最终造成朋友圈被屏蔽。在朋友圈进行营销推广要掌握一定的技巧，例如，不要复制大篇幅的产品介绍及图片，太过冗长的文字不仅不会吸引用户关注还会引起反感，应选择尽量简短的文字，使用具有个性的方式进行表达。

2．微信公众号

微信公众号与朋友圈最大的区别在于公众号是针对关注人群开放的，所以利用公众号进行营销的第一步是通过发布内容来吸引用户关注。如果单纯地发布广告信息，很容易被用户取消关注，所以应该以幽默搞笑的方式或者其他方式进行。用户关注某个公众号的原因是想要从该公众号获取想要的信息，这个信息可以是专业知识、热点评论，或者是单纯的娱乐性信息等。因此，公众号的广告信息应该穿插在其他的内容文章中，而不是直接进行推广。

3．微博

微博的广告形式也是比较常见的一种，通常表现为在微博中发布有关产品信息，然后进行评论转发。与微信一样，个人账户长期进行广告推广同样会引起反感，所以如果利用微博进行广告宣传，可以申请与产品有关的微博账号，定期发布信息。

4．微视频

现在的移动社交媒体很多都有诸如秒拍、美拍的功能，商家可以利用拍摄短时间视频对产品进行营销。微视频的好处是将声音、图像、文字融合在一起，使营销广告画面感十足，容易给用户留下深刻的记忆。

5．QQ 空间

QQ 空间的广告会显示在好友的空间动态里，很多企业都利用 QQ 空间发布广告。其广告推送与微信朋友圈类似，同样要以有创意的形式进行宣传。

四、O2O 电商

O2O 电商营销模式是指线上营销与线上购买带动线下经营和线下消费。O2O 营销模式的核心是线上支付，最常见的 O2O 模式就是团购，即线上支付后进行线下体验。但是，O2O 模式并不仅限于团购这一种模式。那么，O2O 营销模式有哪些具体的特点呢？本节将从用户、商家两方面着手进行分析讲解，如图 8-16 所示。

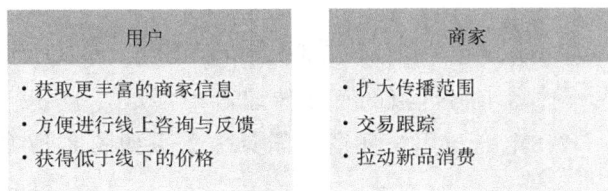

用户	商家
·获取更丰富的商家信息	·扩大传播范围
·方便进行线上咨询与反馈	·交易跟踪
·获得低于线下的价格	·拉动新品消费

图 8-16　O2O 营销模式的特点

1．O2O 电商与用户

（1）获取更丰富的商家信息

O2O 电商平台为用户提供了一种更方便、更快捷的获取商家信息的渠道，例如，有人想要团购美食，只需要利用网络查看团购信息就可以查询并选择合适的商家进行团购。不仅如此，用户还可以通过网络查询到商家的各项服务信息，这些信息会为用户提供更准确的选择范围。

（2）方便进行线上咨询

用户线上支付之前可以在网络查询相关信息并对商家进行在线咨询，在线下体验消费之后可以在线上对商家进行评论。如用户在团购美食并体验后对商家和美食进行评价，为其他消费者提供消费意见。

（3）获得低于线下的价格

以团购为例，线上团购所支付的价格要低于线下实体店消费的价格，这也是许多消费者选择团购的原因之一。

2．O2O 电商与商家

（1）扩大传播范围

O2O 基于的是线上营销推广，因此商家可利用互联网的各种社交媒体对自身进行多元化的营销推广。

（2）交易跟踪

用户在进行线上支付和线下体验后，会对商家的产品及服务有更客观的评价，而且基于互联网的开放性，用户可以对商家进行评论，而这个评论影响着其他消费者的消费行为。因此，商家可以对用户进行交易跟踪，实时了解消费者想法，征求消费者意见及建议，并及时进行改善。

（3）拉动新品消费

商家会根据消费者需求、季节以及市场变化不断地推陈出新。传统的营销模式通过传统媒介进行宣传，销量低下。但是在移动互联网时代，信息的传播速度及范围不断扩大，用户可在短时间内了解新品信息，并产生消费行为。例如，星巴克每次在新品推出之前，利用微信公众号进行预热推广，这样可以促使用户进行购买行为，拉动新品消费。

通过对比 O2O 电商对于用户和商家的特点可以看出，O2O 营销的实质就是将线上与线下融合，形成一种需求与价值的有效传递，不管是对于用户还是商家这都是一种简单便捷的方式，O2O 电商与用户和商家的具体关系如图 8-17 所示。

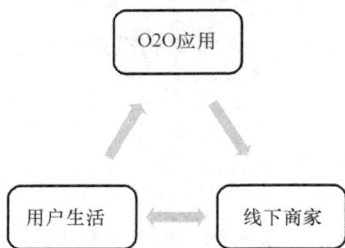

图 8-17　O2O 电商、用户、商家三者间的关系

五、歌曲《小苹果》

《小苹果》是筷子兄弟在 2014 年推出的歌曲，一经发布迅速蹿红网络，在其 MV 推出后不到两周，就位列酷狗热榜、酷我歌曲榜以及网易云音乐热歌榜等多家音乐平台排行榜榜首。《小苹果》在短时间内迅速蹿红，成为各大网站、社交媒体的热点话题，并且不断被模仿、翻唱，这些都表明《小苹果》的走红是一场典型的病毒营销。

病毒营销一定要有病原体，任何一个用于病毒营销的事件都必须拥有一个足够引爆网络的传播点。《小苹果》的 MV 集韩流、穿越、反串、童话等于一体，对于当下开放、娱乐性高的社交媒体而言，存在很多的笑点与"槽点"，足够成为人们茶余饭后的谈资。《小苹果》的歌词、旋律琅琅上口，舞蹈形式轻快易于模仿，众多元素成功地吸引了不同关注点的用户，这些特点都成为病毒营销的病原体。

除拥有传播点之外，《小苹果》还契合了现在用户娱乐和社交的需求，这与其歌曲优美度、价值高低并没有直接联系，人们分享、模仿它的最根本原因在于这首歌符合用户的日常交流娱乐及社交的需要。

《小苹果》的广泛传播不仅代表一部作品的受欢迎程度，更反映了大数据时代的一种营销趋势，即社交媒体营销。正如前面对社交媒体的分析，社交媒体已成为现在的主流营销方式，很多电影同样利用社交媒体进行营销宣传，如韩寒导演的《后会无期》。

《后会无期》在拍摄过程中，韩寒经常在微博中发布拍摄相关图片及近况，为电影上映宣传造势，成功地引起众多网友注意。再加上韩寒个人品牌的影响力，引发大量的微博转发评论，而且在影片上映前期推出的由朴树演唱的主题曲《平凡之路》更是引起了热烈讨论。最终，《后会无期》在首映就创下 7 650 万的票房收益，这主要归功于韩寒在社交媒体中的营销造势。这就是互联网时代社会化媒体营销的威力。

六、冰桶挑战赛

冰桶挑战赛全称为"ALS 冰桶挑战赛"（ALS 意为肌肉萎缩性侧索硬化症），要求参与者在网络上发布自己被冰水浇遍全身的视频内容，然后该参与者便可以要求其他人来参与这一活动。活动规定，被邀请者要么在 24 小时内接受挑战，要么就选择为对抗"肌肉萎缩性侧索硬化症"捐出 100 美元。该活动旨在让更多人知道被称为"渐冻人"的罕见疾病，同时也达到了募款帮助治疗的目的。"ALS 冰桶挑战赛"在全美科技界名人、职业运动员中风靡，也已扩散至中国，受到广泛响应。

冰桶挑战作为成功的病毒营销，以零成本的方式快速引爆互联网。冰桶挑战的参与人数之多，传播速度之快，使之成为又一典型的病毒营销，也被称为事件营销，即利用为渐冻人募捐这一事件举办冰桶挑战活动。冰桶挑战活动的成功主要有图 8-18 所示的 3 个方面原因。

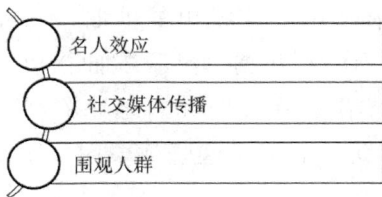

图 8-18　冰桶挑战成功推广的原因

1．名人效应

相对于传统的公益募捐形式，"冰桶挑战"最大的不同点在于没有像以往一样对明星的衣物、CD 或者其他相关物体进行义卖。而是直接选择让名人本身去感受身体所遭受的痛苦，让名人通过亲身经历进行募捐、支持公益。由于此次挑战是从头顶将冰水浇下，网友看到平日光鲜亮丽的名人被冰水浇过的狼狈模样，不仅满足了对名人的窥探猎奇心理，同时还达到了娱乐的目的。

2．社交媒体传播

互联网的低成本、开放性、时效性以及互动性为"冰桶挑战"提供了绝佳的传播渠道，各大平台的评论、转发、分享都成为传播的一种形式，再配合名人优势，完成了病毒传播。因此，这对于企业产品的营销同样具有重要的借鉴作用，只要某个事件成为用户的关注点，那么就可以借这个点进行相应的营销宣传。

3．围观人群

围观人群在互联网情境下指关注某信息以及对此进行转发分享评论的网络用户。只要在网络上发布信息，就会有一定的围观人群，而"冰桶挑战"从一开始就利用了名人作为活动营销的切入点。名人挑战冰桶的视频博得大众娱乐，点击量、转发量自然就会增多，同时利用病毒式营销，最终不断扩大活动的传播范围。

📶 本章总结

本章通过分析互联网及电子商务对生活的影响，预测未来移动互联网与移动电子商务的发展趋势，并且将互联网与电子商务的知识点与线下成功的移动营销案例融合进行分析，帮助读者更好地理解相关概念。大家在学习、复习的过程中可以结合案例、对比知识点进行综合分析，这样更有利于理解记忆。对本章主要内容的梳理和总结如图 8-19 所示。

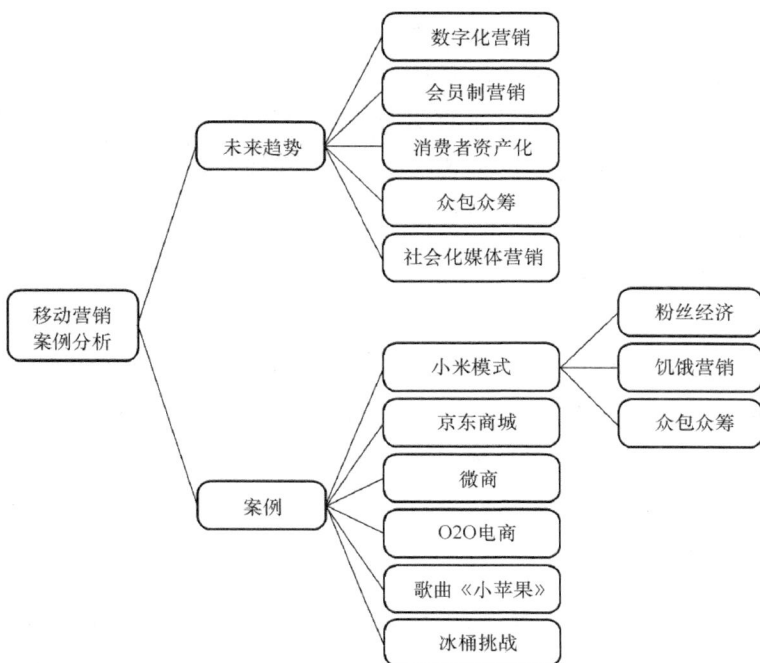

图 8-19 本章内容结构图

实操训练

一、单选题

（1）下列不属于小米营销模式的是（   ）。

　　A．粉丝经济　　　B．饥饿营销　　　　C．众包众筹　　　　D．数据营销

（2）O2O 电商与商家的关系主要包括扩大传播范围、交易跟踪及（   ）。

　　A．拉动新品消费　　　　　　　　B．获取更丰富的商家信息

　　C．方便进行线上咨询　　　　　　D．获得低于线下的价格

（3）下列不属于冰桶挑战成功的原因是（   ）。

　　A．粉丝经济　　　B．名人效应　　　　C．社交媒体传播　　　D．围观人群

二、多选题

（1）小米模式的关键点在于（   ）。

　　A．粉丝经济　　　B．饥饿营销　　　　C．众包众筹　　　　D．数据营销

（2）下列属于大数据特点的是（   ）。

　　A．数据量大　　　B．类型多样化　　　C．速度快　　　　　D．实效高

（3）下列关于冰桶挑战说法正确的是（　　　　）。

    A．冰桶挑战是典型的病毒营销

    B．名人的参与加速了冰桶挑战的传播

    C．冰桶挑战借助围观群众的传播力量

    D．社交媒体的传播是冰桶挑战传播的重要载体

三、判断题

（1）移动电子商务只有一对一精准营销：一对一跟踪、一对一推荐、一对一促销。

                            （　　）

（2）互联网营销的战略体系"三点"分别是品牌、销售及用户。　　　（　　）

（3）2015年"双十一"，淘宝再创新高，淘宝在水立方举行"双十一"晚会，用户可以通过手机边看边玩，这种"消费+娱乐"的方式是典型的"互联网+电商营销"。

                            （　　）

四、综合分析题

2015年4月，网络上一封最具情怀的辞职信"世界那么大，我想去看看"迅速走红，一瞬间"世界那么大"体成为各大商家纷纷效仿的文案营销体。例如，可口可乐就通过对话形式在微博中推出了自己的文案"走，去和世界分享你的快乐！"，王老吉同样在微博发出"同意！要想红，就得有态度！"文案。通过上述描述，试分析商家为什么要效仿网络走红辞职信推出自己的文案，其中反映了作为一名营销人员的哪些素质，并思考在这次文案营销中主要的营销工具是什么。